O S S E R V A T O R I O
1 4

SERGIO SALVI

L'ASIA DI MEZZO

Un nuovo "continente" geopolitico?

Le repubbliche islamiche dell'ex URSS

AZERBAIJAN, TURKMENISTAN, UZBEKISTAN, KAZAKHSTAN, KYRGYZSTAN, TAJIKISTAN

INSULA

PAPIROS / INSULA

Titolo originale
L'ASIA DI MEZZO

Cura redazionale
Diegu Corràine

Collaborazione tecnica
Graziella Orritos

Sommario

Premessa

Le repubbliche islamiche ex sovietiche poste proprio in mezzo all'Asia, a cavallo tra Occidente e Oriente, occupano un territorio ricchissimo di materie prime, un "continente" grande quasi quanto l'Unione Europea, ma con una popolazione complessiva di quattro quinti inferiore, appena 83 milioni di abitanti. Sono accomunate dall'essere di religione islamica sunnita, eccetto l'Azerbaijan, sciita, e dall'appartenere, linguisticamente alla famiglia del turco, eccetto i tagichi che appartengono alla famiglia del farsi, lingua maggioritaria dell'Iran. In questo contesto, è evidente quindi la forte egemonia della Turchia, per ragioni linguistiche, e la debole influenza dell'Iran, per ragioni religiose.

La scomparsa dell'Urss ha lasciato campo libero all'instaurazione di regimi politici fortemente autocratici e illiberali. Essi giustificano il proprio potere, da una parte con una pretesa e costante lotta contro il radicalismo islamico, e dall'altra con la permanente tendenza a sottrarsi all'influenza della Russia, in chiave apparentemente filoccidentale. Essa è testimoniata anche dalla volontà quasi generale delle lingue dei rispettivi stati di adottare l'alfabeto latino, debitamente modificato, e di sbarazzarsi di quello cirillico adottato forzosamente durante il dominio di Stalin. Dopo quasi ottant'anni di cirillizzazione, non risulta facile un suo effettivo abbandono, per intere popolazioni e territori, anche perché il russo vi mantiene ancora la sua forte presenza.

È chiara la tendenza attuale delle sei repubbliche —impersonata soprattutto dal Kazakhstan, la più estesa e la più dinamica— a giocare un ruolo a sè, sfruttando a proprio vantaggio le tensioni e le ambizioni tra i protagonisti massimi della geopolitica mondiale, essenzialmente gli Usa, la Russia, la Cina, ma anche la Turchia.

L'Asia di Mezzo *si presenta dunque come una nuova "faglia", con aspirazioni alla equidistanza, nella "tettonica politica" attuale, ad arricchire le già complesse dinamiche internazionali.*

Questo libro vuole essere un aiuto a conoscere le radici e lo sviluppo storico, soprattutto culturale e politico, dei paesi che costituiscono questa parte di mondo, sempre più strategica.

Diegu Corràine

INTRODUZIONE

La dissoluzione dell'Unione sovietica ha portato alla nascita di quindici nuovi Stati indipendenti: mentre il maggiore di essi, la Russia, si estende per un quarto del suo territorio in Europa e per tre quarti in Asia, e sei di questi sono interamente europei, ben otto sono asiatici. Quando si parla di Asia ex sovietica, si parla tuttavia di un'Asia particolare. La Russia asiatica (Siberia ed Estremo Oriente) appare infatti del tutto "russificata" e pertanto europeizzata capillarmente. Il territorio delle otto repubbliche indipendenti ex sovietiche situate in Asia esibisce invece una propria identità che presenta tratti tanto "asiatici" quanto "europei". È una sorta di Mezz'Asia e al tempo stesso di Mezz'Europa: nel senso che appare come sospesa a mezz'aria tra i due continenti. Ma anche nel senso che ne costituisce un inedito e singolare trait-d'union.

Va oltretutto ricordato che la linea di separazione tra Asia ed Europa (Bosforo, Mar Nero, spartiacque del Grande Caucaso, mar Caspio, corso del fiume Ural, spartiacque degli Urali) è recente e del tutto convenzionale: questo "confine" fu infatti proposto dai geografi europei soltanto all'inizio dell'Ottocento e accettato, per comodità classificatoria, dai governi, dalle scuole e dalle università di tutto il mondo, alla fine del secolo.

Nell'antichità classica l'Asia cominciava assai più a occidente in quanto era il corso del Don, e non degli Urali, a indicarne il confine con l'Europa (mentre tutta la regione caucasica veniva già considerata, perlomeno dai greci, come europea). Dal punto di vista geofisico, del resto, i due continenti formano un tutto unico, l'Eurasia, e sono state le differenze culturali e politiche a produrre una diversità che può sembrare costitutiva ed è invece soltanto acquisita. La storia recente ha poi provveduto a ridurre queste differenze creando un'Asia di Mezzo, un'area di contatto di proporzioni consistenti.

Il destino di questa Asia di Mezzo è tuttavia quello di rimanere semisconosciuta all'opinione pubblica internazionale. Coloro che si interessano all'Asia la trascurano in quanto la considerano un'appendice europea. Gli studiosi dell'Europa, al converso, la ignorano poiché la ritengono Asia tout court. Il risultato è che nessuno studia questa porzione di mondo e trasmette in proposito le necessarie informazioni nonostante la cronaca si infittisca di avvenimenti che la riguardano.

Questo libro vuole allora supplire a una vistosa carenza fornendo al lettore italiano un primo "ritratto" di nazioni e di Stati giunti (o ritornati) da poco all'indipendenza, i quali presentano però un retroterra storico e culturale tutt'altro che trascurabile, la cui conoscenza appare indispensabile per decodificare il presente e immaginare un futuro che interessa l'assetto e la sicurezza stessa del pianeta.

Va tenuto presente che l'Asia di Mezzo, cioè l'Asia ex sovietica non russa, è formata da due diverse regioni geofisiche e insieme culturali: la "Transcaucasia" e l'"Asia centrale". La prima presenta al proprio interno una ulteriore divisione, questa volta soprattutto culturale: da una parte due antiche nazioni (le più antiche di tutta l'URSS d'antan, più antiche della Russia stessa), la georgiana e l'armena, di religione cristiana, caratterizzate da ricorrenti e tradizionali rapporti con l'Europa, tanto da poter venire considerate assai più come Mezz'Europa che come Mezz'Asia; dall'altra, l'Azerbaigian di religione musulmana, un prolungamento storico e culturale della Persia classica che però, etnicamente, si allaccia all'Asia centrale quale si estende subito di là del Caspio (anche se non può essere considerato del tutto esente dall'influenza culturale, se non altro riflessa a livello territoriale, esercitata dalle due contigue nazioni transcaucasiche cristiane). È, oltre tutto, una nazione recente.

Per quanto riguarda l'Asia centrale, essa ospita almeno altre quattro nazioni (la turkmena, l'usbecca, la casaca e la chirghisa), anch'esse recenti, addirittura più recenti dello stesso Azer baigian in quanto la loro etnogenesi appare complessa e soprattutto lunghissima. E anche la quinta nazione centro-asiatica, quella tagica, in quanto residuo di una etnia storica immensamente più vasta sempre più ridottasi e modificatasi nel corso dei secoli, può essere considerata una formazione nazionale di tipo nuovo. Mentre i tagichi parlano una lingua iranica, tutti gli altri popoli musulmani dell'Asia di Mezzo parlano lingue della famiglia turca.

La parziale europeizzazione dell'Asia di Mezzo ha la sua origine nell'espansione della Russia. La formazione dello Stato russo, sorto in Europa ma estesosi abbastanza presto di là degli Urali, ha, come si è detto, dilatato progressivamente in Asia un' evidente dimensione europea (intesa nel senso dell'appartenenza politica, dell'organizzazione amministrativa e della diffusione culturale), anche se in due modi e in due tempi diversi, e soprattutto secondo due diversi modelli: la colonizzazione diretta (per "sostituzione") e quella indiretta.

La colonizzazione diretta pertiene ai territori asiatici della Russia attuale e ha seguito per tappe la loro conquista militare avvenuta in un periodo relativamente remoto che va dal 1581 al 1679. Questa colonizzazione è caratterizzata dal nuovo popolamento (con la riduzione degli indigeni a poche sparute — anche se vaste— riserve territoriali) e dal conseguente impianto di lingua, religione, cultura, comportamento sociale ed economia chiaramente europei (russi) in territori tanto sterminati quanto assai poco popolati e relativamente inospitali. La Russia, insomma, va oggi da San Pietroburgo a Vladivostok, che è il limite estremo di un'Europa reale e non più meramente convenzionale.

La colonizzazione indiretta (quella che ha investito l'Asia di Mezzo) ha invece interagito con società e culture preesistenti, dai tratti vigorosi e originali, che ha potuto soltanto modificare in modo magari sensibile senza riuscire tuttavia a sostituire come nel caso precedente. Molte sono le ragioni di questa "resistenza": anzitutto, come s'è appena detto, la densità del popolamento autoctono, la presenza di lingue, di fedi religiose, di culture, di economie in qualche modo sviluppate nonché di formazioni statali in qualche modo funzionanti al momento dell'impatto.

In secondo luogo, va ricordato che l'annessione all'impero russo dell'Asia di Mezzo è avvenuta tardivamente rispetto a quella della Siberia e dell'Estremo Oriente. Per quanto riguarda la regione transcaucasica, va rammentato che la Georgia è divenuta politicamente russa soltanto durante un periodo che va dal 1801 al 1878, mentre l'Armenia e l'Azerbaigian sono state annesse in un periodo che va dal 1813 al 1828.

Per quanto riguarda l'altra grande regione che ci interessa, la cosiddetta Asia centrale, ricorderemo che: le "orde" casache divennero, almeno formalmente, "suddite" dello zar in un lungo quanto incerto periodo che va dal 1731 al 1876; il Qizilkum venne conquistato nel 1855; l'attuale Chirghisia fu annessa nel 1864; la regione di Samarcanda nel 1868; il khanato di Kokand nel 1876; la Turkmenistan tra il 1878 e il 1884; il Pamir nel 1900. L'emirato di Bukhara e il khanato di Khiva, entrambi protettorati russi e poi sovietici eppure in qualche modo ancora sovrani, furono incorporati dall'URSS soltanto nel 1924.

Tutta l'Asia centrale, poi, via via che è stata annessa all'impero russo è rimasta, perlomeno per quanto riguardava le questioni interne, affidata all'autogoverno dagli indigeni e per il resto all'autorità militare. Parzialmente diverso appare il caso di parte della steppa casaca che ha ospitato, dalla fine del XIX secolo, robusti insediamenti di coloni europei.

Più che russificate, tutte queste regioni sono state in seguito sovietizzate: la loro europeizzazione parziale risale infatti all'era sovietica ed è durata meno di settant'anni. Va detto che il regime politico, sociale ed economico instauratovi le ha, almeno superficialmente, uniformate alla parte europea dell'URSS e, anche se non le ha rese a questa del tutto omogenee, ha provveduto a differenziarle profondamente dalle regioni asiatiche contigue. Le caratteristiche più "visibili" di questa singolare uniformità-diversità sono state la scolarizzazione diffusa e uno sviluppo economico notevole e particolare, imposto dalle esigenze centralistiche dello Stato sovietico.

Un altro fattore fondamentale che ha permesso questo fenomeno è stato l'applicazione all'Asia centrale del principio di nazionalità quale è avvenuta in tutto il territorio sovietico e che la distingue ancora di più dal resto dell'Asia dove le tradizioni dinastiche o coloniali sono ancora alla base degli Stati esistenti. Alla radice di questo fenomeno singolare si situa la nota definizione di Stalin: "La nazione è una comunità stabile, formatasi storicamente, di lingua, di territorio, di vita economica e di conformazione psichica, che si manifesta nella comune cultura". Si trattava, allora, per i bolscevichi, di identificare, e di istituzionalizzare, se non altro per analogia con l'Europa, queste "comunità stabili".

La situazione dell'Asia di Mezzo, al momento dell'avvento del bolscevismo, era infatti la seguente: in Transcaucasia esistevano tre nazioni territorialmente costituite (Stati); in Asia centrale le nazioni (chiamiamole pure nazionalità, gruppi etnici dotati di proprio territorio tradizionale) esistenti erano invece spartite all'interno di contesti amministrativi e statuali diversi: si trattava di due colonie militari zariste (il Territorio della steppa e il governatorato del Turkestan) e di due protettorati feudali (l'emirato di Bukhara e il khanato di Khiva), tutti a popolamento etnicamente composito.

L'applicazione del principio leninista dell'autodeterminazione nazionale con la conseguente concessione della sovranità territoriale ai diversi gruppi nazionali riconosciuti attraverso la lente della definizione staliniana citata, ha imposto l'istituzione di Stati nazionali, nei limiti del possibile omogenei, anche in Asia centrale (1924). Le vecchie colonie e i vecchi protettorati sono stati così dissolti nel giro di pochi anni e sono sorte al loro posto cinque repubbliche "nazionali" a sovranità limitata che ne hanno sconvolto e rifatto i confini: le progenitrici degli attuali Stati indipendenti.

Trattandosi di un'area compattamente musulmana, gli effetti della "repubblicanazione" sovietica hanno influito profondamente sull'Islam centro-asiatico scalfendo la concezione dell'umma (la "nazione" unica di tutti i musulmani) e "attivando" il sentimento nazionale di popoli sicuramente tra loro diversi di là della confessione religiosa che per altri versi li accomunava. Non sono certo riusciti a sostituire con il marxismo la fede popolare eppure hanno venato di un certo "laicismo" questa stessa fede: un laicismo intinto, oltre che di socialismo, anche di ciò che in Europa si definiva ormai come nazionalismo. E che ha definitivamente sostituito ogni superstite fedeltà alle dinastie indigene spodestate.

Ciò deriva sicuramente dalle radici occidentali del marxismo, ma in parte proviene dal percorso autonomo dell'Islam quale si era proposto all'interno dell'impero russo. Il "cervello" dell'Islam russo era infatti situato in Europa: nelle aree tartare della regione del Volga e in Crimea, entrambe residui di quell'Orda d'oro della quale i russi furono a lunghi vassalli. La politicizzazione di questi musulmani avvenne sulla scorta del loro inserimento nelle strutture dell'impero e sulle ali del loto indubbio rinascimento culturale ed economico favorito dalle riforme liberali di Caterina II e specificamente da quella in favore dei sudditi musulmani (1783). Già la diaspora tartara provocata dalla conquista russa di Kazan' (1552) aveva del resto impiantato nell'Asia centrale numerose colonie economiche che gestivano gli scambi commerciali tra la Russia e la stessa Asia centrale.

Sono state queste comunità tartare a esportare nella regione centro-asiatica il moderno riformismo islamico quale veniva via via messo a punto, a partire dall'ultimo ventennio del XIX secolo, nelle "Tartarie" europee, caratterizzato da due aspetti: uno culturale e uno politico. L'aspetto culturale, che ha preso il nome di "giadidismo" (da usul-i jadid, "nuovo metodo"), ha voluto reagire al gap culturale e tecnologico dell'Islam nei confronti dell'Occidente (che le vicende della politica internazionale avevano reso visibile agli occhi stessi dell'Islam).

Le scuole giadidiste, ideate dal crimeano Ismail Gasprinskij, hanno promosso un salto culturale di qualità eccezionale all'interno dell'Islam russo, fino allora sottoposto, come il resto dell'Islam, all'educazione tradizionale impartita nelle scuole coraniche dove si studiava in pratica soltanto il "libro sacro", ritenuto la fonte di tutto lo scibile.

Il successo del giadidismo è stato un merito soprattutto del senso dell'organizzazione e del mecenatismo economico della borghesia tartara di Kazan', l'unica area dell'impero russo dove nel XIX secolo si è sviluppato un vivace "capitalismo musulmano". Il giadidismo, egemone in Crimea e nella Tartaria del Volga e della Kama (Islam europeo), si è poi diffuso nell'Asia di Mezzo ed è stato lo strumento della politicizzazione dei musulmani russi. Ha fornito la base di massa per il primo partito islamico, l'Unione dei musulmani di Russia, fondato della Russia europea nel 1906, di orientamento democratico e costituzionale, che ha segnato l'ingresso dei musulmani nella scena politica russa.

Ma il giadidismo, imbevuto di "filosofia" occidentale, ha generato un altro movimento di grande rilievo, il panturchismo, ispirato, per reazione al panslavismo, all'idea dell'unità politica di tutti i popoli di lingua turca, la maggior parte dei quali viveva nell'impero russo (anche se la "turchità" appariva politicamente, anche se inconsapevolmente, egemone soltanto nell'impero ottomano). Il panturchismo classico si basava sul fatto che il 90% dei musulmani russi parlava lingue della famiglia turca e ha così confuso all'inizio la religione con la nazionalità. L'Islam è stato considerato soprattutto come un carattere del "genio" turco.

Il germe del nazionalismo, inteso in senso moderno ed europeo, ha fatto comunque il suo ingresso nell'Islam soprattutto dalla Russia e di lì, grazie all'apostolato ideologico di alcuni emigrati tartari a Istanbul, ha suscitato in pochi anni quel rivolgimento politico che ha permesso, complice la sconfitta militare nella prima guerra mondiale, all'impero ottomano di trasformarsi in "repubblica turca" tout court. Nell'impero russo le cose sono andate diversamente.

Il panturchismo ha spezzato il monopolio politico dell'Unione dei musulmani e ha portato alla nascita sollecita di nuovi partiti islamici, radicalmente nazionalisti e genericamente socialisti, in tutto l'impero zarista. Le identità nazionali specifiche all'interno dell'Islam russo vennero a galla. La rivoluzione di ottobre ha poi sedotto la sinistra "socialista" di questo nazionalismo musulmano (soprattutto di quello tartaro) che, eccitata dal programma bolscevico e dai suoi risvolti relativi alla autodeterminazione nazionale dei popoli dell'ex impero, ha collaborato con i soviet durante la rivoluzione. Non va dimenticata la fondazione di un Partito comunista musulmano di Russia (1918) e quella, contemporanea, di un collegio militare per l'istituzione di un'Armata rossa musulmana, entrambe avvenute a Kazan'. E quella grande figura di leader islamo-comunista che fu Sultan Galiev, presto incappato nelle ire di Stalin.

Nonostante il rapido assorbimento di questi due organismi specifici nella struttura onnicomprensiva del Partito bolscevico, i discepoli degli islamo-comunisti tartari (anche se pochi, rispetto perfino ai nazionalisti "puri") hanno contribuito in prima persona alla "costruzione del socialismo" nell'Asia Centrale e nell'Azerbaigian con grande entusiasmo, durante anni difficili e in mezzo a pesanti contraddizioni, traducendo il panturchismo iniziale nei vari nazionalismi locali (le nazioni turche sono molte così come molte sono le nazioni slave) sia pure mitigati da un "internazionalismo" di regime e talvolta perfino di maniera: tuttavia alla base della politica di "indigenizzazione" voluta ai propri esordi dal regime bolscevico.

La virata stalinista ha poi portato, negli anni bui che vanno dal 1934 al 1938, all'annientamento (anche fisico) di questi comunisti singolari proprio a causa dell'accusa di "nazionalismo borghese" rivolta loro con brutale disinvoltura da chi li aveva fino allora incoraggiati. Ma il dado della scoperta della nazionalità era stato ormai tratto e non era possibile tornare indietro. L'europeizzazione, innescata all'interno dello stesso Islam, è comunque proseguita, affidata questa volta all'influenza diretta del regime alla capillarità delle sue strutture ufficiali.

Diverso il tragitto nella Transcaucasia cristiana, dove la coscienza nazionale era ben sviluppata, il "nazionalismo borghese" esisteva davvero e possedeva proprie strutture politiche e autonome tradizioni assai lontane nel tempo. E dove anche i partiti socialisti russi, e quello ispirato al marxismo in particolare, avevano i loro leader e i loro seguaci locali. Per soffermarsi soltanto sui bolscevichi, basterà rammentare in proposito i georgiani Stalin, Ordžonikidze e Beria nonché l'armeno Mikoian. Eppure, nonostante l'avvento dei bolscevichi, i vecchi nazionalismi sono rimasti a covare sotto la cenere.

I settant'anni di sovietizzazione dell'Asia di Mezzo, lungi dunque dal soffocare i nazionalismi esistenti (talvolta, come s'è visto, addirittura impiantati dal regime), li hanno dapprima esorcizzati e poi, alla fine degli anni ottanta, improvvisamente risvegliati: anche questa volta ciò è accaduto quale conseguenza diretta di quanto avveniva nella parte europea dell'URSS, paesi baltici in testa. Ancora una volta, le risposte della Transcaucasia e dell'Asia centrale sono state diverse. La Georgia ha imitato il comportamento baltico, impegolandosi inoltre in un cruento dissidio con le proprie minoranze nazionali interne: osseti e abcasi. Armenia e Azerbaigian si sono addirittura affrontati in armi per il possesso di una provincia contesa: l'Alto Karabakh. Le loro dichiarazioni di indipendenza si spiegano anche così.

Le repubbliche dell'Asia centrale non avevano invece nessuna intenzione di diventare indipendenti: si limitavano a richiedere una maggiore sovranità e una reale autonomia culturale ed economica. I loro ceti dirigenti, fiutato il vento del Baltico, erano soltanto divenuti autonomisti e nessuno di questi paesi aveva espresso un leader indipendentista di alta statura. Sono state le dichiarazioni di indipendenza di tutte le repubbliche sovietiche europee a costringere la nomenklatura centro-asiatica a compiere il salto: ancora una volta si è trattato di un evento stimolato direttamente dall'Europa. Non è un caso se soltanto un paio di queste repubbliche hanno aderito all'Organizzazione della conferenza islamica internazionale mentre sono divenute tutte a spron battuto membri della Conferenza per la sicurezza e la cooperazione in Europa. (CSCE). Nonostante le rivendicazioni territoriali reciproche tra le repubbliche dell'Asia centrale (prova del successo dell'impianto, sia pure recente, del nazionalismo), l'unico conflitto armato "serio" scatenatosi nella regione è la guerra civile tagicca, ancora in corso, tra musulmani laici e integralisti islamici: una situazione ben deversa da quella, tragica, della Transcaucasia.

Soltanto in Tagicchia?, infatti, il laicismo musulmano, ormai stabilmente impiantato nella regione nonostante il tracollo del regime, appare minacciato dal fondamentalismo: anch'esso, paradossalmente, ispirato dall'Europa in quanto organizzatosi nel solco del Partito della rinascita islamica, fondato ad Astrakhan', nella Russia europea, nel 1990, anche se rafforzato, a differenza che altrove, dagli impulsi e dagli in-flussi provenienti dal confinante Afghanistan e dai paesi musulmani limitrofi (Iran e Pakistan soprattutto). La situazione è complicata dal fatto che più della metà delle nazione tagicca è compresa entro i confini dell'Afghanistan, il cui territorio statale ospita anche parte dei territori nazionali usbecco e turkmeno. In Uzbekistan e in Turkmenistan, tuttavia, il fondamentalismo non è riuscito a penetrare, grazie alla "sorveglianza" esercitata dai governanti (dalla nomenklatura autonomista allevata dal regime). Forse, in un domani nemmeno troppo lontano, il laicismo nazionalista delle nuove repubbliche centro-asiatiche indipendenti potrà mostrarsi perfino aggressivo verso l'esterno e appoggiare l'irredentismo latente nella regione, nel nome delle "patrie" non più socialiste, ridisegnandone i confini politici.

Se si passa dall'Asia centrale alla Transcaucasia, si constaterà come più della metà della nazione azera sia dislocata di là della frontiera iraniana (e in Iran "giace" anche parte del territorio nazionale turkmeno). Anche questa situazione favorisce il nazionalismo, considerando inoltre che, in Azerbaigian, l'influenza dell'integralismo iraniano è meno evidente dell'influenza esercitata dal laicismo musulmano e nazionalità della contigua Turchia (gli azeri parlano una lingua turca) rivolto anche verso le quattro repubbliche turche dell'Asia centrale.

Il ritorno dell'Asia di Mezzo musulmana nel mondo islamico, che la espone parzialmente all'influenza del fondamentalismo, espone tuttavia lo stesso mondo islamico all'influenza, per il momento soltanto ipotizzabile, del laicismo musulmano quale si è formato appunto nell'Asia di Mezzo e che appare in qualche modo vicino a quello tradizionale della Turchia. Più che dal contrasto oggi latente tra lo sciismo (Iran e Azerbaigian) e il sunnismo (maggioritario nel resto dell'Islam), la leadership del mondo musulmano appare contesa proprio tra "laici" (con opzione nazionalista) e "integralisti" (partigiani invece dell'umma: senza dubbio più appariscenti ma non ancora vincenti).

Va da sé che l'improvvisa acquisizione dell'indipendenza da parte dell'Asia di Mezzo musulmana e la latitanza improvvisa del potere tradizionale ("sovietico"), hanno scatenato la concorrenza tra le due anime dell'Islam, impersonate da Iran e Turchia, in lotta nel disegno di accaparrarsi un possibile protettorato politico, culturale e in certa misura economico sulla regione. Non va tuttavia trascurata la presenza del più forte tra gli Stati indipendenti ex sovietici, la Russia, che, dopo un primo momento di sbandamento, ha inserito di nuovo tutto lo spazio ex sovietico nella sua visione geopolitica e cerca di reimpossessarsi del suo "impero" tradizionale, forte della presenza di 10.000.000 di russi nell'Asia di Mezzo.

I nuovi Stati indipendenti appaiono così in bilico fra influenze diverse. La nomenklatura, ancora al potere nell'Asia centrale, predilige Mosca ad Ankara e a Tehran in quanto è cosciente del fatto che l'economia della regione, priva di autonomia, sconta il suo essere stata creata in un contesto di integrazione nel sistema sovietico e di dipendenza dagli investimenti e dai trasferimenti previsti dal bilancio dell'URSS. Oggi che l'URSS non esiste più, trova comunque utile rimanere aggrappata a ciò che resta del sistema d'antan, pena la caduta nell'anarchia e nella miseria. La stessa cosa vale per le repubbliche della Transcaucasia che hanno inoltre bisogno delle truppe russe per sopravvivere alle guerre che la sconvolgono.

La classe dirigente delle nuove repubbliche è tuttavia cosciente dei disastri provocati dal regime sovietico durante la lunga crisi che ne ha provocato la fine: la distruzione parziale del patrimonio culturale autoctono, il disastro ecologico provocato dallo sfruttamento insensato del suole e delle acque, la disoccupazione crescente dovuta all'alto tasso di incremento demografico della popolazione, la monocoltura imposta da esigenze esterne agli interessi della regione, la mancanza di produttività e di imprenditorialità di una macchina economica sempre più obsoleta e inquinante. Nonostante la grande ricchezza di materie prime, non possiede ancora la forza politica e le risorse finanziarie necessarie per creare le condizioni di un nuovo corso politico, economico e sociale.

Le nuove repubbliche cercano tuttavia di limitare questa loro dipendenza oggettiva dagli eredi dell'URSS, purtroppo imposta dall'ordine delle cose e gli eredi dell'URSS sono la Russia e quella labile associazione chiamata Comunità degli Stati indipendenti, cui appartengono insieme alla Russia e che dovrebbe gestire la transizione all'era postsovietica. Al momento, rappresenta un ulteriore elemento di dipendenza dalla Russia, dalla sua struttura finanziaria (l'era del rublo) e militare (il cosiddetto esercito comunitario, che presidia i confini asiatici dell'ex URSS e congela le guerre transcaucasiche). L'Azerbaigian e le repubbliche centro-asiatiche cercano pazientemente di bilanciare questa dipendenza attraverso i nuovi rapporti economici e culturali intrapresi con le potenze musulmane confinanti, anche se appaiono ben attente a non scivolare in un abbraccio pericoloso per la loro dimensione "semiasiatica" in quanto si considerano ormai ineluttabilmente "laiche" e, come minimo, "semieuropee".

Il più grosso handicap di tutte le repubbliche dell'Asia di Mezzo è costituito dal loro isolamento, anzitutto fisico. Tutto il loro sistema di comunicazioni stradali, ferroviarie, aeree e navali è prevalentemente orientato verso la parte europea dell'ex URSS; gli oleodotti e i gasdotti passano dal territorio russo; i prodotti agricoli vengono prevalentemente esportati e lavorati in Russia; molti dei prodotti industriali servono le fabbriche russe, dalle quali dipendono le industrie locali per le commesse e gli stessi macchinari. Si cerca di rimediare a questa costrizione attraverso accordi specifici con i paesi confinanti: la Turchia ha così aperto una linea aerea Istanbul-Baku-Taškent , l'Iran ha costruito un tratto ferroviario che lo collega al Turkmenistan mettendo così in comunicazione diretta l'Asia centrale con l'Europa attraverso il territorio iraniano e quello turco; il Pakistan ha realizzato strade e autostrade in grado di collegarlo con gli stati confinanti, con la Chirghisia e l'Uzbekistan. Si tratta tuttavia, almeno al momento, di realizzazioni modeste e parziali.

L'Occidente non mostra di avere del resto, al momento almeno, importanti mire geopolitiche sull'Asia di Mezzo e di conseguenza la sua influenza diretta nella regione appare limitata. Ormai rappresentato dagli Stati Uniti d'America, ha lasciato alla Russia, fino ad ora almeno, il compito di "sorvegliare" l'Asia di Mezzo e tutto lo spazio ex sovietico (e si esprime talvolta attraverso la "fedele" Turchia). Né valgono a smentire questa posizione strategica alcuni contrasti economici tra Washington e Mosca a proposito dello sfruttamento del bacino petrolifero di Tengiz in Casachia (affidato nel 1992 a un consorzio equipaggiato dall'americana Chevron) e dall'ancora più grande giacimento off shore della penisola di Abşeron in Azerbaigian, anch'esso sottratto agli appetiti russi nel 1994.

Non è detto, tuttavia, che gli aneliti da grande potenza quali si stanno risvegliando in Russia non possano compromettere in un futuro relativamente prossimo questa situazione. Dietro questi aneliti, provocati dal sogno di reimpossessarsi della dimensione mondiale che fu dell'impero e dell'URSS, si riaffaccia curiosamente e pericolosamente la delirante dottrina dell'"eurasiatismo", elaborata in Russia durante i primi decenni del secolo, secondo la quale la Russia stessa non farebbe parte né dell'Europa né dell'Asia e che, lungi dall'essere una combinazione di questi due blocchi fisici e culturali, costituirebbe un'area specifica a livello geografico e storico: un'entità incentrata sugli spazi continentali e quindi inevitabilmente in contrasto con le prospettive oceaniche delle potenze occidentali. Da questo punto di vista, l'Asia di Mezzo sarebbe parte integrante della Russia e apparirebbe destinata a esservi assorbita mediante un processo di "chiarificazione geopolitica" che dovrebbe convincere i "semiasiatici" di essere in realtà "russi".

Gli stati indipendenti dell'Asia centrale e dell'Azerbaigian, presi nella morsa di una tenaglia formata da un lato dalla Russia e dall'altro dalle potenze islamiche confinanti ispirate dal fondamentalismo religioso, per sopravvivere dovranno inventarsi un ruolo politico autonomo, non più soltanto formale, nel contesto internazionale. Anche gli Stati "cristiani" della Transcaucasia dovranno escogitare la loro "strada" più propria.

Si tratta di una scommessa affascinante per decifrare i termini della quale appare sempre più necessario rifarsi anche alla storia autoctona di questi paesi, trascurata purtroppo dalla pubblicistica contemporanea e alla quale dedichiamo le pagine che seguono, attente a non trascurare nemmeno i dati i una cronaca forse spicciola ma ugualmente illuminante.

Sergio Salvi

AZERBAIJAN (AZÄRBAYCAN)

Superficie Kmq 82.200 (sono compresi i 5500 kmq della repubblica autonoma dei Nahičevan, abitata da azeri). Vanno in qualche modo considerati anche i 105.953 kmq delle due province iraniane dell'Azerbaijan orientale e dell'Azerbaijan occidentale, che confinano a sud con la RSS Azera e ne prolungano il territorio storico, linguistico e culturale pur appartenendo a un altro stato.

Popolazione Ab. 7.020.000 (1989), escluso il Karabah e compreso il Nahičevan, di cui 79% azeri, 8% russi, 6% armeni, 7% altri. Le due province azere dell'Iran contano complessivamente 6.200.000 abitanti di cui 62% azeri, 20% curdi, 8% persiani, 6% armeni, 4% altri. Gli azeri, presenti anche in Armenia, in Georgia e in Russia, sono 5.500.000. Gli azeri sono di razza europide con una piccolissima componente mongolide

Capitale Baku (1.120.000 ab.). La capitale del Nahičevan è Nahičevan (33.000 ab.).

Lingua L'azeri (gruppo sud-occidentale della classe turca della famiglia altaica). Il 99% degli azeri che dichiarano la propria nazionalità considera oggi l'azeri come propria lingua materna. L'azeri si scrive con l'alfabeto cirillico.

Religione Musulmana sciita. Minoranza sunnita.

Territorio È situato nella porzione orientale del Caucaso di cui comprende, parte del versante settentrionale delimitata dal fiume Samur, parte del versante meridionale. A sud, il suo territorio è delimitato dal fiume Araks, che costeggia una catena montuosa parallela a quella caucasica. Tra le due catene s'estende la parte orientale della grande vallata del Kura.1 confini occidentali sono puramente etnici. L'Azerbaijan iraniano è un unico grande altopiano dall'altezza media di 1500 metri. La Repubblica Azera confina ad ovest con la Georgia e l'Armenia, a nord con la Russia (repubblica autonoma del Daghestan), ad est con il Caspio e a sud con l'Iran (Azerbaijan iraniano).

Il seme dei turchi

Così come la Georgia è la più antica tra le nazione dell'ex URSS e quindi anche della Transcaucasia, l'Azerbaijan è la più recente formazione nazionale transcaucasica e tra le più giovani dell'intera ex Unione sovietica. Si forma infatti, ex novo, nell'XI secolo, con l'arrivo dei turchi selgiudichi sui luoghi del suo attuale insediamento. Soltanto le moderne nazioni turche dell'Asia centrale si formeranno in un'epoca ancora più tarda.

In termini di geografia fisica, l'Azerbaijan ex sovietico comprende la parte orientale del bacino del Gura (Kura) e il bacino del basso Araks, che è un affluente del Gura. Comprende anche una piccola porzione di Ciscaucasia, in quanto si estende a nord dello spartiacque del Gran Caucaso, e, a sud, una piccola porzione dell'altopiano iranico. È interamente affacciato sul Caspio.

L'attuale Stato azero indipendente, erede della Repubblica socialista sovietica azera, erede a sua volta del primo Stato azero sovrano, istituito nel 1920, occupa però meno della metà (il 43%) del territorio nazionale che si estende senza soluzione di continuità in Iran dove appare oggi diviso, dal punto di vista amministrativo, in tre province: l'Azerbaijan centrale, con capoluogo Tabriz (ab. 950.000), l'Azerbaijan occidentale, con capoluogo Urmiyeh/Urmia (ab. 300.000) e l'Azerbaijan orientale con capoluogo Ardabil (ab. 282.000).

L'Azerbaijan iraniano ha una popolazione di oltre 8.000.000 di abitanti, il 90% dei quali è azero (e il resto è curdo e persiano), e non gode di alcun riconoscimento della propria identità nazionale. Gli azeri ex sovietici sono, in tutto, circa 6.000.000. Soltanto una minoranza, sia pure rilevante, degli azeri appare così titolare di uno Stato proprio.

La lingua nazionale azera ha, come sostrato etnico, in parte popolazione di lingua caucasica (i cosiddetti albani o lesghi) e in parte i medi, un popolo iranico occidentale, affine ai persiani, che è considerato il progenitore degli attuali curdi. I primi sono gli autoctoni del territorio transcaucasico: i secondi i più antichi invasori dello stesso e gli abitanti originari dell'Azerbaijan oggi iraniano.

I medi, assieme ai babilonesi, agli sciti e ai cimmeri, hanno sconfitto simultaneamente, nel 616 a.C., l'Assiria e Urartu (che aveva fondato proprie colonie nella Transcaucasia). Essi mettono così, nel VII secolo a.C., le proprie radici nella regione transcaucasica orientale, la inseriscono nel loro regno e cominciano a iranizzare i suoi abitanti. Un secolo dopo la Media viene conquistata dai persiani (550 a.C.) ed entra a far parte dell'impero achemenide di cui diviene una satrapia.

Nel 331 a.C. Atropate, satrapo della Media, passa al servizio di Alessandro Magno quando questi invade e dissolve l'impero achemenide. Nel 323 a.C., alla morte di Alessandro, Atropate si rende indipendente. Il suo regno prende il nome di Atropatene da cui deriva quello di Azerbaigian. Abitato in prevalenza da iranici, comprende anche armeni e popolazioni di lingua caucasica.

Quando gli arsacidi conquistano l'Atropatene nel 248 a.C., ne fanno una provincia del nuovo impero persiano. Cinque secoli dopo, nel 226, gran parte della provincia dell'Atropatene entra a far parte dell'impero sassanide. La sua parte settentrionale entra invece nella sfera di influenza dell'impero romano e diventa poi la sede del regno cristiano di Albània, sorto nel V secolo con una dinastia armena.

Nel 643 Yazdegerd III, l'ultimo imperatore sassanide, è sconfitto a Nahawend dagli arabi. Un anno dopo gli arabi si impadroniscono dell'Atropatene (che chiamano *Adharbaijan*) e dell'Albània (che chiamano *Arran*) e vi diffondono agevolmente l'Islam. Un governatore arabo si insedia a Tabriz e amministra entrambi i territori.

Dopo altri quattro secoli accade l'evento scatenante per la formazione della nazione azera: l'arrivo dei turchi selgiuchidi.

Agli inizi del VI secolo si era formata nelle steppe dell'Asia centrale una confederazione di nove tribù turche. Una di esse, nel 985, si era trasferita in prossimità del lago di Aral, guidata da un khan di nome Seljük: nonostante si denominassero *türkmenler* (singolare *türkmen*) che significa "nomadi turchi", i suoi componenti ci sono noti, per questa ragione, come "selgiuchidi". La tribù si converte all'Islam ed è presto così potente e numerosa da attraversare in forze il Sir-darya.

Nel 1040 i selgiuchidi attraversano anche l'Amu-darya e invadono addirittura la Persia. Nel 1055 sono a Baghdad, la capitale califfale, in vesti (viste sic.) di "alleati" (il califfato era in lite con i suoi potenti vassalli). Nel 1058 il califfo nomina Tughril Beg, il nipote di Seljük, "sultano". Un selgiuchide diventa così il capo secolare dell'Islam.

I selgiuchidi assumono il potere in Persia e in Mesopotamia, oltre che su una vasta porzione dell'Asia centrale. Nella maggior parte delle terre conquistate, dove si stabiliscono in numero modesto, divengono classe dirigente ma finiscono per venire assorbiti, linguisticamente e culturalmente, dai persiani e dagli arabi. Si insediano invece numerosi nel territorio dell'attuale Azerbaigian, dove sono loro ad assorbire la maggioranza degli indigeni. Nasce così la prima nazione turca fuori dall'Asia centrale.

Nel 1071 i selgiuchidi invadono anche l'Anatolia. Si sentono investiti della missione di "combattenti dell'Islam" e vanno, nel nome della "vera fede", all'attacco della "seconda Roma" (Costantinopoli). Sconfiggono l'esercito bizantino a Mantsikert e si insediano numerosi anche in Anatolia, dove istituiscono una serie di sultanati autonomi: il principale è quello di Rum ("Roma", in arabo), una sorta di contro-impero bizantino. Gettano così le basi della seconda nazione turca situata fuori dall'Asia centrale: una nazione all'origine di uno Stato che prenderà in seguito, a causa della funzione catalizzatrice esercitata da un'altra tribù turkmena immigrata nella stessa Anatolia, di cui diverrà capo il khan Osman, il nome di "ottomana" e dalla quale ha origine un grande impero plurinazionale che cadrà soltanto nel 1920, trasformandosi nella Turchia attuale.

All'inizio gli ottomani sono vassalli dei loro cugini selgiuchidi di Rum, dai quali ottengono in feudo la Bitinia attorno al 1230. Nello spazio di un paio di secoli saranno tuttavia gli ottomani ad assorbire politicamente gli Stati selgiuchidi dell'Anatolia: non c'è invece alcun bisogno di un parallelo assorbimento linguistico in quanto "ottomani" e "selgiuchidi" parlano la stessa lingua, quella dei türkmenler; una buona parte dei quali è rimasta nella steppa tra Amu-darya e Khorasan donde nuove ondate si riverseranno in Persia e in Asia Minore e dove si consolida la nazione turkmena propriamente detta. Tra i selgiuchidi dell'Anatolia e quelli dell'Atropatene e dell'Albània (i padri della nazione azera) rimane un vasto territorio popolato dagli armeni e dai curdi (i discendenti diretti dei medi), la cui presenza impedisce il formarsi di un'unica nazione turca nell'Asia occidentale. Tra la fine del XII e l'inizio del XIII secolo, l'Albània è inserita nel regno georgiano.

Nel 1223 la Persia e l'Azerbaijan vengono attraversate dalle orde tartare di Subotai, provenienti dall'Asia centro-orientale, dove è sorto l'"impero dei popoli della steppa" a opera di Gengis Khan, le quali, scavalcando il Caucaso, portano il loro primo attacco alla Rus' di Kiev e all'Europa e poi se ne tornano in Asia centrale.

Nonostante il processo di trasformazione etnica (una turchizzazione irreversibile), l'Azerbaijan conserva, sotto i selgiuchidi, la propria dimensione economica e culturale, retaggio della civiltà araba e di quella persiana. Il mondo azero del tempo si esprime attraverso le opere di alcuni poeti, tra i quali emerge Nazimi, i quali scrivono in turco ma usano una lingua arricchita dal lessico e dai modelli letterari persiani.

Anche se la maggioranza della popolazione è ormai turca o turchizzata, resistono, all'interno del paese, alcune sacche di iranici autoctoni che si ridurranno progressivamente: i talisci, i cui ultimi rappresentanti si estingueranno soltanto negli anni cinquanta del nostro secolo e i tati, alcune migliaia dei quali sopravvivono ancora oggi. Resistono anche frange territoriali di confine: armeni ad ovest, curdi a sud-ovest, popolazioni di lingua caucasica a nord e a nord-ovest. Va da sé che i territori propri di tutti questi popoli si estendono oltre i confini dell'Azerbaigian.

I tartari invadono di nuovo la Persia, e quindi l'Azerbaigian, guidati da Hülagü, un nipote di Gengiz Khan. Vi formeranno, nel 1256, il regno indipendente degli Il-khan. Raggiungeranno Baghdad costringendo il califfo abbaside alla fuga in Egitto. I tartari sono turchi guidati da khan mongoli che si turchizzeranno rapidamente. Non sono ancora musulmani ma pagani, buddisti e perfino cristiani nestoriani. Si deve al loro impatto l'improvviso tracollo della civiltà islamica che aveva raggiunto uno sfolgorante splendore. Gli Il-khan pongono la loro capitale principale a Tabriz, città azera, che diviene il centro politico ed economico del loro regno. Sconfitti in Siria dai mamalucchi egiziani devono rinunciare alla conquista dell'intero Islam califfale. Si alleano allora con gli Stati crociati e con la Piccola Armenia. Si contrappongono all'altro regno tartaro, quello prevalentemente europeo dell'Orda d'oro, che è divenuto musulmano, e con il quale stabiliscono la linea di confine lungo lo spartiacque del Gran Caucaso. In questo modo rinforzano i legami con la vecchia Albània, l'Azerbaijan caucasico, dove l'influenza selgiuchide era stata meno forte, favorendo l'unità della nazione azera.

Nel 1295 anche gli Il-khan si convertono all'Islam. Ne acquisiscono le forme culturali ma si annullano all'interno delle sue componenti etniche arabe e iraniche. In Azerbaijan rinforzano invece la componente turca.

Il loro regno verrà distrutto, proprio nel nome di Gengiz Khan, da un presunto discendente dello stesso, un turco di Samarcanda, desideroso di ripristinare l'impero unitario: Tamerlano.

Gli azeri tra ottomani e safavidi

Tamerlano si impossessa dei tre regni nei quali si è divisa la parte occidentale dell'impero di Gengiz Khan. Conquista per primo il Čaghatay, che comprende l'Asia centrale. Poi, nel 1370, invade e si impadronisce del regno degli Il-khan dal quali, attraverso l'Azerbaijan e il Caucaso, invade il regno dell'Orda d'oro. In Anatolia sconfigge gli ottomani senza però riuscire ad annientarli. La sua dominazione è crudele e terribile.

L'Azerbaijan entra a far parte del nuovo, vasto e potente impero timuride. Mentre Tamerlano si appresta all'invasione della Cina, muore improvvisamente nel 1405. Il suo impero so scioglie come neve al sole anche se i suoi eredi mantengono la sovranità formale di molti dei suoi frammenti.

Una nuova ondata di türkmenler era giunta nel frattempo in Persia e in Anatolia, con le proprie greggi, ancora prima di Tamerlano. Si tratta di tribù nomadi i cui componenti sono indicati dagli arabi come *turkman* e sono pertanto noti in Occidente come "turcomanni". Si raggruppano, verso la metà del XIV secolo, in due confederazioni rivali che prendono il nome, dai loro simboli totemici, di *Aq qoyunlu* ("Montone bianco") e di *Qara qoyunlu* ("Montone nero"). Il montone bianco si stabilisce nell'Anatolia orientale mentre il Montone nero si insedia nell'alta Mesopotamia e nell'Azerbaigian: conquista Tabriz nel 1388 e vi pone la sua capitale.

Mentre il Montone bianco è stato l'alleato fedele di Tamerlano, il Montone ero gli si era opposto fino a che il suo khan non era dovuto fuggire in Egitto. Alla morte di Tamerlano entrambe le confederazioni si riformano immediatamente e ricominciano a esercitare la loro sovranità sui rispettivi domini e a combattersi.

Il successo arride dapprima al Montone nero. A partire dal 1467 le sorti si rovesciano e il Montone bianco diventa una grande potenza islamica regionale e si impossessa dell'Azerbaigian. L'influenza dei turcomanni sulle terre azere ne esalta il carattere turco. Tabriz vive un periodo di splendore architettonico e culturale grazie proprio ai turcomanni del Montone bianco.

Una terza componente, questa volta religiosa, prende corpo all'interno della popolazione turca degli altopiani anatolico e iranico: quella dei *Qizilbas* ("Teste rosse": così chiamati per il colore dei loro turbanti), noti anche come "alevi". Sono, allo stesso tempo, dei mistici e dei guerrieri. In quanto mistici, c'è chi li situa all'interno del sufismo sunnita e chi invece li pone nell'ambito dello sciismo. C'è anche chi li ritiene legati alle tradizioni sciamaniche e ai riti "pagani" dell'Asia centrale, che vengono mascherati attraverso l'adesione a un Islam "irregolare".

Politicamente, le Teste rosse nutrono un vivo rancore nei confronti del sultano ottomano, reo di avere assorbito gli staterelli selgiuchidi e di governare i "credenti" da una megalopoli lontana e inaccessibile, che ha per loro odore di corruzione: Istanbul, conquistata nel 1453.

Ad Ardabil, nell'Azerbaijan meridionale, si forma una confraternita guidata da un mistico, lo sceicco Safiaddin, cui aderisce un lontano parente, un certo Ismail, che è anche nipote dell'ultimo signore del Montone bianco. Al turco Ismail viene in mente di restaurare l'impero persiano. Con l'aiuto delle Teste rosse sconfigge le forze del Montone bianco e conquista Tabriz, dove si proclama Scià. In opposizione al sultano-califfo, cui obbediscono i sunniti, aderisce allo sciismo, che è una sorta di protestantesimo musulmano. Costruisce una teoria teologico-genealogica secondo la quale Safiaddin sarebbe stato, allo stesso tempo, un discendente di Ali, primo iman degli sciiti e genero di Maometto, e di Yazdegerd III, l'ultimo scià persiano. La maggioranza dei suoi sudditi aderisce alla nuova fede religiosa.

In questo modo lo sciismo e il nazionalismo iranico vengono a coincidere e sono il motore ideologico della resurrezione dell'impero persiano. Ismail Scià è il capo di una dinastia, quella safavide, che ricostruisce nel 1501 l'impero sassanide (trasporterà presto la sua capitale da Tabriz, in Azerbaigian, a Isphan, nella Persia etnica). Paradossalmente, si tratta di un turco che, sotto lo pseudonimo di Hatay, si rivela un ottimo poeta in azeri (la lingua turca dell'Azerbaigian): eppure si tratta anche di un acceso nazionalista persiano. È un disertore consapevole della nazione turca.

I safavidi entrano presto in contatto con gli ottomani. Li affrontano nell 514, a Čaldiran, e vengono sconfitti. Tutto l'Azerbaigian, e perfino il Daghestan meridionale, entrano così a far parte dell'impero ottomano. Ma gli azeri, anche se sono turchi, sono ormai sciiti e si contrappongono agli ottomani sunniti. Come sudditi persiani, e sempre per questioni religiose, entrano in guerra, insieme ai persiani "veri", perfino contro i turchi dell'Asia centrale, all'altra estremità dell'impero safavide, che hanno nel frattempo formato l'impero usbeco e sono anch'essi sunniti.

Intanto il sultano ottomano conquista la Siria, la Mesopotamia, l'Arabia, l'Egitto e l'Africa settentrionale, con l'esclusione del Marocco. Nel 1517 riceve in Egitto il titolo di califfo dell'ultimo abbaside. Diventa così il capo, spirituale e secolare insieme, dell'Islam "regolare" (o sunnita).

Nel 1534 lo scià safavide Abbas il Grande riconquista l'Azerbaijan e la Mesopotamia (che poi perde di nuovo). I due imperi continuano a combattersi fino a che, nel 1639, stabiliscono i loro confini definitivi. L'Azerbaijan (con Daghestan meridionale) torna così sotto il dominio persiano.

Sotto i safavidi prende corpo una differenza di trattamento tra l'Azerbaijan meridionale (quello attualmente iraniano) e l'Azerbaijan settentrionale (la sede territoriale dell'attuale repubblica ex sovietica). Il primo, che è oltre tutto la culla della dinastia, viene privilegiato tanto da rendere plausibile la sua definizione di "giardino dell'impero". I territori del nord vengono invece trascurati e addirittura torchiati con una politica fiscale che mira a rendere questa regione sempre meno appetibile agli ottomani.

Nella disputa permanente tra ottomani e safavidi si inseriscono a sorpresa, nel XVIII secolo, i russi.

I "tartari del Caucaso"

Nel 1722 lo zar Pietro il Grande invade il Daghestan persiano e, deciso a conquistare tutta la Persia, lo occupa fino ai confini con l'Azerbaigian. Le difficoltà delle comunicazioni e il clima micidiale costringono però i russi, nel 1732, a ritirarsi anziché penetrare nell'Azerbaigian. Ritorneranno meno di un secolo dopo: a causa dell'annessione russa della Georgia orientale, nominalmente sotto sovranità persiana, che avviene nel 1801, l'impero zarista e la Persia si affrontano infatti di nuovo.

La guerra tra i due imperi comincia a venire combattuta sul serio soltanto nel 1806 e dura fino al 1812. I persiani sono irrimediabilmente sconfitti. Nel 1813, col trattato di Gülistan, sono costretti a cedere alla Russia sette khanati caucasici: Derbent, che fa storicamente parte del Daghestan (la cui parte settentrionale era stata conquistata dai russi nel periodo 1770-

1775) e viene cosi ricostituito, Guba, Şäki, Gäncä, Baki, Şirvan e Garabağ (Karabakh), che fanno invece parte dell'Azerbaigian. Derbent è popolato da genti di lingua caucasica. Garabağ è prevalentemente armeno. Il resto del territorio perduto è azero.

Nel 1826 scoppia un nuovo conflitto russo-persiano. I russi hanno ancora la meglio. La guerra si conclude nel 1828 con la pace di Türkmenčay. La Persia è costretta a cedere altri tre khanati: Erevan, Nahçivan (Nakhičevar), entrambi di forte popolamento armeno, e Maki. Maki verrà in seguito recuperata dalla Persia.

La Russia, che si è annessa nel frattempo il resto della Georgia a spese dell'impero ottomano, costituisce, con gli otto khanati transcaucasici ex persiani e la Georgia, il viceregno del Caucaso. Insedia a Tbilisi, la capitale del viceregno, un governatore militare e, preoccupata per il rilevante popolamento musulmano della regione, "importa" 100.000 armeni dall'impero ottomano. Ne importa 50.000 anche dalla Persia. Con questi armeni rimpolpa la componente cristiana della regione transcaucasica (georgiani e armeni). I nuovi arrivati si stabiliscono soprattutto negli ex khanati di Erevan e di Garabağ, accanto ai loro numerosi connazionali che vi risiedono da tempo immemorabile.

Gli armeni si rivelano i sudditi più fedeli dello zar e anche i più intraprendenti. Sciamano in tutta la Transcaucasia e si insediano soprattutto nelle città. Commercianti e artigiani abilissimi, diverranno presto anche professionisti, banchieri e perfino industriali. Non va dimenticato che hanno ricoperto e ricoprono da tempo la stessa funzione nell'impero ottomano, all'interno del quale sono compresi i quattro quinti del loro territorio nazionale. Lo zar istituisce, nel 1840, una provincia nazionale armena che comprende Erevan, il Nahçivan e il Garabağ. Gli azeri si risentono per questa decisione che ritengono un affronto all'Islam.

Quando, negli anni sessanta del XIX secolo, lo zar decide di industrializzare la Transcaucasia, gli armeni forniranno sollecitamente quadri tecnici e imprenditori: costruiranno perfino buona parte della classe operaia.

In seguito alle annessioni, quasi la metà degli azeri è comunque diventata suddita dello zar. Gli azeri si designano da tempo, tra di loro, come *türkler* ("turchi", singolare: *türk*), parlano una lingua ovviamente turca e sono musulmani sciiti. I russi, che in quanto a turchi e musulmani conoscono soltanto i tartari del Volga, le cui terre sono state conquistate dallo zar nel CVI secolo, e i tartari di Crimea (annessi nel 1783), entrambi residui dell'Orda d'oro, li chiamano "tartari del Caucaso". La nozione di Azerbaijan sembra così essersi smarrita.

Nel 1871 cominciano a venire sfruttati i colossali giacimenti petroliferi scoperti attorno a Baki (russo: Baku), che avrà un rapido sviluppo urbano. L'industria del petrolio si giova della partecipazione di colossi finanziari internazionali (Rothschild, Nobel, Wischau) e perfino di qualche armeno arricchitosi nel frattempo. Nonostante sorga in pieno territorio azero, Baki diventa una città cosmopolita. Il petrolio vi attira una massa ingente di immigrati economici, Il suo proletariato è così formato soprattutto da armeni, da georgiani e da russi e la sua componente azera appare estremamente modesta. Gli azeri sono soprattutto contadini e pastori e non vengono coinvolti dalla rivoluzione industriale. Alla fine del secolo, l'area di Baki è il più grande "territorio petrolifero" del mondo. Alfred Nobel disegna l'oleodotto che porta il petrolio azero al porto di Poti sul mar Nero.

Nel 1901 viene fondata l'organizzazione transcaucasica del Partito operaio socialdemocratico di Russia (POSDR) che diviene particolarmente forte a Baki, dove recluta armeni, russi e georgiani e appare paradossalmente priva di militanti azeri. Il georgiano Stalin compie proprio a Baki il proprio apprendistato rivoluzionario sotto il nome di "Koba".

Mentre le poche città azere vengono russificate, la vasta campagna dell'Azerbaijan rimane in uno stato semicoloniale. I russi preferiscono non interferire negli affari interni delle comunità musulmane, che hanno le proprie scuole coraniche, amministrano la giustizia secondo la legge islamica e mantengono i loro usi e costumi. La classe dei grandi proprietari terrieri musulmani conserva intatto il proprio potere e sfrutta i braccianti e i contadini poveri con la consueta protervia. Il commercio e il credito sono in mani armene. Ciò scatena l'odio azero contro questi "sfruttatori" cristiani.

È inevitabile, tuttavia, che alcuni giovani azeri si formino, come intellettuali, a contatto con l'*intelligencija* rivoluzionaria nelle università russe. Si imbevono di giadidismo e di panturchismo oltre che di democraticismo e di populismo.

Il giadidismo (da *usul-i jadid*, "nuovo metodo") è un movimento educativo guidato da un tartaro di Crimea, Ismail Gasprinskij, che si è assunto l'impegno di riformare in senso moderno l'Islam allestendo una rete privata di scuole secolari per musulmani, che vuole essere "all'altezza dei tempi": una istituzione efficiente, man mano diffusasi in tutto l'impero russo, che strappa il monopolio dell'educazione alle arretrate scuole coraniche. Il panturchismo è una ideologia sorta tra i tartari del Volga che, sull'esempio del panslavismo, vuole unire politicamente tutti i popoli turchi, al momento oppressi e dispersi sotto la sovranità russa, cinese e persiana, e che soltanto nell'impero ottomano occupano una posizione egemone.

Istanbul diventa la capitale politica e culturale di questi giovani intellettuali azeri. Alcuni di loro, insieme a un numero ancora maggiore di intellettuali tartari europei, vi si rifugiano in volontario esilio: e vi sognano la realizzazione della Grande Turchia. Nell'impero ottomano è sorto intanto un vasto movimento democratico che vuole la modernizzazione dello Stato ed è diretto dai cosiddetti "Giovani turchi", affiliati a numerose società segrete, in prevalenza ufficiali e studenti.

La rivoluzione russa del 1905 provoca, nelle terre azere sotto dominazione russa, due diverse risposte. A Baki, il proletariato industriale (che, come abbiamo visto, è solo in minima parte azero), istituisce un soviet rivoluzionario che crea forti apprensioni nel potere zarista, il quale riuscirà ad averne ragione e a ristabilire l'ordine soltanto nel 1907. Gli intellettuali azeri, che sono islamici, partecipano invece al congresso musulmano panrusso di Nižnij Novgorod del 1906 e aderiscono al partito dell'Unione musulmana (*Ittifak*) di Russia, fondato dai tartari di Kazan'. Due di loro vengono eletti, nelle file dell'Ittifak, alla prima duma, il parlamento concesso dallo zar in seguito alla rivoluzione del 1905.

Non dobbiamo tuttavia trascurare l'altra metà (in realtà, assai di più) dell'Azerbaigian, quella rimasta sotto la dominazione persiana. Nel 1907, agendo secondo la logica del colonialismo più classico, la Russia e il Regno Unito si spartiscono la Persia, dove la dinastia safavide si è estinta e i nuovi sovrani appaiono deboli e imbelli, in due zone di influenza: l'Azerbaijan meridionale, insieme a tutta la persia settentrionale, cade così sotto la sfera dell'influenza russa. Accade allora che i due Azerbaijan riannodino gli antichi rapporti e che il giadidismo e il panturchismo vengano "esportati" in questa porzione dello Stato persiano.

Nel 1908, al momento della rivoluzione costituzionalista persiana contro lo scià, la borghesia e l'intelligencija di Tabriz svolgono un ruolo prominente nel movimento che porta al ripristino del parlamento di Tehran. Tra i suoi maggiori esponenti assume una rilevanza particolare la figura di Mehmet Emin Rasul-zadeh, figlio di un mullah di Baki, giadidista e panturchista convinto ma anche legato ai socialrivoluzionari russi, che passa nell'occasione il confine tra i due Azerbaijan e si stabilisce a Tabriz. È stato membro attivo del soviet di Baki sorto durante la rivoluzione del 1905.

Intanto le zone di influenza diventano zone di occupazione. I russi occupano Tabriz. Già ricercato come sovversivo in patria, Rasul-zadeh è costretto a fuggire. Ripara a Istanbul, dove entra in contatto con due rifugiati politici azeri, Ali Hüzein-zadeh e Ahmed Aga-oğlu. Incontra anche Yusuf Akčura, tartaro di Kazan' e grande agitatore panturchista. I quattro fondano a Istanbul il giornale panturchista "Türk Yurdu" (Patria turca), nella cui redazione entrerà presto anche il turco ottomano Ziya Gökalp e la cui influenza sarà decisiva nel mutamento di rotta in senso nazionalista dei Giovani turchi, fino allora connotati da un generico riformismo ispirato alle democrazie occidentali. Nel 1909 i Giovani turchi, la cui presenza è massiccia nell'esercito, con la minaccia di un colpo di Stato militare riescono a trasformare l'impero ottomano in una monarchia costituzionale. Il loro leader è Enver Pascià.

Nel 1911, in occasione di una amnistia, Rasul-zadeh può tornare in patria, dove fonda il partito Musavat (Uguaglianza): un partito nazionalista, panturchista ma anche accesamente socialista e, ovviamente, clandestino.

Il partito attecchisce soltanto tra gli intellettuali. È poco più di un gruppuscolo ma gode di una organizzazione efficiente e capillare: l'esperienza cospirativa di Rasul-zadeh si fa sentire. Il Musavat è avversato dalle componenti tradizionali dell'Islam azero: i proprietari terrieri, i mullah e i contadini.

Intanto, nell'impero ottomano, i Giovani turchi attuano il 26 gennaio 1913 un colpo di Stato e prendono in mano, direttamente, il potere. Il panturchismo diviene così l'ideologia ufficiale dell'impero. Ed è una ideologia totalizzante e perversa. Si comincia a studiare addirittura un piano per l'eliminazione fisica degli armeni, il cui territorio impedisce ai turchi ottomani di confinare direttamente con i turchi azeri e costituisce un ostacolo alla continuità territoriale turca e al sogno di una Grande Turchia che possa giungere fino ai confini della Cina.

La guerra e la rivoluzione

La prima guerra mondiale porta i russi e gli ottomani (i Giovani turchi si sono legati anima e corpo alla Germania) a fronteggiarsi direttamente in Transcaucasia. Va da sé che gli armeni parteggiano per i russi mentre gli azeri, in quanto turchi, musulmani (anche se sciiti) e nemici degli armeni, per gli ottomani. Dopo un iniziale periodo di fortuna militare, sia pure limitata, che li porta ad occupare una parte della Transcaucasia, gli ottomani cominciano a retrocedere. Hanno avuto però il tempo di intraprendere lo sterminio fisico degli armeni anatolici.

Tra il 1915 e l'aprile del 1916 i russi occupano tutta l'Anatolia orientale. Gli armeni russi sono felici: tutta la loro patria storica è nelle mani dello zar, che ha promesso loro l'autonomia e il ricongiungimento con l'Armenia occidentale (dove, purtroppo, la maggioranza dei loro connazionali è stata appena, brutalmente, annientata). Va da sé che nell'Armenia orientale il popolamento azero è consistente. Gli azeri sono assai preoccupati. Il Musavat approfitta di questa preoccupazione ed estende, nella clandestinità, i suoi consensi. Nasce perfino, a Gäncä, un partito che si chiama Difay (Difesa) in funzione antiarmena.

La "rivoluzione di febbraio" del 1917 e l'abdicazione dello zar cambiano improvvisamente la situazione politico-militare sul fronte anatolico, l'unico lungo il quale i russi appaiono vincitori. Approfittando del momento di libertà e della promessa del governo provvisorio della duma di concedere una vasta autonomia a tutte le nazionalità della Russia, il Musavat, emerso in posizione di forza alla piena luce del sole, intensifica i propri contatti con gli altri movimenti politici musulmani dell'ex impero zarista. Intanto, a Baki, si forma un soviet che cade sotto l'egemonia bolscevica ed è presieduto dall'armeno Stepan Šahumian.

Mentre l'Ittifak, il partito tradizionale dei musulmani russi, da tempo alleato con il Partito costituzionale democratico ("i cadetti"), perora per l'Islam russo una autonomia soltanto culturale-religiosa nell'ambito di uno Stato unitario, Rasul-zadeh stringe rapporti preferenziali con il "Comitato socialista musulmani" di Kazan', alleato con i socialrivoluzionari, che vuole invece l'autonomia politico-amministrativa dei diversi popoli musulmani nell'ambito di una repubblica federale russa. A questa sinistra musulmana aderiscono anche i movimenti nazionali dei tartari crimeani, dei baschiri, dei casachi e dei turchestani. Nel marzo del 1917, per iniziativa del Musavat, si forma a Gäncä un Consiglio nazionale "turco" della Transcaucasia.

Al primo congresso ufficiale musulmano panrusso, che si svolge a Mosca il 1° maggio 1917, le due fazioni islamiche si affrontano senza mezze misure. L'Ittifak viene battuto ai voti. Viene richiesta l'istituzione di repubbliche nazionale autonome per tutti i popoli musulmani russi e viene scelta la lingua ufficiale dell'impero ottomano, l'*osmanli dil* (affine all'azeri), quale loro idioma ufficiale. Sono però, al momento, decisioni del tutto platoniche.

La "rivoluzione d'ottobre" è salutata con entusiasmo dal

nuovo soviet di Baki, che assume il potere sulla città il 15 novembre, lo stesso giorno che a Mosca. Non gode, invece, dell'approvazione del resto della Transcaucasia. Žordania, che è il presidente georgiano del soviet rivale di Tbilisi, a netta maggioranza menscevica, si accorda infatti col Dašnak, il maggiore partito politico armeno, e il Musavat: ne nasce un Commissariato di Transcaucasia che rileva tutti i poteri della regione e si rifiuta di riconoscere il governo bolscevico instauratosi a Pietrogrado. Il Commissariato indice immediate elezioni per un parlamento transcaucasico. Intanto, l'armata russa di Transcaucasia si scioglie e abbandona il fronte anatolico.

L'alleanza autonomista rivoluzionaria, composta dai menscevichi georgiani, dal Dašnak armeno, dal Musavat azero, dai socialrivoluzionari e dai menscevichi russi, ottiene il 90% dei suffragi. I bolscevichi ne racimolano il 5% e un altro 5% è appannaggio dello schieramento moderato.

Il governo bolscevico russo esce dal conflitto con il trattato di Brest-Litovsk (3 marzo 1918) e rinuncia a una grossa fetta del territorio dell'ex impero zarista. Il parlamento di Tbilisi dichiara allora, il 22 aprile, l'indipendenza della Repubblica federativa della Transcaucasia. Si tratta però di una federazione del tutto velleitaria: georgiani, armeni e azeri desiderano infatti correre ognuno per proprio conto, mentre gli ottomani riconquistano l'Anatolia orientale, massacrano altri armeni e invadono in forze la Transcaucasia. I tedeschi occupano subito la Georgia e gli ottomani, respinti dagli armeni, invadono l'Azerbaigian. L'unico punto nero (anzi, rosso) della regione rimane Baki.

Il 30 marzo Rasul-zadeh ordina allora agli azeri, che abitano la città vecchia, di insorgere contro il soviet. Le guardie rosse di Šahumian hanno facilmente ragione degli insorti, che muoiono in 3000. Si forma intanto, tra gli azeri occupati nell'industria, un piccolo partito socialista, alleato dei bolscevichi, che prende il nome di *Hümmet* (Comunità) ed entra nel soviet.

Il 25 maggio la Georgia dichiara la propria indipendenza. Il 28 maggio, a Elizavetpol' (così i russi avevano ribattezzano Gäncä), occupata dagli ottomani, Rasul-zadeh dichiara l'indipendenza della Transcaucasia turca e musulmana. Lo stesso giorno viene proclamata anche l'indipendenza dell'Armenia. Baki resta sotto la guida del soviet bolscevico.

Le prime decisioni di Rasul-zadeh, che ha saputo trasformare il Musavat da partito di élite in movimento di massa, sono quelle di assumere per il suo paese il nome storico di Azerbaijan e di restituire a Elizavetpol' il nome di Gäncä. Lancia al popolo un appello per l'insurrezione generale, dagli accesi toni panturchisti: considera infatti l'Azerbaijan indipendente soltanto come una tappa verso l'indipendenza di tutti i paesi turchi, uniti in uno Stato comune. Le truppe ottomane avanzano intanto a tappe forzate in direzione di Baki.

Il 9 settembre il soviet bolscevico capisce di non avere la forza per difendere la città. Ventisei suoi esponenti abbandonano allora Baki per nave, diretti all'altra riva del Caspio. È con loro Šahumian. Una volta sbarcati a Krasnovodsk, in Turkmenistan, vengono però catturati dagli uomini del governo controrivoluzionario russo instaurato in questa regione dell'Asia centrale e fucilati.

Dopo la fuga dello stato maggiore del soviet, gli azeri di Baki si scatenano. Compiono una serie di pogrom che colpiscono soprattutto la popolazione armena. Quando gli ottomani, l'11 settembre, occupano Baki, possono dire di non essere stati loro, una volta tanto, ad avere massacrato gli armeni.

Baki viene consegnata a Rasul-zadeh che vi trasferisce il proprio governo proclamandola capitale dell'Azerbaijan indipendente, cioè del territorio formato dagli ex khanati di Guba, Şäki, Gäncä, Baki e Şirvan, occupati dagli ottomani. Per quanto riguarda il Garabağ e il Nahçivan, si apre una disputa con l'Armenia a proposito della loro sovranità, rivendicata da entrambi i governi. Gli azeri rivendicano perfino Erevan. Armeni e ottomani, che agiscono per conto degli azeri, si contendono questi territori con le armi in pugno. Gli armeni mantengono il controllo dell'alto Garabağ e dell'alto Nahçivan (il Zangezur) dove sterminano quanti più azeri è loro possibile. Nel basso Garabağ e nel basso Nağçivan sono invece gli azeri a esercitarsi nella caccia all'armeno, all'ombra delle baionette ottomane.

L'esercito di Enver Pascià, che è già penetrato nel Daghestan, punta intanto all'Asia centrale e alle terre del Volga: il sogno panturchista, innestato sullo sfacelo della Russia, appare a un passo dalla sua realizzazione. I rapporti tra Enver e Rasul-zadeh, nonostante la comune fede panturchista, non sono invece buoni. L'ideologia enveriana è, in questo momento, imperiale e panislamica; quella di Rasul-zadeh, laica e repubblicana, per non dire socialista. L'Azerbaijan indipendente è, in realtà, uno Stato fantoccio nelle mani degli ottomani e si vede impedita la realizzazione della riforma agraria, che è uno dei capisaldi del programma del *Musavat*. Enver protegge infatti i grandi proprietari terrieri azeri.

Dal punto di vista linguistico, l'Azerbaijan indipendente adotta, come propria lingua ufficiale, l'*osmanli dil* che è una lingua codificata e gode di una tradizione ormai lunga: essa, infatti, assieme al persiano (*dari*), è sempre stata una delle lingue colte usate dagli azeri ed è assai vicina all'azeri.

Inaspettatamente, l'impero ottomano, sconfitto in Tracia e nelle terre arabe, è costretto a chiedere un armistizio alle forze dell'Intesa: l'armistizio viene firmato a Mudros il 30 ottobre. Il sultano, irritato, caccia dal governo i Giovani turchi e fa processare i loro leader per incapacità e alto tradimento. Li considera responsabili della sconfitta militare. Enver Pascià, Talat Pascià e Ahmed Jemal fuggono in Germania e vengono condannati a morte in contumacia.

Gli ottomani devono sgomberare l'Azerbaigian. Saranno le truppe britanniche, dislocate in Persia, a occuparlo, insieme al resto della Transcaucasia: anche i tedeschi sono infatti costretti a lasciare la Georgia in seguito all'armistizio dell'11 novembre. Le truppe britanniche, una volta insediatesi, mantengono l'indipendenza delle tre repubbliche transcaucasiche.

Intanto, nell'Azerbaijan persiano si è formato il Partito Democratico Azero, che lotta per l'indipendenza e la riunificazione dei due Azerbaigian. Gode del larvato appoggio britannico e scaccia, senza colpo ferire, i funzionari dello scià. Il suo leader, Mehmet Hiyabani, proclama a Tabriz l'indipendenza dell'Azerbaijan meridionale ed entra in trattative con Rasul-zadeh per una sollecita unificazione dei tue tronconi della patria comune. In ciò che resta dell'impero ottomano, una parte del quale è occupato dalle forze dell'Intesa (e che ha già perduto i domini arabi), il generale Mustafa Kemal, anche lui Giovane Turco ma non compromesso con il potere, aggrega intorno a sé un vasto movimento di riscossa nazionale. Kemal, combattente valoroso, odia profondamente Enver. Recrimina a ragion veduta la sua condotta bellica arrogante e insipiente, la sua stolida vanità, i suoi orrori di tattica e di strategia. Si ficca in mente il compito di salvare ciò che Enver sembra avere compromesso per sempre.

La "grande guerra" è intanto finita e le truppe britanniche lasciano la Transcaucasia. Il 15 gennaio 1920 il loro ritiro è ormai concluso, Il governo bolscevico russo approfitta dell'occasione. Lancia un ultimatum a Rasul-zadeh e, alla sua scadenza, invade puntualmente l'Azerbaijan con l'Armata rossa. Il governo azero viene posto agli arresti e il paese occupato.

Il 28 aprile, a Baki, viene proclamata la Repubblica "socialista sovietica" (RSS) azera. Il georgiano Ordžonikidze, il russo Kirov e l'armeno Mikoian sono i capi di questa repubblica. Soltanto i superstiti del Hümmet garantiscono al nuovo governo una, sia pur minima, presenza indigena.

Stalin, a cui Rasul-zadeh ha salvato la vita proprio a Baki nel 1905, durante la rivoluzione, si mostra riconoscente. Fa fuggire il leader azero dal carcere e, sotto falso nome, gli fa attraversare il confine finlandese. Dalla Finlandia il leader azero raggiungerà Istanbul. Da Baki reparti bolscevichi raggiungono intanto la rivoluzione nel paese vicino. Le forze persiane, aiutate dai britannici, li ricacciano. Approfittano dell'occasione per rioccupare l'Azerbaijan meridionale che perde così la propria effimera indipendenza. Il sogno della riunificazione azera tramonta.

Il 10 agosto il nuovo sultano ottomano, Maometto VI, firma la pace di Sèvres, con la quale rinuncia a una buona porzione del territorio dell'impero. Tra l'altro, l'Anatolia orientale viene ceduta all'Armenia ed è previsto, nell'Anatolia sud-orientale, un territorio autonomo curdo. Mustafa Kemal non ci sta e, alla testa di reparti ribelli dell'esercito e di volontari entusiasti, inizia la riconquista delle terre perdute. I bolscevichi pensano di sfruttare, in funzione anticapitalista, la rivoluzione kemalista e intraprendono trattative segrete con il suo leader.

La Transcaucasia sovietica

Una volta istituito lo Stato sovietico in Azerbaigian, appare urgente impiantarvi un efficiente Partito comunista. Il PC bolscevico di Russia riapre così la propria succursale azera cercando, questa volta, di far leva sugli autoctoni. Il Hümmet si scioglie e confluisce nel Partito bolscevico, nel quale cominciano a emergere alcuni esponenti locali, il maggiore dei quali è Nariman Narimanov. L'*osmanli dil* rimane la lingua ufficiale dell'Azerbaigian, uno Stato che funge in qualche modo da esca per la rivoluzione di Kemal: è infatti una repubblica sovietica dove i diritti nazionali dei turchi sono pienamente rispettati e addirittura esaltati.

I bolscevichi, che considerano la rivoluzione russa come il prodromo della rivoluzione mondiale ma che si vedono abbandonati dal proletariato occidentale, puntano molte delle loro carte sui "popoli d'oriente", moti dei quali sono musulmani. Ritengono l'Azerbaijan il territorio più adatto a questa predicazione. Situato a cavallo tra Oriente e Occidente, tra mondo islamico e mondo cristiano, tra sottosviluppo coloniale e sviluppo industriale, l'Azerbaijan incarna in maniera esemplare il *trait-d'union* auspicato per esportare la rivoluzione.

Il 1° ottobre si apre così, a Baki, il primo "congresso dei popoli d'Oriente". Sono presenti ben 1900 rappresentanti dei movimenti rivoluzionari di trentasette nazionalità, dagli arabi ai persiani, dagli indiani ai cinesi: l'organizzazione congressuale è stata davvero efficiente. Zinov'ev apre l'assise con un discorso incredibilmente retorico e vuoto che termina con le parole: "Compagni, fratelli! Noi vi esortiamo alla guerra santa contro l'imperialismo!". Offre e teorizza, insomma, l'alleanza dell'agguerrito e invincibile proletariato d'Occidente oppresso e sottosviluppato per colpa del capitalismo occidentale, quale unica via per la sua liberazione. Ma l'Occidente proletario mostra di ignorare tutto dell'Oriente, delle sue tradizioni, della sua cultura, delle sue lotte e delle sue reali prospettive ed esigenze. L'alleanza offerta è del tutto astratta, il linguaggio scelto per teorizzarla inadeguato e incomprensibile a mentalità profondamente diverse: probabilmente, anche offensivo.

A peggiorare la situazione, arriva Enver Pascià. Fuggito in Germania, il leader ottomano aveva offerto i suoi servigi all'ambasciatore sovietico a Berlino che lo aveva inviato da Lenin per un colloquio. A Lenin, Enver prospetta un confuso disegno panturchista bolscevico: l'unione di tutti i popoli turchi della terra e il passaggio della Grande Turchia così realizzata nel campo socialista. Lenin prende tempo: è sedotto dal progetto ma diffida del progettista. Enver raggiunge Baki. Il leader ottomano non viene però ammesso nella sala dove si svolge il congresso. Gli viene tuttavia permesso di indirizzare ai congressisti un messaggio di adesione con una piccola e sfrontata nota biografica: se la Russia, nel 1914, fosse stata bolscevica, gli ottomani, da lui guidati, sarebbero scesi al fianco dei russi contro i capitalisti e i militari tedeschi. Sostanzialmente respinto, Enver se ne torna a Mosca nella speranza di convincere, alla lunga, Lenin a realizzare il suo progetto neo-panturchista.

Il congresso si svolge stancamente tra sospetti, recriminazioni e documenti ufficiali, falsamente unitari, fitti di luoghi comuni genericamente anti-imperialisti. Dopo una settimana, si conclude con un nulla di fatto. Proletari d'Occidente e oppressi d'Oriente hanno scoperto di parlare due lingue diverse, reciprocamente incomprensibili.

Dall'Azerbaijan parte però, il 29 novembre, l'Armata rossa per occupare l'Armenia (che diverrà così una repubblica "sovietica" e "socialista"). Il 25 febbraio 1921 anche la Georgia viene occupata e trasformata in repubblica "sovietica" e "socialista". Nel marzo e nell'ottobre vengono sottoscritti accordi ufficiali tra la Russia, la Georgia, l'Armenia e l'Azerbaijan sul nuovo assetto transcaucasico, che hanno la Turchia kemalista come garante internazionale.

Tutta la Transcaucasia è ormai sovietica. Rimangono in piedi le tre repubbliche "socialiste" e "sovietiche" (quattro con l'Abcasia), formalmente ancora indipendenti. Il Partito comunista (bolscevico) è però unico e le sue articolazioni transcaucasiche dipendono direttamente da Mosca. Dipendono inoltre da un ufficio speciale del Partito, l'Ufficio transcaucasico (*Zakbjuro*), diretto dal georgiano Ordžonikidze. Il Partito e il Zakbjuro hanno deciso di raggruppare le tre repubbliche (e l'Abcasia, fino al 1920 orbitante in ambito ciscaucasico ma situata a sud dello spartiacque del Grande Caucaso) in una federazione, ai fini di dirimere in un contesto transnazionale le persistenti diatribe etniche e di garantire l'indubitabile unità economica della regione, il cui asse portante è costituito dall'oleodotto Baki-Poti che l'attraversa.

Nonostante dipendano dal comitato centrale del Partito, che ha sede a Mosca, non tutte le organizzazioni comuniste transcaucasiche ne seguono passivamente le direttive. Il PC georgiano rifiuta all'unanimità il progetto di federazione. Il PC armeno lo accetta, invece, integralmente. Il PC azero appare diviso: la maggioranza lo approva ma la minoranza, formata dai militanti che provengono da Hümmet, lo respinge.

Nonostante l'opposizione, il 22 marzo 1922 il Zakbjuro riesce a imporre una "alleanza" federativa tra Georgia, Abcasia, Armenia e Azerbaigian, al prezzo dello scioglimento e della sostituzione del comitato direttivo del PC georgiano.

Prende corpo intanto un progetto federativo più grande: quello di raggruppare tutte le RSS formalmente indipendenti uscite, a causa delle vicende belliche, dal grembo della Russia zarista. Anche questo progetto, affidato da Lenin a Stalin e poi corretto dallo stesso Lenin (che riesce a ottenere per queste repubbliche il mantenimento della sovranità formale e il diritto alla secessione), viene realizzato.

In dicembre l'"alleanza" transcaucasica si trasforma in Repubblica socialista sovietica federativa transcaucasica (RSFST). Alla fine del mese, questa RSFST firmerà un trattato di unione con la RSFS russa, la RSS bielorussa e la RSS ucraina e formerà l'Unione delle repubbliche socialiste sovietiche (URSS).

Il comitato esecutivo centrale dell'URSS (che finge di essere una federazione di uguali ma è diretta dalla Russia tramite il Partito comunista) viene presieduto a turno da uno dei quattro rappresentanti delle repubbliche federate. Per la Transcaucasia viene designato l'azero Nariman Narimanov. Il potere bolscevico guarda con fiducia alla Turchia di Kemal, che ha vinto nel frattempo la propria guerra di liberazione, e alla Persia, dove i fermenti rivoluzionari non mancano, e spera, tramite l'esca azera, di attirarle nell'URSS. Il 29 ottobre 1923 il nuovo Stato ex "ottomano" assume ufficialmente il nome di Repubblica "turca": Kemal ha rotto con la dinastia, ha cacciato il sultano, abolito il califfato, definito l'Islam "una teologia assurda" e Maometto "un beduino immorale", e ha occidentalizzato il paese. Rinuncia per il momento al grande sogno panturchista ma realizza la nazione turca su quella parte di territorio che ha a portata di mano, curando con impegno inflessibile l'assorbimento e l'eliminazione di quegli abitanti che turchi non sono (dopo l'espulsione dei greci e il genocidio degli armeni, gli rimangono infatti i curdi tra i piedi). A partire dal 1921 anche la Persia aveva iniziato una trasformazione in senso laico e nazionalista a opera di Reza Khan, un abile condottiero militare che si ispira a Kemal.

Fedele alle promesse fatte a Kemal, Stalin dispone, nel 1923, il passaggio del Garabağ all'Azerbaigian, con l'obbligo di istituirvi, nella zona montana, una regione autonoma ai fini della tutela della sua popolazione armena. Nel 1923, viene istituita un'analoga regione autonoma per i curdi, situata tra l'alto Garabağ e il Zangezur. Nel 1924 Stalin assegna all'Azerbaijan anche il Nahçivan, dopo averne scorporato il Zangezur, che assegna invece all'Armenia. Purtroppo per lui, la Turchia e la Persia rompono ufficialmente, proprio quell'anno, con l'URSS.

Torniamo all'Azerbaigian. I bolscevichi hanno avuto l'indubbio merito, espropriando i proprietari terrieri, di realizzare quella riforma agraria che Rasul-zadeh non era riuscito nemmeno a impostare. Dopo alcune rivolte, dovute alla requisizione del grano, grazie alla "nuova politica economica" (NEP) voluta da Lenin nel 1921, i contadini azeri si sentono finalmente soddisfatti anche se l'ideologia del regime provoca continue molestie alle istituzioni islamiche e questo atteggiamento li offende profondamente.

La politica dell'"indigenizzazione" e la rottura con la Turchia, portano alla sostituzione dell'osmanli con l'azeri (che è la lingua del popolo ma ha anche una tradizione letteraria di qualche rispetto) quale lingua nazionale delle RSS. In questo modo, alle differenze culturali e storiche esistenti tra turchi ex ottomani e turchi azeri, viene aggiunta una differenza linguistica "ufficiale" e ufficialmente formalizzata. Si pone anche il problema dell'inadeguatezza dell'alfabeto arabo a notare le lingue turche. A partire dal 1924 si comincia a impiegare, a titolo sperimentale, l'alfabeto latino.

Narimov dirige di persona il comitato per l'adozione dell'alfabeto latino. Il lavoro del comitato interessa tutti i popoli e le lingue turche dell'URSS. Nel 1926, a Baki, un congresso di turcologi sovietici, presieduto dal linguista azero Agramal-oglu, vara il "nuovo alfabeto turco", in caratteri latini, che viene subito reso obbligatorio in Azerbaigian. A esso si oppongono i mullah che non vogliono rinunciare all'alfabeto arabo, nel quale è scritto il "libro sacro" per eccellenza: il Corano.

Nonostante questa opposizione di principio che i mullah si sforzano di diffondere nelle campagne, è in azeri e con i caratteri latini che si compie la gigantesca opera di alfabetizzazione degli azeri (il 95% dei quali era, nel 1922, analfabeta) attraverso un sistema scolastico pubblico tanto efficace quanto capillare. In questa nuova versione di una lingua assai antica, si esprimono del resto i giornali, le riviste, i libri, le stazioni radio dell'Azerbaijan sovietico e nasce una moderna letteratura azera di buon livello.

La riforma è favorita dagli intellettuali indigeni, concentrati a Baki, in un'area industriale assai sviluppata economicamente e culturalmente anche se scissa dal resto del paese. Nel 1928 la Turchia segue l'esempio sovietico e adotta per il *türk* (così si chiama ora l'osmanli, depurato di arabismi e iranismi) l'alfabeto latino.

L'Azerbaijan socialista

A un certo momento Stalin comincia a pensare di avere allentato troppo la corda con l'applicazione coscienziosa della politica dell'indigenizzazione: il terrore del risorgere del "nazionalismo borghese" all'interno delle nuove repubbliche sovietiche lo inquieta e lo arrovella. D'altro canto i comunisti azeri si stanno forse prendendo troppa libertà, convinti di applicare giustamente i principi del leninismo. Già nel 1925 il comunista Khanbugadov, vecchio leader del Hümmet, e una ventina dei suoi amici vengono espulsi dal partito per "nazionalismo borghese". È un avvertimento rivolto a tutta la classe politica indigena.

Viene, intanto, "uniformato" il paese al resto dell'URSS. Nelle campagne, le superstiti scuole coraniche e i tribunali islamici sono soppressi. Viene divisa tra i contadini anche la terra riservata alla manomorta ecclesiastica, dalla quale derivano i tradizionali proventi per il mantenimento del "clero" e dei poveri. Molte moschee vengono chiuse.

Nel 1928, abolita la NEP, ha inizio l'industrializzazione socialista. L'industria petrolifera passa completamente in mano allo Stato e viene creata una rete di industrie per la lavorazione e la trasformazione del greggio. Una consistente immigrazione di tecnici russi invade il paese. Nel 1930 comincia anche la collettivizzazione forzata dell'agricoltura.

I contadini e i pastori azeri si ribellano. Non vogliono entrare nei *kolkhoz* e nei *sovkhoz*. Molti insorgono e affrontano l'Armata rossa con le armi in pugno. Dopo due anni di repressione feroce, la rivolta è domata. Comincia in tutto l'Azerbaijan l'epoca del grande terrore, con la persecuzione inflessibile di ogni accenno di opposizione mentre l'industrializzazione forsennata dell'area intorno a Baki si sviluppa a un ritmo frenetico, visto che non ha alcun obbligo di essere competitiva sul piano internazionale e che l'URSS ha sete di petrolio. L'orgoglio nazionale degli azeri ne appare, tutto sommato, soddisfatto e l'opposizione si rannicchia nel fondo delle campagne, tra i musulmani più intransigenti.

Comincia anche una certa russificazione culturale e linguistica, imposta dalle circostanze politiche generali e dall'arrivo di tanti russi nel paese. L'azeri viene epurato dai superstiti arabismi e iranismi, che vengono sostituiti con parole derivanti direttamente dal russo.

Nella vicina Persia Reza Khan si nomina intanto imperatore. Imita Kemal cercando di occidentalizzare il paese e di disislamizzarlo. Fa del paniranismo una ideologia di Stato. Il paniranismo è l'omologo del panturchismo: progetta l'unione politica di tutti i popoli di lingua iranica (persiani, tagicchi, curdi, balocci, pathani, osseti) in un nuovo impero ispirato al ricordo di quelli achemenide, arsacide e sassanide. Si ispira al glorioso passato ariano preislamico e cambia, nel 1935, il nome del paese da Persia (*Pars*, *Fars*) in Iran (chiama la parte col nome del tutto come aveva fatto del resto Kemal a proposito della Turchia).

Le sue riforme si fermano però a metà. Non ha il coraggio di proclamare una repubblica laica e nemmeno quello di cambiare l'alfabeto. Perseguita però la minoranza azera, che è turca e non iranica, nel nome della purezza etnica della nazione.

Nel 1936 la RSFS transcaucasica viene dissolta. Azerbaigian, Armenia e Georgia (con l'Abcasia) divengono RSS "sovrane" a tutti gli effetti e membri in prima persona dell'URSS. L'economia transcaucasica è ormai talmente inserita nel contesto sovietico che ha perso la propria individualità regionale. Il "compagno petrolio" diventa comunque il sovrano assoluto della RSS azera: è il motore di uno sviluppo sociale ed economico che fa lievitare il paese innalzandolo dalle fondamenta. Nel 1937 la Regione autonoma curda viene abolita e una parte dei suoi abitanti trasferita in Asia centrale.

La russificazione però continua e si esprime nel cambio dell'alfabeto, in analogia con quanto sta succedendo in tutta l'URSS (con esclusione di Georgia e Armenia, che mantengono i loro antichi alfabeti nazionali). Con la scusa di favorire l'intercomprensione ortografica tra tutti i popoli sovietici, in realtà per favorire la diffusione del russo, viene decisa l'adozione dell'alfabeto cirillico per l'azeri e tutte le lingue turche, mongole, ugriche e iraniche dell'Unione Sovietica. Il provvedimento diventa operante il 1° gennaio 1940. L'azeri si differenzia così ulteriormente dal *türk* della vicina Turchia, che si mantiene invece fedele all'alfabeto latino.

La seconda guerra mondiale vede le truppe tedesche dirigersi verso i pozzi petroliferi di Baki nell'intento di impossessarsene. Non riusciranno tuttavia a raggiungerli, bloccate come saranno nel Caucaso settentrionale. L'intensa propaganda tedesca, appoggiata da alcuni nazionalisti azeri emigrati in Germania nel 1920, che si affida a efficacissimi slogan filoislamici, fa sì che, tra i prigionieri di guerra sovietici, vengano reclutati 11.000 azeri con i quali sono formati 11 battaglioni che combatteranno l'Armata rossa al fianco dei tedeschi. Per prudenza, Stalin fa deportare in Asia centrale 60.000 curdi che vivono ancora nell'Azerbaijan e nei confronti dei quali si sta indirizzando la vigorosa propaganda "ariana" dello scià dell'Iran, che è filotedesco.

L'URSS, accerchiata dalle truppe dell'Asse e bisognosa di rifornimenti da parte degli alleati occidentali, ottiene nel 1942, in base a un trattato anglo-sovietico-iraniano (i britannici sono ritornati i "protettori" dell'Iran, dopo che ne hanno moderato gli ardori "ariani" e filogermanici costringendo il vecchio Reza Pahlevi ad abdicare in favore del figlio), il permesso di occupare l'Azerbaijan meridionale e di tenere aperto così un canale diretto per i rifornimenti. Il trattato ha una validità di quattro anni. In questo modo i due Azerbaijan ritornano in contatto tra loro. Gli azeri iraniani apprezzano molto la "libertà" linguistica e culturale di cui godono i loro fratelli sovietici e desiderano approfittarne. Si sentono infatti oppressi dallo Stato persiano che non li riconosce come turchi e cerca da almeno venti anni di assimilarli.

Stalin, che ha bisogno degli sforzi congiunti e consapevoli di tutti i popoli dell'URSS per vincere la guerra, interrompe la campagna antireligiosa che ha contraddistinto il regime sovietico. Si accorda, nel nome dell'unità patriottica, con la Chiesa ortodossa. Decide di tenere lo stesso comportamento anche nei confronti dei musulmani e istituisce una serie di "direzioni spirituali" (*nazarat*) che coinvolgono, a livello territoriale, tutto l'Islam sovietico. Spera, in questo modo, di ottenere la lealtà e la simpatia dei musulmani e, allo stesso tempo, di controllarli meglio.

Viene così istituita a Baki, nel 1944, la Direzione spirituale islamica della Transcaucasia. Si tratta di una istituzione atipica, in quanto il 70% degli azeri è sciita duodecimano (è l'unico caso nell'URSS) come i persiani, mentre il 30% degli azeri nonché gli agiari georgiani, i lesghi, gli abcasi, gli osseti meridionali e i curdi sono sunniti. La nazarat transcaucasica viene presieduta da uno *šaik ul-Islam* sciita e ha come vicepresidente un *mufti* sunnita (tutte le altra nazarat sovietiche sono invece dirette da un mufti). L'azeri è però scelto come lingua ufficiale della nazarat.

Nel 1945, grazie all'appoggio dell'URSS, elementi nazionalisti e filosovietici istituiscono a Tabriz la Repubblica democratica dell'Azerbaigian, nell'intento dichiarato di unificare i due Azerbaijan a guerra finita. Nasce anche, nella provincia dell'Azerbaijan occidentali, a Mahabad, la Repubblica democratica curda, nucleo di un futuro Stato nazionale unitario da realizzarsi con l'annessione delle terre curde della Turchia, dell'Iraq, della Siria e dell'Iran.

A guerra finita, dietro pressione dell'ONU, i sovietici accettano però di ritirarsi dal territorio occupato. Lo fanno nell'aprile del 1946, dopo aver sottoscritto un accordo col governo iraniano che garantisce il mantenimento dell'autonomia nazionale delle repubbliche di Tabriz e di Mahabad. Una volta riottenuto il controllo dell'Azerbaijan meridionale, l'Iran si guarda bene dal rispettare l'accordo. Scioglie i due governi autonomi e perseguita duramente i loro esponenti. L'Azerbaijan ha perso così un'altra occasione per realizzare la propria unità nazionale.

Il dopoguerra vede, in tutta l'URSS, l'esaltazione del popolo russo, inteso come il vero vincitore dei nazisti e indicato agli altri popoli sovietici come un esempio a cui ispirarsi. L'Azerbaijan incrementa ancora la propria dimensione industriale e cade sempre più nelle spire della russificazione. Tutta la storia nazionale dei vari popoli sovietici, che era stata esaltata in un primo momento dalla storiografia bolscevica, viene riscritta dal regime in senso filorusso: perfino la dominazione dello zar e considerata benefica e “progressista”. Il PC azero cerca di essere più realista del re: più “russo” dei russi. Nell’aprile del 1952 denuncia il poema epico nazionale *Dede Korkud* come “reazionario” e “antipopolare” e lo mette all’indice.

Dopo aver epurato i quadri del Partito reputati ancora troppo nazionalisti, il segretario del PC azero, Bagirov, dichiara: “La forza direttrice unificante della famiglia dei popoli dell’URSS è quella del nostro fratello maggiore, il grande popolo russo”. È in perfetta sintonia con Stalin. Ma Stalin muore, il 5 marzo 1953, e il suo successore Khruščëv restituisce alle RSS una parte della loro antica sovranità. Con perfetto tempismo Bagirov si uniforma al nuovo corso e fa votare dal soviet supremo azero, il 21 agosto 1956, un emendamento costituzionale che dichiara l’azeri “lingua di Stato”.

Khruščëv, che ha denunciato proprio nel 1956, durante il celebre XX congresso del PCUS, i crimini e le deviazioni di Stalin, ripristina la “legalità socialista”: ciò significa maggiore autonomia economica e culturale per le RSS ma anche il ritorno di una campagna antireligiosa di Stato, sancita dalla Costituzione sovietica e “dimenticata” da Stalin, che provoca la chiusura di molte moschee e un controllo rigidissimo sull’attività della nazarat di Baki.

Nei tardi anni cinquanta la scoperta di nuovi ingenti giacimenti petroliferi in Siberia e nella regione degli Urali da passare in secondo piano l’importanza del petrolio azero, la cui produzione si riduce al 30% di quella globale sovietica (ne costituiva l’80%). Bagirov cerca di riqualificare questo settore, fino allora trainante, attraverso lo sviluppo dell’industria petrolchimica e l’incremento dell’agricoltura.

Purtroppo la politica produttiva che ne consegue è, a dir poco, scervellata. Mentre il Caspio, i fiumi e la stessa atmosfera appaiono sempre più inquinati dall’industria petrolchimica, la campagna stessa si inquina per l’uso scriteriato dei fertilizzanti agricoli prodotti da quella stessa industria. La smania di aumentare la produttività della terra e la produzione ad ogni costo, fa sì che in Azerbaijan si impieghino 50 kg di concimi chimici per ettaro, quando nel resto dell’URSS la media è di

3 kg. L'equilibrio ecologico è ormai rotto e la salute di molti azeri appare compromessa.

Il regime di Brežnev, che è succeduto a Khruščëv nel 1966 dopo due anni di interregno, allenta il rigore antireligioso e ridà corda all'Islam sovietico che viene usato come pedina per la politica estera dell'URSS nei confronti dei paesi musulmani e del "terzo mondo".

Brežnev tiene molto a non avere fastidi dalla periferia dell'impero sovietico. Affida allora la gestione del consenso politico a una serie di fiduciari locali a proposito del cui comportamento è disposto a chiudere più di un occhio in cambio, appunto, del consenso. Il suo proconsole azero è Gaidar Aliev. Aliev si mette alla testa di una organizzazione politica di stampo mafioso che permette, a fronte di cospicui favori personali, la formazione di una "economia parallela" in tutto il paese: una attività semiufficiale ma ufficialmente ignorata che ignora a sua volta le direttive dei piani quinquennali e istituisce una sorta di secondo mercato, paradossalmente benefico per la popolazione, nonostante i suoi frequenti risvolti criminali.

L'incremento demografico degli azeri si fa, comunque, impressionante. I russi, che nel 1928 costituivano il 18% della popolazione, sono ridotti nel 1959 al 13,6% e, nel 1970, appena al 10%. L'abile e corrotto Aliev garantisce intanto, brillantemente, a Brežnev, l'appoggio politico dei "sudditi" azeri: mentre nel resto dell'URSS cresce il dissenso e risorgono i nazionalismi, nell'Azerbaijan sembra mancare infatti ogni accenno, anche minimo, di opposizione.

Gli azeri si svegliano

Gli azeri si mostrano politicamente "tranquilli" ma non accettano modifiche dello status quo. Quando, nel 1978, si cerca di bandire dalla costituzione repubblicana l'articolo relativo alla ufficialità della lingua azeri, vaste proteste popolari, che mobilitano l'intero paese, impongono il suo mantenimento.

Nel 1979 accade, in Iran, la rivoluzione khomeinista. La dinastia Pahlevi viene destituita e l'ultimo scià, che si era definito "luce degli ariani", perde luce e trono. Il fondamentalismo islamico trionfa al punto di liberarsi anche di coloro, riformisti e democratici, che hanno aiutato Khomeini e gli ayatollah alla conquista del potere per combattere la dittatura.

Nonostante questa involuzione quasi immediata, l'URSS punta, al solito, su Khomeini, proprio in funzione antioccidentale: Khomeini ha infatti interrotto l'egemonia americana nella regione. La nazarat di Baki è incaricata di allacciare i contatti con gli sciiti iraniani. Le buone relazioni con il mondo musulmano, tenute fino allora dalla nazarat sunnita dell'Asia centrale e interrotte bruscamente nel 1980 in seguito all'invasione sovietica dell'Azerbaigian, ricominciano nel 1986 grazie proprio alla mediazione dello šaikh ul-Islam di Baki.

Nel 1985 Gorbačëv era diventato il segretario generale del PCUS. Nel 1987 mette sotto inchiesta la "mafia" azera e costringe Aliev a dimettersi. Gli azeri, che sotto il regime di "corruzione" si trovano benissimo, non apprezzano la destituzione dell'intero stato maggiore del Partito e della maggioranza dei membri del loro governo. La interpretano come un attentato alla loro dignità nazionale. Nasce così, paradossalmente, il dissenso azero. Lo scoppio improvviso della "questione del Garabağ", che abbiamo descritto esaurientemente nel capitolo dedicato all'Armenia, contribuisce alla nascita di una opposizione di segno nazionalista.

Fino a questo momento sono attive, in Azerbaigian, soltanto due piccole associazioni culturali: Şenlibel (Retaggio), impegnata nella difesa della lingua, della cultura e dell'architettura tradizionali, e Birlik (Unità), che propugna l'unità, almeno culturale, con l'Azerbaijan iraniano ed è tutt'altro che sorda alla sirena khomeinista.

Proprio a causa del Garabağ queste due associazioni si radicalizzano a opera di un terzetto di mestatori: si tratta di uno storico locale, tale Hatemi; di un rifugiato politico iraniano, azero di nazionalità, tale Siyamet, che ha combattuto contro lo scià nelle formazioni di feddaiyn del popolo ed è entrato, insieme a tutto il suo movimento, in rotta di collisione con Khomeini; e infine di un capo-popolo improvvisato, un giovane tornitore di Baki, Nemat Panakhov, che è stato catechizzato dai due comparo e si butta a corpo morto nella predicazione dell'odio contro gli armeni e nell'esaltazione della nazione azera.

Il 1988 è l'anno della grande contrapposizione tra queste due nazionalità, memori del loro antagonismo tradizionale. La maggioranza della popolazione dell'Alto Garabağ, che è armena, vuole ricongiungersi alla madrepatria. In Armenia le folle rumoreggiano per lo stesso motivo: nell'occasione si chiede anche il "ritorno" del Nahçivan. Durante i suoi sessantaquattro anni di annessione all'Azerbaigian, il Nahçivan è però diventato quasi interamente azero: gli armeni superstiti arrivano appena al 3%. Diversa invece la situazione nel Garabağ dove, nonostante l'immigrazione azera, favorita dal governo di Baki, gli armeni sono ancora l'80% della popolazione.

Gli azeri considerano la piccola regione autonoma come parte integrante del loro territorio nazionale e come tale intangibile; gli armeni della stessa ragione autonoma si appellano invece al principio di autodeterminazione e, forti del loro numero, pretendono il rispetto della loro volontà. Gli armeni della RSS di Erevan li appoggiano con fervore.

Ai primi di febbraio, Panakhov organizza una spedizione punitiva nella capitale della regione autonoma dell'Alto Garabağ, Stepanakert. Gli armeni si difendono e uccidono due squadristi azeri. Ritornati in patria con le pive nel sacco, gli squadristi di Panakhov compiono, il 18 febbraio, un pogrom ai danni dei residenti armeni di Sumgayit, una città industriale nei pressi di Baki. Mentre la polizia finge di non vedere, 32 armeni (100 secondo altre fonti) vengono assassinate e oltre 100 feriti.

Lo sdegno armeno divampa: in 400.000 marciano per le vie di Erevan chiedendo giustizia. Il 22 maggio Mosca destituisce i segretari del PCUS azero (il sempiterno Bagirov) e armeno, ritenuti responsabili della degenerazione cruenta del conflitto etnico e chiaramente incapaci di una soluzione politica.

Il 15 giugno il soviet supremo dell'Armenia approva all'unanimità una risoluzione che chiede il ricongiungimento dell'Alto Garabağ al resto del territorio nazionale. Il 17 giugno il soviet supremo azero dichiara, sempre all'unanimità, che la regione richiesta è parte integrante e irrinunciabile dell'Azerbaigian.

Mentre continuano gli incidenti tra i due antagonisti, il soviet della regione autonoma ne decide la trasformazione, il 20 giugno, in "repubblica autonoma" e, il 12 luglio, dichiara la sua annessione alla RSS armena, forte del voto dei suoi componenti armeni e in assenza dei 30 deputati azeri. Il 18 luglio il soviet supremo dell'URSS dichiara però, a sua volta, "giuridicamente nulle" le deliberazioni dei soviet supremi dell'Armenia e dell'Alto Garabağ. È comunque la prima volta nella storia sovietica che i confini interni dell'URSS vengono ufficialmente contestati da organi ufficiali di governo, sia pure locali.

L'Armenia si mobilita in massa. Erevan viene allora occupata dalle truppe sovietiche di sicurezza mentre l'Alto Garabağ viene paralizzato da uno sciopero generale. La sentenza del tribunale azero relativa al pogrom di Sumgayit (soltanto tre condannati, di cui uno a morte), resa nota il 18 novembre, attizza comprensibilmente lo sdegno degli armeni e una nuova spirale di violenza.

Il 20 gennaio 1989 Mosca decide, prudentemente, di sottrarre la regione autonoma contesa all'amministrazione azera e di porla sotto il proprio controllo diretto: in un anno di scontri si sono infatti registrati 91 morti ufficiali e 1600 feriti. 158.000 armeni, terrorizzati, hanno abbandonato l'Azerbaijan e 141.000 azeri hanno lasciato l'Armenia.

Nasce proprio in questo momento, sia pure in modo informale, ispirato dall'esempio baltico, il Fronte popolare dell'Azerbaigian, a opera di alcuni intellettuali "liberali" che appoggiano la *perestrojka* e la politica di riforme intrapresa da Gorbačëv. Il Fronte diffonde un documento nel quale chiede il rinnovamento dell'economia del paese, il rispetto dei diritti civili, un serio impegno ecologico e l'istituzione di rapporti ufficiali e diretti con l'Azerbaijan iraniano. Auspica il mantenimento dell'Alto Garabağ nella repubblica ma anche la più ampia tutela della minoranza armena. Mentre Birlik viene sciolto dalle autorità e Panakhov finisce in carcere, il Fronte riesce a coagulare attorno a sé vasti strati dell'opinione pubblica.

Il PCUS comincia a temerne la popolarità. Intanto, in marzo, si svolgono ne elezioni per il rinnovo del soviet supremo repubblicano. Il Fronte, ancora in fase di organizzazione, non ha modo di presentare propri candidati. L'apparato locale del PCUS conquista così la totalità dei seggi.

Panakhov, uscito di prigione, si iscrive a sorpresa al Fronte popolare. Riesce a capovolgerne l'impostazione ideologica e a radicalizzarne l'azione. Da movimento, tutto sommato informale, di opinione, il Fronte si trasforma in organizzazione di massa e comincia a riversare i suoi militanti nelle piazze.

La ribellione armata

Il 29 luglio la prima manifestazione pubblica del Fronte si svolge a Baki agitando slogan in favore della sovranità della repubblica e del ritorno dell'Alto Garabağ sotto l'amministrazione repubblicana. Con una motivazione questa volta chiaramente panturchista si svolge, il 15 agosto, sempre a Baki, una manifestazione di protesta contro l'espulsione della minoranza turca che sta avvenendo in Bulgaria.

Il 2 settembre, alla presenza di 400.000 persone, il Fronte proclama uno sciopero generale di cinque giorni per chiedere il ripristino della piena sovranità azera nell'Alto Garabağ. Il governo di Baki, che non vuole essere scavalcato, impone il blocco totale dei convogli diretti in Armenia, attraverso i quali passa il 90% dei rifornimenti destinati a quel paese. Il 23 settembre il soviet supremo azero dichiara la sovranità della RSS su tutto il suo territorio e la preminenza delle sue leggi su quelle federali. Il governo centrale sovietico è costretto, il 3 ottobre, a porre l'intera rete ferroviaria caucasica sotto la propria autorità diretta per impedire il sabotaggio azero.

Mosca decide però, il 28 novembre, sotto la pressione degli avvenimenti, di restituire formalmente l'Alto Garabağ al governo di Baki imponendogli di garantire l'autonomia e facendogli divieto di insediarvi nuovi immigrati: una commissione nominata dal soviet supremo dell'URSS vigilerà sul rispetto dell'autonomia, insieme a 9000 soldati sovietici. Tanto il soviet supremo azero quanto quello armeno dichiarano illegale il provvedimento. Il soviet supremo di Erevan dichiara addirittura che l'Alto Garabağ è parte integrante del territorio nazionale armeno. Il 10 dicembre, elementi armati del Fronte occupano gli edifici pubblici della cittadina azera di Lenkoran e comunicano a Mosca e a Baki che li abbandoneranno soltanto quando il Garabağ sarà restituito all'Azerbaijan senza vincoli di sorta.

Il Fronte azero diversifica i propri obbiettivi e lancia un appello per l'unità dei due Azerbaigian. Folle di dimostranti si assiepano lungo il confine iraniano. Torri di guardia e posti di blocco vengono smantellati dal furore popolare mentre la frontiera viene attraversata in massa e gli azeri sovietici fraternizzano con gli azeri iraniani.

Alcuni esponenti del Fronte, nel quale si è formata una vigorosa corrente panislamica, chiedono l'annessione della RSS all'Iran. Viene anche organizzato, dallo šaikh ul-Islam, un seminario teologico a Baki al quale partecipano esponenti del clero sciita iraniano. Il governo sovietico azero, per allentare la tensione, concede a 150 studenti il permesso di recarsi in Iran a studiavi teologia.

Il governo iraniano è preso alla sprovvista da questo fenomeno. Da un lato appare lieto di un movimento spontaneo che rinsalda i vincoli islamici e ha aperto pacificamente una frontiera che è stata a lungo assai critica; dall'altro, teme il risveglio del nazionalismo azero in Iran. Approfittando dell'occasione, gli studenti di Tabriz chiedono infatti l'apertura di scuole azere nelle province dell'Azerbaijan iraniano, da impiantarsi sul modello di quelle dell'Azerbaijan sovietico.

Mosca toglie le castagne dal fuoco a Tehran ripristinando, il 7 gennaio, il confine di Stato con un massiccio intervento militare. Il 10 gennaio, mezzo milione di azeri manifesta allora a Baki contro il governo e il Partito locali, ritenuti imbelli e succubi di Mosca. La manifestazione si estende e Kirovabad (la vecchia Gäncä, che aveva cambiato nome un'altra volta). Gli animi vengono infiammati dal solito Panakhov che predica l'odio contro tutti i "cristiani", siano essi armeni oppure russi, e lancia appelli alla "guerra santa".

Il 13 gennaio 1990 la popolazione azera, inferocita, compie un altro pogrom di armeni a Baki. Questa volta le vittime sono 56. Quegli armeni che erano rimasti in Azerbaijan fuggono in massa dal paese e anche molti residenti russi (che, secondo il censimento del 1989, sono scesi al 5,6% della popolazione), ugualmente impauriti, abbandonano il territorio della RSS.

Il 15 gennaio Mosca decreta lo stato di emergenza in tutto l'Azerbaijan e invia un corpo di spedizione di 11.000 uomini per riportarvi l'ordine. Il Fronte popolare, che ha costituito proprie bande armate, cerca di ostacolare la marcia del corpo di spedizione con agguati, posti di blocco e incursioni. La notte del 20 gennaio le truppe sovietiche, cui si aggiungono reparti sbarcati dal Caspio, investono Baki. Si trovano di fronte a una resistenza armata e accanita, di cui hanno però rapidamente ragione. I morti causati dai combattimenti sono 83 secondo le fonti ufficiali e 500 secondo il Fronte azero, che entra nella clandestinità. Nella Baki occupata viene imposto il coprifuoco mentre la popolazione rumoreggia contro la repressione.

Il soviet supremo azero lancia un ultimatum platonico al comandante delle forze sovietiche: se entro due giorni il corpo di spedizione non si ritirerà dal paese, di cui ha infranto la sovranità, dichiarerà l'indipendenza della repubblica e la sua immediata secessione dall'URSS. Contemporaneamente, il PCUS azero minaccia di trasformarsi in Partito comunista indipendente. Sono però soltanto tentativi maldestri per riacquistare credito presso l'opinione pubblica: come quello del soviet supremo della Repubblica autonoma di Nahçivan, che dichiara l'indipendenza della RSSA e chiede l'aiuto militare della Turchia e dell'Iran. Ma è una dichiarazione platonica.

Alcuni militanti del Fronte popolare si impossessano intanto di dieci navi mercantili alla fonda nel porto di Baki, sulle quali issano la vecchia bandiera dell'Azerbaijan indipendente guidato dal Musavat. Il 24 gennaio, dopo una vera e propria battaglia navale che si protrae per quaranta minuti, molte delle navi prese in ostaggio dai ribelli vengono affondate. Commandos sovietici vanno all'arrembaggio dei vascelli superstiti e catturano lo stato maggiore del Fronte, compreso il suo leader Ali-Zadeh.

Il 25 gennaio viene proclamato uno sciopero generale di protesta in tutto il paese che però non riesce. Il paese è infatti presidiato da 50.000 soldati sovietici armati di tutto punto che impongono l'ordine senza andare troppo per il sottile. I sovietici hanno anche la fortuna di catturare Etibar Mamedov, il capo delle bande armate del Fronte, sorpreso mentre sta contattando i capi di alcuni reparti dell'Armata rossa, formati da azeri, perché si ammutinino e passino nelle file nazionaliste.

Mentre l'ordine di Mosca appare ripristinato, lo šaikh ul-Islam Pašazadeh scrive una vigorosa lettera di protesta a Gorbačëv nella quale denuncia i crimini connessi alla repressione sovietica, che a suo dire è costata la vita a troppe vittime innocenti ("vecchi, donne e bambini stritolati dai cingoli dei carri armati") e, allo stesso tempo, dichiara che l'Islam è stato estraneo alla rivolta in quanto "si è sempre pronunciato per la pace, la ragionevolezza e i rapporti di buon vicinato tra popoli e fedi diverse".

La guerra, che gli azeri hanno perduto a Baki, si riattizza nell'Alto Garabağ, dove formazioni armate armene e azere si affrontano ormai quotidianamente pagando entrambe forti tributi di sangue.

L'indipendenza ritrovata

Mentre numerosi attivisti azeri si recano in Asia centrale, dove seminano il panico nell'opinione pubblica musulmana spargendo notizie esagerate sull'imminente arrivo di un numero esorbitante di profughi armeni (riuscendo così a provocare gravi incidenti), Gorbačëv impone il 26 luglio, con un ultimatum, lo scioglimento di tutte le bande armate formatesi in URSS. Assai poco impressionati dall'ultimatum, azeri e armeni continuano imperterriti ad affrontarsi lungo la linea di confine e all'interno del Garabağ e causano, soltanto in agosto, altri 50 morti.

Vengono intanto indette, per ottobre, nuove elezioni per il soviet supremo, da tenersi a liste contrapposte. Il Fronte popolare, che è stato messo fuori legge, non può partecipar-

vi. I candidati nazionalisti si presentano allora nelle liste del PCUS, molti dei cui esponenti si sono, nel frattempo, riciclati come patrioti a oltranza.

Il vecchio e corrotto Gaidar Aliev, che si ripresenta sulla scena politica come nazionalista oltranzista, ottiene nella sua circoscrizione il 95% dei suffragi e diventa il padrone della Repubblica autonoma del Nağčivan. Dei 350 eletti, 40 sono affiliati segretamente al Fronte popolare.

Il nuovo soviet supremo, appena insediato, ribadisce la piena sovranità dell'Azerbaijan e, il 7 febbraio, decide di togliere gli attributi di "sovietico" e di "socialista" dalla sua denominazione ufficiale: una decisione abbastanza paradossale per dei comunisti, sia pure in parte convertiti al verbo nazionalista, che fanno ancora parte del PCUS. La riforma terminologica prosegue: Kirovabad ritorna a chiamarsi Gäncä e Ždanovsk, Beylagan. In rotta col governo sovietico, il governo di Baki comunica che non permetterà che si svolga, in territorio azero, il referendum sul nuovo "progetto di unione" che Gorbačëv ha indetto in tutta l'URSS nel disperato intento di frenare le spinte secessioniste e con il quali si riconoscono maggiori diritti alle RSS.

Il 10 marzo Gorbačëv, preoccupato per l'atteggiamento di Baki, dichiara ufficialmente che l'Alto Garabağ resterà azero per sempre. Il governo di Baki decide allora di permettere lo svolgimento del referendum, fissato per il 17 marzo, anche sul suo territorio. Soltanto il 75% degli azeri vi partecipa: il 95% vota comunque a favore del mantenimento dell'URSS in forma rinnovata e con uno spazio di maggiore sovranità riservato alle repubbliche federate.

Le velleità secessionistiche azere sembrano ormai superate. Il 20 aprile le autorità sovietiche revocano il coprifuoco imposto a Baki tre mesi prima. Gorbačëv lima ancora, pazientemente, il suo progetto, che prevede ora la trasformazione dell'Unione Sovietica in una confederazione di Stati sovrani (che non saranno più né "sovietici" né "socialisti"). L'Azerbaijan si dichiara disposto a firmare il nuovo trattato confederale durante una cerimonia ufficiale prevista per il 20 agosto.

Il 19 agosto avviene però a Mosca il colpo di Stato dei comunisti conservatori e la firma del nuovo trattato sfuma. La dirigenza azera si schiera compattamente dalla parte dei golpisti di Mosca, i quali, il 21 agosto, sono costretti a constatare il loro fallimento. Il 23 agosto il Fronte popolare azero riemerge dalla clandestinità con una imponente manifestazione di 500.000 persone che occupano Baki chiedendo a gran voce le dimissioni del governo azero e lo scioglimento del Partito comunista.

Ayaz Mutalibov, il leader comunista azero, con un repentino voltafaccia, fa dichiarare dal soviet supremo, il 30 agosto, l'indipendenza dell'Azerbaijan e indice per il 15 settembre elezioni per la nuova carica di presidente della repubblica, cui annuncia di voler partecipare con il chiaro intento di vincere. Il Fronte popolare e le altre formazione dell'opposizione si rifiutano, per protesta contro il trasformismo di Mutalibov, di presentare un loro candidato.

Ma il trasformismo di Mutalibov non conosce limiti. Irritato dalle accuse del Fronte, che però ritiene fondate, scioglie il 15 settembre il Partito comunista ma lo ricostituisce immediatamente sotto il nome di Partito democratico popolare dell'Azerbaigian. Il giorno dopo viene eletto trionfalmente, col 90% dei suffragi, presidente della repubblica. Lo stesso giorno, nuovi scontri nell'Altro Garabağ salutano la sua vittoria con 16 morti.

Per apparire credibile all'opposizione nazionalista, Mutalibov dichiara di volere, per il suo paese, l'indipendenza assoluta. Si rifiuta così, il 17 ottobre, di firmare un trattato economico considerato da Gorbačëv la premessa indispensabile alla nuova confederazione tra Stati ex sovietici, prevista a maglie ancora più larghe di quella che avrebbe dovuto costituirsi il 20 agosto.

Il 9 novembre la Turchia riconosce l'indipendenza azera. Sarà seguita dall'Iran alcuni giorni dopo. L'alto Garabağ, intanto, è passato sotto il controllo della sua maggioranza armena, escluse alcune poche località dove gli azeri riescono a mantenere il predominio.

Il parlamento azero decide allora, il 27 novembre, di annullare il regime di autonomia di cui la regione gode dal 1923:

l'Alto Garabağ viene così retrocesso da regione autonoma a semplice provincia azera. La sua capitale, Stepanakert, prende il nome azero di Harkendi. La decisione è, ovviamente, del tutto platonica. Per attuarla, gli azeri dovrebbero infatti reimpossessarsi fisicamente della regione, saldamente in mano alla popolazione armena e dove, il 10 dicembre, si svolgerà addirittura un referendum che vedrà il 98% dei votanti schierarsi a favore della piena indipendenza.

L'URSS è giunta, nel frattempo, alla fine. L'8 dicembre, a Minsk, la Federazione russa, l'Ucraina e la Bielorussia la dichiarano estinta e danno vita a una specie di *commonwealth* chiamato Comunità di Stati indipendenti (CSI), aperto ad altre adesioni. Gorbačëv è ormai fuori dal gioco. Intanto, il 9 dicembre, l'Azerbaijan aderisce, come 46° membro, all'Organizzazione della conferenza islamica internazionale, la massima assise musulmana del mondo.

Il 13 dicembre, a Aşgabat, in Turkmenistan, le cinque repubbliche musulmane ex sovietiche dell'Asia centrale si riuniscono per discutere la loro adesione alla CSI. L'Azerbaijan sembra invece volere ormai correre per conto suo. Poi, inspiegabilmente, il 21 dicembre, corre ad Alma Ata per aderire anch'esso ufficialmente alla CSI (così come fa l'Armenia, mentre la Georgia preferisce rimanere in disparte).

Il 24 dicembre il parlamento azero decide il ritorno all'alfabeto latino dell'azeri. Cinque giorni dopo, un referendum popolare sancisce la dichiarazione di indipendenza del 30 agosto col 98% dei suffragi.

Nel 1992 l'Azerbaijan indipendente consolida le proprie strutture. Forma un esercito nazionale di 30.000 uomini (ma nel paese restano 60.000 soldati ex sovietici che dipendono direttamente dalla CSI), studia l'introduzione di una moneta propria (il *manat*), crea una propria agenzia di stampa che prende il nome di Turan (quello, mitico, della Grande Turchia auspicata dai panturchisti). Ottiene nuovi riconoscimenti internazionali: viene ammesso nella CSCE e il 2 marzo diviene membro dell'ONU.

Già in gennaio l'esercito azero, che si è approvvigionato di armi sofisticate attingendo agli arsenali ex sovietici disseminati sul territorio della RSS, inizia operazioni militari nell'Alto Garabağ con l'intento di riconquistarlo. Suscita però una vigorosa controffensiva armena. L'esercito azero è pesantemente e rapidamente sconfitto. Ciò provoca, a Baki, un contraccolpo drammatico e immediato.

Il Fronte popolare scatena, il 6 marzo, la folla inferocita contro Mutalibov, il "presidente imbelle", ritenuto responsabile della cocente sconfitta. Il leader trasformista è costretto a dimettersi il giorno stesso. Viene provvisoriamente sostituito, nella massima carica, da Yakub Mamedov, il presidente del parlamento, che indice nuove elezioni presidenziali per il 7 giugno. Il 7 maggio Mamedov sottoscrive a Tehran, sotto gli auspici dell'Iran, della Turchia, della Russia e della Kazakhstan, una tregua nel Garabağ.

L'8 maggio, appena ventiquattro ore dopo la firma della tregua, gli armeni del Garabağ lanciano una uova offensiva e conquistano l'ultima località della regione ancora in mano azera, Şuşa. L'opinione pubblica dell'Azerbaijan non accetta questa nuova sconfitta e ricomincia a manifestare la propria rabbia.

Yakub Mamedov e il parlamento richiamano allora a Baki, il 14 maggio, Mutalibov, reintegrandolo nel suo ruolo. Viene deciso lo stato di emergenza in tutto il paese, il coprifuoco a Baki, la sospensione dell'attività di tutti i partiti politici e il divieto di riunione.

Il giorno dopo (15 maggio) Baki insorge. Alle 20 in punto, 30.000 uomini armati del Fronte popolare, con le spalle coperte dall'esercito, che evidentemente preferisce la guerra civile alle disastrose battaglie contro gli armeni, dà l'assalto al palazzo del parlamento impossessandosene. Mutalibov fugge. Il Fronde assume tutto il potere "nel nome della nazione".

Il 17 maggio gli armeni conquistano Laçin, situata nel corridoio azero tra l'Alto Garabağ e la Repubblica armena, collegando così i due lembi della madrepatria. Iniziano anche operazioni belliche nel Nahçivan.

Il 19 maggio il parlamento azero viene dissolto e il potere passa a un Consiglio nazionale formato per metà da esponenti del Fronte popolare e per metà dai seguaci di Gaidar Aliev.

Il 7 giugno vengono tenute nuove elezioni presidenziali. Il nuovo leader del Fronte popolare, Abulfaz Elçibey, che ottiene il 62% dei suffragi, è eletto presidente della repubblica. Il 30% dei suffragi va a Nazimi Suleimanov, leader dell'Unione democratica dell'Azerbaigian, un raggruppamento moderato d'impronta liberale, mentre l'8% dei voti è ottenuto dai candidati di partiti minori.

Elçibey è fautore dell'uscita dell'Azerbaijan dalla CSI e di una stretta intesa con la Turchia. Si dichiara laico, panturchista e filo-occidentale. Ritiene tuttavia che debba per prima cosa essere restaurata l'integrità territoriale della nazione: "Prima l'indipendenza e poi la democrazia" è il suo slogan. Il 4 luglio, il leader dell'ala estremista del Fronte, Etibar Mamedov, fonda il partito di opposizione *Istiklal* (Indipendenza). Considera Elçibey troppo "laico" e "democratico" per i suoi gusti. L'Iran si allarma. Dopo avere pensato di giocare la carta islamica per annettersi addirittura la repubblica azera inizia ad appoggiare repelamente l'Armenia per scongiurare il pericolo turco e trova un accordo diplomatico con la Russia.

Dieci giorni dopo la sua elezione, Elçibey ordina una controffensiva nell'Alto Garabağ. Questa volta l'esercito azero riconquista qualcuna delle posizioni perdute lungo il confine e pone Stepanakert sotto il tiro della sua artiglieria. La regione resta tuttavia sotto il controllo delle formazioni guerrigliere armene. La Turchia cerca attivamente una soluzione politica della sanguinosa diatriba pur nella propria dichiarata solidarietà panturca. La Russia, d'altra parte, avverte che "il coinvolgimento di Stati stranieri nelle controversie esistenti nei territori ex sovietici accresce i rischi di una terza guerra mondiale". Elçibey introduce la nuova moneta azera, il *manat*. Mira all'indipendenza finanziaria.

Il gioco di Elçibey appare aggrovigliato e complesso. Il 7 ottobre, con un improvviso colpo di scena, l'Azerbaijan abbandona la CSI, che ritiene troppo filo-armena. Cosciente della presenza di 60.000 soldati russi sul suo territorio, mantiene tuttavia lo status di membro associato. È, oltretutto, ancora legato a filo doppio all'economia postsovietica.

La soluzione della "questione del Garabağ" è affidata a laboriose trattative internazionali mentre armeni e azeri continuano a dissanguarsi negli scontri, sporadici ma sempre più cruenti, che avvengono quotidianamente nella sciagurata regione. I morti sono ormai 5000.

Tutto si complica improvvisamente il 31 marzo 1993, quando le forze armene di "autodifesa" del Garabağ lanciano un'offensiva e espugnano, dopo pochi giorni, Kelbacar aprendo così un nuovo corridoio che unisce la regione irredenta al territorio della Repubblica armena. L'opposizione, guidata da Etibar Mamedov, chiede le dimissioni immediate di Elçibey e minaccia di marciare sul palazzo presidenziale. Elçibey proclama lo stato di emergenza in tutto il paese, pone Baki sotto coprifuoco, restringe la libertà di movimento dei cittadini e impone la censura sulla stampa. Appare poi in televisione e accusa le truppe sconfitte di avere disobbedito ai suoi ordini e di avere abbandonato i posti di combattimento. Destituisce il loro comandante, Surat Guseinov. La Turchia dichiara, per sostenere il leader azero, che non tollererà alcuna modificazione dei confini esistenti e interrompe il flusso degli aiuti umanitari che passano dal suo territorio diretti all'Armenia.

Il 13 aprile, il presidente turco Turgut Ozal, che sta visitando le repubbliche ex sovietiche di lingua turca, è a Baki, dove invita gli azeri alla calma e ribadisce la sua solidarietà a Elçibey.

Intanto, il deposto Guseinov, armato dai russi che temono l'invadenza della Turchia, si pone alla testa di una sedizione militare: raccoglie la metà dell'esercito, estende il suo controllo su buona parte del territorio azero e, da questa posizione di forza, chiede a Elçibey di dimettersi. Le truppe fedeli al presidente attaccano, il 4 giugno, a Gäncä, i ribelli di Guseinov. Lo scontro provoca 20 morti e vede la vittoria dei ribelli. Elçibey è accusato dall'opinione pubblica di avere scatenato una guerra civile. Il Consiglio nazionale si affida allora al vecchio Aliev e lo nomina suo presidente nell'intento di risanare la frattura. Ma la frattura si rivela insanabile. Guseinov marcia infatti su Baki a tappe forzate. Il 18 giugno, Elçibey fugge nel Nahçivan. Il 20 giugno, il parlamento elegge Aliev presidente provvisorio della repubblica.

Il 30 giugno, Guseinov è nominato primo ministro. Il 29 agosto, un referendum popolare conferma a destituzione di Elçibey e l'elezione di Aliev col 90% dei voti. Mentre una nuova tregua, sotto il controllo internazionale, sembra affermarsi nell'Alto Garabağ (gli armeni hanno ormai occupato il 20% del territorio azero), l'ipotesi neoturchista impersonata da Elçibey tramonta. Aliev gioca infatti tutte le sue carte sul tavolo di Mosca: il 14 ottobre, l'Azerbaijan rientra nella CSI. Spera di ottenere così gli aiuti economici e le garanzie politiche di cui ha bisogno, di là dai sogni fino allora perseguiti e che si sono rivelati impraticabili. La nuova moneta nazionale, il manat, viene ritirata dalla circolazione e si torna al rublo, prova di una nuova integrazione finanziaria, economica e politica dell'Azerbaijan nell'ambito di ciò che è stata l'Unione Sovietica. Il 19 dicembre, una nuova offensiva azera, supportata da un migliaio di volontari afghani, viene respinta dagli armeni del Garabağ.

Aliev comprende che non soltanto l'economia azera ma la stessa sopravvivenza politica della sua repubblica dipendono sempre di più dalla Russia e dalla proposta di nuova leadership, formalmente rispettosa della sovranità altrui, avanzata dal governo di Mosca, con sempre maggior vigore e con l'alibi della CSI, a proposito dell'intero territorio ex sovietico.

Aliev sa fin troppo bene che la soluzione della questione del Garabağ, sempre più spinosa, che pure è alla base della sopravvivenza stessa dell'Azerbaigian, può essere trovata, e imposta, soltanto da Mosca, ormai di nuovo saldamente inserita anche militarmente nella regione transcaucasica, come dimostra la tregua ottenuta in Georgia e il sempre maggiore "realismo" dimostrato dalla dirigenza della Repubblica armena. Sempre che non si tratti della quadratura del cerchio.

A favore del futuro economico dell'Azerbaijan va segnalato il nuovo, vivissimo interesse internazionale per il suo petrolio. Tutta l'area del Caspio, che interessa l'Azerbaigian, la Turkmenistan e la Kazakhstan, è considerata come una sorta di nuovo Golfo persico e una riserva preziosa. L'oro nero di Baki e dintorni, diventato quasi superfluo nel contesto sovietico, torna di grande attualità in una prospettiva mondiale.

TURKMENISTAN (TÜRKMENISTAN)

Superficie Kmq 488.100

Popolazione Ab. 3.534.000 (1989) di cui 68% turcmeni, 1 5% russi, 8% usbecchi, 3% casachi, 6% altri. Circa 200.000 turcmeni vivono fuori della loro RSS, soprattutto in Uzbekistan e in Tajikistan. l turcmeni sovietici sono circa 2.500.000. Circa 800.000 turcmeni vivono in Iran, Afghanistan, Irak, Siria e Cina. La nazione turcmena presenta, a livello di antropologia fisica, una componente europide, leggermente maggioritaria, e una componente mongolide.

Capitale Ašhabad (390.000 ab.)

Lingua Il turcmeno (gruppo sud-occidentale della classe *turca* della famiglia altaica). Il 99% di cotoro che si dichiarano di nazionalità turcmena considera il turcmeno come propria lingua materna. Il turcmeno si scriveva con l'alfabeto cirillico. A partire dal 1993 si usa quello latino.

Religione Musulmana sunnita

Territorio È occupato per la massima parte dal deserto del Kara-Kum, solcato da fiumi che a un certo punto si insabbiano e cosparso di laghi salati, deserto che a nord si eleva in un ripiano di circa 200 m di altezza e a sud comprende una serie di oasi fertili. La Turkmenistan confina ad ovest col mar Caspio, a nord con la Kazakhstan e la Caracalpacchia, l'Afghanistan e l'Iran.

Dal deserto rosso al deserto nero

Come tutte le nazioni turche dell'Asia centrale, la nazione turkmena è di formazione affatto recente. Collegandola al suo territorio attuale, la si può fare risalire appena all'XI secolo. La formazione di uno Stato nazionale turkmeno è poi interamente imputabile al regime sovietico e avviene soltanto nel 1924.

Abbiamo detto che la Turkmenistan è una nazione turca. La "sede originaria" dei popoli turchi è indicata dagli studiosi nell'Otüken, che corrisponde all'odierna Mongolia. Non sarà inutile ricordare che si dicono turchi tutti quei popoli che parlano lingue, appunto, turche, le quali appartengono a una famiglia linguistica, quella altaica, che comprende anche le lingue mongole e quelle tunguse. I turchi, che sono nomadi, cominciano nel IV secolo a sciamare in massa dall'Otüken, sia pure con ondate successive che si susseguono per un periodo di molti secoli. Si spostano a sud e soprattutto a occidente, in direzione dell'Europa. Occupano mano a mano tutta la grande steppa euroasiatica che si estende dallo Enisej ai Carpazi.

Da questo immenso territorio viene da loro progressivamente scacciata la popolazione esistente, ugualmente nomade, che è di lingua indoeuropea e più precisamente iranica. Si tratta di popoli che parlano lingue iraniche del gruppo orientale (in Asia prendono il nome di saci e di massageti e sono parenti stretti degli sciti, dei sarmati e degli alani, da tempo insediati in Europa). A sud della parte centrale della steppa, nella fascia delle oasi estesa attorno ai fiumi Sir-darya e Amu-darya, vivono altri popoli iranici orientali che sono invece sedentari: coresmi, sogdiani e battriani. A sud-ovest, nel territorio dell'attuale Iran e dell'Anatolia sud-occidentale, sono invece insediati i popoli che parlano le lingue iraniche occidentali: parti, persiani, medi.

Nel VI secolo, si forma, nella steppa ormai conquistata, e più precisamente attorno al lago Balkhaš, una confederazione turca nota come *tokuz oghuz* (le "nove tribù"). Una di queste "tribù", che si chiama Kinik, guidata dal khan Seljük, si insedia nel 985 in prossimità del lago d'Aral, sulla riva destra del Sir-Darya, dove si converte all'Islam. Seljük attraversa di lì a poco il Sir-darya e si insedia nel Qizilkum ("deserto rosso"). Nel 1005 un'altra delle "nove tribù", nota come caracanide e anch'essa appena islamizzata, occupa tutta la fascia delle oasi a eccezione della Coresmia. I suoi khan sostituiscono la dinastia iranica dei samanidi, allora al potere nella regione. Nel 1040, i turchi di Seljük attraversano l'Amu-darya, sconfiggono l'esercito dell'altro regno iranico orientale allora esistente, quello dei gaznavidi, e diventano i signori della Coresmia, sia pure quali vassalli dei caracanidi. Attraversano anche la catena del Köpet Dag e il fiume Atrak e invadono la Persia, la Mesopotamia e l'Anatolia, di cui diverranno i dominatori. Noti storicamente come selgiuchidi, essi si designano in realtà come *türkmenler* (singolare *türkmen*) cioè "turchi nomadi".

Offriranno il loro soccorso militare al califfo il quale, nel 1058, nominerà il loro khan, che è un nipote di Seljük, "sultano": cioè capo secolare dell'Islam.

Nel 1102, i selgiuchidi della Coresmia si ribellano ai caracanidi, che vengono sconfitti in battaglia e diventano loro vassalli. Tutta la fascia delle oasi è inserita nell'impero selgiuchide. Nel 1141, tuttavia, questa regione, esclusa la Coresmia, è conquistata dai mongoli *qarakhitai*. La Coresmia diventa allora indipendente del resto dell'impero selgiuchide e si sviluppa come grande potenza. Nel 1172 riconquista la fascia delle oasi e si espande in Persia. Sta per togliere agli altri selgiuchidi il loro impero quando viene distrutta dall'esercito di Gengiz Khan. I turchi di Gengiz Khan si impadroniscono del potere in Coresmia, in Persia e in Mesopotamia. I selgiuchidi svilupperanno nuove nazioni turche in Azerbaijan e in Anatolia ma verranno assorbiti in Persia e in Mesopotamia dalle popolazioni autoctone e in Coresmia da altri turchi giunti al seguito di Gengiz Khan (a loro volta assorbiti invece in Persia e in Mesopotamia).

I türkmenler rimasti in Asia Centrale, che gli arabi chiamano *turkuman* da cui viene il nostro "turcomanno"), si concentrano nella steppa tra il Caspio, a ovest, l'Amu-darya a nord, la catena del Köpet Dag a sud e lo Hindukuš a est, in un territorio riparato dalle altrui aggressioni sul quale vivono già dal oltre un secolo e dove gli è possibile mantenere una sostanziale indipendenza. Questa porzione di steppa è separata dal resto della grande steppa euro-asiatica dalla fascia irrigua a popolamento sedentario e confina con l'altopiano iranico. È formata essenzialmente dal Qarakum ("deserto nero") ed è orlata di oasi, la più vasta delle quali è quella del delta del Murgab, dove sorge la città di Merv (poi Mari), la capitale della regione storica della Margiana, I turkmeni popolano anche una piccola parte della grande oasi del basso Amu-darya (la Coresmia).

È in questo territorio che la nazione turkmena si consolida e si sviluppa. È da qui che altre ondate di turkmeni, le maggiori delle quali saranno quella di coloro che prenderanno poi il nome di "ottomani" (XIII secolo) e quella dei "turcomanni" tout court (XIV), si dirigeranno ancora verso occidente, attraversando di nuovo la Persia e ottenendo nuovi successi in terre lontane.

La superstite patria turkmena rimane un territorio appartato. Le vicende che sconvolgono l'Asia centrale, la grande steppa e la fascia irrigua, si ripercuotono in maniera soltanto indiretta in questo mare di sabbia nera dove i turkmeni sviluppano un tipo originale di economia che coniuga la pastorizia all'agricoltura. Allevano cammelli, cavalli, bovini e pecore karakul, dal commercio della cui lana pregiata scaturiscono un piccolo ceto mercantile indigeno e una non trascurabile fonte di reddito.

L'agricoltura, spesso combinata con la pastorizia, si arrangia nelle oasi, lungo le rive dei fiumi e, con l'ausilio di pozzi, nelle conche desertiche. I turkmeni esprimono una cultura orale assai interessante: da segnalare la loro antica epopea nazionale, il "Korkut Ata", che è, sotto il nome di "Dede Korkud", anche il poema epico degli azeri, la cui lingua ha la stessa origine di quella turkmena (i selgiuchidi hanno, come si è detto, turchizzato l'Azerbaigian).

I turkmeni sono divisi in tribù, spesso ostili tra loro, e nessun afflato unitario sembra coinvolgerli. Per il Qarakum scorrazzano inoltre quattro loro "tribù sacre" (dette *aulad*) i cui membri si ritengono discendenti dei primi quattro califfi dell'Islam (Abu Bakr, Umar, Utham e Ali) di cui portano il nome. Sono una sorta di guardiani dell'ortodossia islamica nei confronti del resto della popolazione, ancora in bilico tra l'Islam e le tradizioni sciamanistiche turche: la legge amministrata dai tribunali tribali oscilla infatti tra l'applicazione della *šariah* (la legge coranica) e quella dell'*adat* (il diritto consuetudinario turco pre-islamico).

La steppa turkmena subisce nel tempo alcune sovranità puramente nominali che non modificano la sostanziale indipendenza delle sue tribù ed il suo modo tradizionale di vita. Blandamente inserita, dal 1256, nello Stato degli Il-Khan, fondato da un nipote di Gengiz Khan ed esteso in Persia e nel Caucaso orientale, vi mantiene la propria larga autonomia.

Sotto gli usbechi, i persiani e i russi

Nemmeno il ciclone di Tamerlano increspa più di tanto l'oscura sabbia del deserto turkmeno, che passa dalla remota sovranità ilkhanide a quella timuride: una sovranità che ha il pregio di durare assai poco e di non lasciare tracce visibili. Si impianta semmai nel paese una forma di religione mistica, comune ad altre aree dell'Islam (il sufismo), che si struttura in confraternite popolari.

Il XVI secolo si apre con due eventi che interessano più da vicino la steppa dove si sono radicati ti turkmeni: nel 1500, gli usbecchi, un popolo turco che viene da nord, invadono la fascia fertile dell'Asia centrale e la conquistano, insieme alla steppa turkmena e al Khorasan persiano, in meno di tre anni; nel 1501, rinasce, all'altra estremità della Persia, in Azerbaigian, l'impero persiano sotto la dinastia safavide.

Si profila un nuovo scontro tra iranici e turchi, complicato da motivazioni religiose interne all'Islam: i persiani sono infatti sciiti e gli usbecchi, sunniti. I persiani invadono quella che possiamo ormai chiamare la Turkmenistan. Nel 1510, sconfiggono l'esercito usbecco proprio a Mari. Fortunatamente per gli usbecchi, l'impero ottomano, turco e sunnita anch'esso, e in piena espansione, sconfigge i persiani a Čaldiran, in Azerbaigian, nel 1514. I persiani si ritirano e la Turkmenistan torna agli usbecchi. Nel 1528, i persiani si ripresentano in Asia centrale, battono di nuovo gli usbecchi a Jam e si reimpossessano della regione turkmena. Anche la loro sovranità si rivela però puramente nominale. Nel 1580, la steppa turkmena è di nuovo inserita nell'impero usbecco.

Dopo meno di un secolo, l'impero usbecco si sfalda dall'interno. La sabbia nera del Qarakum ha cominciato ad avanzare: dopo aver inghiottito il ramo dell'Amu-darya che sfociava nel Caspio attraversando la steppa, interra un altro ramo del fiume che sfocia invece nel lago d'Aral, quello sul quale sorge la città usbecca di Urgenç. Il khan locale sposta, nel 1620, la sua sede nella cittadina di Khiva e, già che c'è, si dichiara indipendente. Nella porzione settentrionale del territorio turkmeno si instaura così la sovranità di una nuova potenza regionale, il khanato di Khiva, turco anch'esso ma usbecco, esteso in tutta la Coresmia. Altri khanati indipendenti si formano nel territorio sotto sovranità usbecca: Kokand e Bukhara.

Come si ripercuotono tutte queste vicende, che riempiono più di due secoli, su quelle del popolo turkmeno? Come al solito, in maniera soltanto indiretta. La nazione si è ormai stabilizzata in ventiquattro tribù, le maggiori delle quali (tekke, yomut e göklan) appaiono fieramente antagoniste. Alcune tribù sono stanziate all'interno del khanato di Khiva e riconoscono l'autorità nominale di quel khan, soprattutto perché la loro agricoltura dipende dal sistema di irrigazione khivano: il khan controlla infatti le chiuse di testa dei canali. Spesso, tuttavia, questi turkmeni si ribellano e comunque si rivelano insofferenti.

Il khan di Khiva, per placarli, concede loro il ruolo e il titolo di "guerrieri". Con essi forma il nerbo del suo esercito. Ne ricompensa i servigi con doni, esenzioni dai tributi e cariche amministrative. Nascono così, nel nord del paese turkmeno, alcuni rudimenti di società feudale.

Altre tribù turkmene, le più orientali, sono sottoposte invece all'autorità dell'emiro usbecco di Bekhara: altre ancora, quelle meridionali, a quella persiana. Sulla costa del Caspio e al centro del Qarakum, i turkmeni si mantengono tuttavia completamente indipendenti sotto i loto khan tribali. Nonostante una adesione sempre più convinta all'Islam, di cui sono espressione le confraternite sufi, i turkmeni rifuggono la giustizia amministrativa esercitata dal khan usbecco attraverso tribunali di Stato loro riservati e ispirati alla šariah, e preferiscono sottoporsi ancora a quelli tribali.

Nel XVIII secolo, nasce la moderna letteratura turkmena con l'opera di un grande poeta lirico, Mahtum Kuli, e di molti cantori di saghe popolari in prosa e in versi. Nasce così anche la moderna lingua turkmena, ormai diversa dall'*azeri* e dall'*osmanli*, che discendono dallo stesso antico turkmeno, e del tutto "altra" rispetto al ciagataico, la lingua turca usata dagli usbecchi.

L'economia turkmena continua a essere caratterizzata dal binomio allevamento-agricoltura. La lana karakul è sempre più pregiata sui mercati e una capillare manifattura a carattere familiare di tappeti incrementa i commerci. Ma sono due nuove attività ad arricchire l'economia turkmena: l'attacco e la razzia delle carovane che attraversano il Qarakum e, soprattutto, la cattura di schiavi, esercitata dalle tribù che vivono ai confini della Persia. Gli schiavi, procacciati fino all'interno del Khorasan persiano con vere e proprie scorrerie militari, vengono venduti sui mercati dagli Stati usbecchi: procurano alti profitti e inducono un fiorente commercio.

Nel XVIII secolo, i russi decidono di scendere in Asia centrale. Hanno bisogno di nuove terre coltivabili (e la grande steppa può offrirle) e, nell'ambito di una strategia globale antibritannica, puntano ai "mari caldi" (l'Oceano Indiano).

Nel 1839, i russi effettuano una prima spedizione militare nel khanato di Khiva, ma il clima della regione li costringe a ritirarsi. Gli altri khanati usbecchi della fascia fertile diventano però protettorati dello zar. Nel 1873, i russi conquistano anche Khiva. Il khan fugge ma viene riacciuffato dai russi che lo rimettono sul trono costringendolo a dichiararsi loro vassallo. Nel 1876, i russi, sempre più determinati, cacciano il khan usbecco di Kokand e annettono direttamente questo khanato nel loro impero quale provincia, sotto il nome di Fergana. Istituiscono il governatorato del Turkestan aggregando la Fergana alla provincia di Samarcanda, a quella del Sir-darya (il Qizilkum), strappata a Bukhara, e a una parte della steppa a sud del lago Balkhaš (la Semirecia).

L'emirato di Bukhara e il khanato di Khiva, pur ridotti di territorio, conservano invece la loro indipendenza formale anche se rimangono protettorati. Nel 1879, un corpo di spedizione russo si imbarca a Baku e sbarca sull'altra sponda del Caspio per impossessarsi della steppa turkmena che è la via più breve per la Persia, l'Afghanistan e l'India. Ma ha fatto i conti senza l'oste. Un condottiero turkmeno, Kurbat Murat, si mette alla testa della tribù tekke e affronta i russi nell'oasi di Dengil Tepe. Le truppe zariste vengono pesantemente sconfitte dalla cavalleria indigena.

Nel 1881 russi e tekke, sempre guidati da Kurbat Murat, si affrontano di nuovo nell'oasi di Gök Tepe: questa volta sono i russi ad avere la meglio, grazie all'intervento dell'artiglieria. I loro morti sono appena 300. I turkmeni lasciano invece sul terreno 7000 combattenti. Le porte della Turkmenistan sono ormai spalancate.

Con il nome di Transcaspia, anche la steppa turkmena diviene una provincia del governatorato del Turkestan. Nel 1884, i russi si annettono Mari, che era diventata un vero e proprio nido di pirati del deserto. Il commercio degli schiavi può considerarsi finito. Restano fuori dalla Transcaspia i turkmeni del khanato di Khiva e dell'emirato di Bukhara nonché quelli che rimangono in Persia a causa del nuovo tracciato di confine stabilito dai russi.

Nel 1896, la ferrovia transcaspica collega Krasnovodsk, il porto che i russi hanno costruito sul Caspio, a Taškent, il capoluogo del Turkestan. La Turkmenistan entra nel sistema russo di comunicazioni e esce dal proprio secolare isolamento. I russi iniziano una certa urbanizzazione: attorno al porto di Krasnovodsk cresce una nuova città e, nell'oasi di Ahal, importante nodo carovaniero nei pressi del confine persiano, un'altra città viene fondata presso un fortino russo che risale al 1881. Si tratta di Aşgabat (russo: Aškhabad), destinata a divenire la capitale turkmena.

Alcuni coloni russi si insediano in qualcuna delle oasi più fertili ma l'immigrazione europea predilige le città. Forma tuttavia una società separata. Il paese continua infatti a essere governato secondo il costume locale, almeno per quanto riguarda gli indigeni: tribunali islamici, scuole coraniche, economia del bazar. I russi applicano insomma il modello coloniale che caratterizza l'impero britannico. I turkmeni sono cittadini di seconda classe che, in cambio di tributi, vengono esonerati perfino dal servizio militare.

Nonostante faccia parte del Turkestan, la Transcaspia ne costituisce una propaggine lontana dal cuore del territorio, separata come è dal resto del governatorato dalla presenza dei protettorati di Khiva e di Bukhara. Per questa ragione, la politicizzazione dei musulmani russi, quale sta avvenendo nell'impero zarista, non attecchisce tra i turkmeni, se non tra quelli che sono rimasti sudditi di Khiva e di Bukhara. Anche la loro economia non trova le condizioni per svilupparsi.

Dalla Transcaspia russa al Turkmenistan sovietica

La rivoluzione russa del 1905 coinvolge più i residenti russi che non gli indigeni turkmeni. Sarà lo scoppio della prima guerra mondiale ad alterare la sostanziale tranquillità politica della regione. I turkmeni, come tutti i turchestani, che sono esentati dal prestare servizio nell'esercito russo, vengono sottoposti al pagamento di una "tassa di guerra" particolarmente onerosa. Il 28 giugno 1916, quando le cose stanno andando veramente male per le armi zariste, viene deciso da Pietrogrado l'arruolamento dei turchestani e degli indigeni della grande steppa nei servizi ausiliari: dovranno aprire strade, gettare ponti, trasportare munizioni, scavare trincee ma non combattere. Sono però sottigliezze che i turchestani non comprendono. E i turchestani non hanno nessuna voglia di morire per la Russia. Mancando una anagrafe, gli indigeni vengono poi arruolati a casaccio mediante vere e proprie retate notturne.

Tutto il Turkestan insorge. Anche i turkmeni della Transcaspia si ribellano e attaccano le fattorie, le guarnigioni e soprattutto le linee ferroviarie, riprendendo a scorrazzare armati per la loro steppa. L'intervento del generale Kuropatkin riporta però l'ordine in tutto il governatorato.

Le due rivoluzioni russe del 1917, quella "democratica" di febbraio e quella "sovietica" d'ottobre, sono molto importanti per il Turkestan nel suo complesso. Nasce a Taškent un soviet, gestito dalla minoranza russa, che aderisce al governo bolscevico e, contemporaneamente, si forma a Kokand una "repubblica autonoma del Turkestan" gestita dai musulmani, che non riconosce invece il potere sovietico. I due poteri locali si affrontano e i bolscevichi di Taškent hanno la meglio. La Transcaspia è, tuttavia, come s'è detto, lontana da Taškent e del resto del Turkestan, dove nasce il movimento guerrigliero antisovietico dei *basmači* musulmani.

A Khiva e a Bukhara si sono invece formati da tempo alcuni partiti musulmani di sinistra, guidati dall'intellighenzia usbecca, che, in lotta contro il potere assolutista dei loro sovrani, si appoggiano al soviet di Taškent. Il loro panturchismo, di origine giadidista, dovrebbe coinvolgere l'élite turkmena, perlomeno quella dei due protettorati, ma ciò non avviene in quanto tra usbecchi e turkmeni esiste un antagonismo nazionale vivissimo.

Il 30 aprile 1918, il soviet di Taškent proclama la Repubblica socialista sovietica autonoma (RSSA) del Turkestan, nell'ambito della Russia bolscevica. È sempre guidata dai residenti russi ma "apre" cautamente ai musulmani: l'esempio khivano e bukhariota li ha convinti della possibilità di una collaborazione.

Nel giugno del 1918, le tribù turkmene, che vogliono però scrollarsi di dosso il potere sovietico, ricominciano ad attaccare la ferrovia transcaspica e si dedicano con grande impegno alla caccia del ferroviere russo. Il governo della nuova RSSA invia nella Transcaspia un distaccamento militare per riportarci l'ordine. I turkmeni lo sterminano, coadiuvati da reparti formati dai residenti russi antibolscevichi.

Il 13 luglio, a Aşgabat, i residenti russi formano un governo provvisorio che si oppone al potere centrale sovietico. Alcuni reparti "bianchi" dell'armata controrivoluzionaria di Denikin attraversano il Caspio per dargli manforte. Anche le tribù turkmene offrono il loro aiuto militare al governo provvisorio. Il loro aiuto viene però rifiutato: in quanto indigeni, sono ritenuti infidi. Viene invece richiesto un aiuto, in armi in danaro e in uomini, alla Gran Bretagna che, dall'attigua Persia, invia fucili, denaro e 2000 soldati balocci al comando di ufficiali britannici.

Il 9 settembre, lo stato maggiore del soviet bolscevico di Baku, composto da ventisei dirigenti guidati dall'armeno Šahumian e incalzato dagli ottomani, fugge per nave dalla città transcaucasica e sbarca a Krasnovodsk. Viene catturato dai reparti del governo provvisorio e passato immediatamente per le armi.

Ma la guerra è ormai finita. Nel febbraio nel 1919, i britannici se ne tornano in Persia. La RSSA di Taškent invade di nuovo la Transcaspia. Prive dell'aiuto delle tribù turkmene, così sprezzantemente rifiutato, le deboli forze del governo provvisorio vengono sgominate rapidamente e la provincia ritorna sotto la giurisdizione della RSSA turchestana.

Le comunicazioni tra Mosca, la nuova capitale sovietica, e l'Asia centrale, interrotte dalla controrivoluzione, vengono ripristinate nell'autunno del 1919. Lenin, preoccupato dalle incomprensioni tra bolscevichi e musulmani che stanno insanguinando l'Asia centrale, invia nella regione una commissione speciale (la Asia centrale, invia nella regione una commissione speciale (la *Turkommissija*) guidata da Frunze.

La Turkommissija impone ai bolscevichi locali la fine di ogni discriminazione nei confronti dei musulmani e favorisce l'ingresso nel Partito delle élites giadidiste e panturchiste della regione. Il Partito e il governo turchestani passano addirittura sotto la direzione di questi neo-comunisti indigeni.

Il 1° febbraio 1920, i giadidisti usbecchi insorgono a Khiva e uccidono il khan. Proclamano subito la Repubblica sovietica popolare (non socialista!) di Coresmia, riprendendo l'antico nome storico della regione. La Russia sovietica ne riconosce l'indipendenza ma ne ribadisce il ruolo di protettorato. In agosto, anche Bukhara insorge. L'Armata rossa fornisce un aiuto militare concreto e l'emiro fugge a Kabul, nell'Afghanistan. Il 2 settembre, nasce così la Repubblica sovietica popolare di Bukhara, anch'essa protettorato.

Sorgono subito, nelle due repubbliche "indipendenti", movimenti guerriglieri, legittimisti e panislamici, che si collegano con i basmači del Turkestan. In Coresmia, la guerriglia è guidata dal turkmeno Junaid Khan che però si rivela subito assai più anti-usbecco che anti-bolscevico. Estende le operazioni alla steppa transcaspica e gode dell'aiuto determinante delle tribù turkmene del deserto, felici di essere di nuovo coinvolte nella lotta contro gli "infedeli". Va tenuto presente che soltanto pochi membri dell'élite culturale turkmena hanno aderito al giadidismo, al panturchismo e al bolscevismo: e che i turkmeni non hanno, in realtà, mai espresso una intellighenzia indigena degna di questo nome.

All'arrivo a Bukhara di Enver Pascià, Junaid Khan lo segue nell'impresa guerrigliera antibolscevica. Sembra che la fortuna militare arrida all'inizio al leader ottomano e al suo esercito composito. Poi, nell'agosto del 1922, Enver cade in un'imboscata dell'Armata rossa. La sua morte, un appello alla pace rivolto alla popolazione indigena dai dignitari islamici, un atteggiamento più liberale nei confronti della società e della cultura musulmane da parte dei bolscevichi e la "nuova politica economica" voluta da Lenin, rasserenano l'Asia centrale e la Turkmenistan. Junaid Khan è costretto a ritirarsi in Persia con i suoi uomini.

Nel dicembre del 1922, nasce l'Unione Sovietica: la Russia si federa con l'Ucraina, la Bielorussia e la Federazione transcaucasica. La RSSA turchestana, e con essa il paese turkmeno, fa parte della RSDS russa ed entra quindi nell'URSS; Coresmia e Bukhara, che ospitano una parte della popolazione turkmena, mantengono invece la loro indipendenza nominale.

Nel 1924, avviene la vera "rivoluzione sovietica" in tutta l'Asia centrale. Si compiono infatti, contemporaneamente, una riforma economica, una riforma politica, una riforma sociale e una riforma culturale. Vengono per prima cosa eseguiti lavori di canalizzazione e di potenziamento alla rete idrica mentre sono espropriati i maggiori proprietari terrieri (i *bey*): i loro campi sono distribuiti ai contadini. Vengono mantenute invece le terre di proprietà ecclesiastica, quale prova di buona volontà nei confronti dell'Islam. I tribunali coranici sono però soppressi e la legge sovietica viene estesa a tutti i cittadini.

La popolazione turkmena beneficia soprattutto della riforma che riguarda i nomadi allevatori. Gli *aul*, cioè i grandi gruppi familiari nei quali sono suddivise le tribù, vengono scrupolosamente censiti, così come tutto il bestiame esistente, che viene ridistribuito equamente tra gli aul. L'economia indigena, che è tradizionalmente "povera" anche rispetto a quella delle altre terre musulmane dell'Asia centrale, continua comunque ad apparire marginale.

Ma la riforma più importante riguarda l'applicazione del principio di nazionalità nei confronti delle popolazioni dell'Asia centrale, che è etnicamente composita. Nel settembre del 1924, tanto la RSSA turchestana quanto i protettorati di Khiva e di Bukhara, che sono entità plurinazionali, vengono dissolti. Al loro posto nascono Stati sovietici nazionali.

Nell'ottobre del 1924, con la provincia turchestana della Transcaspia e con le aree prevalentemente abitate da turkmeni degli ex protettorati di Khiva e di Bukhara, viene così istituita la RSSA turkmena, con capitale Aşgabat, sempre nell'ambito della Federazione russa. Un gruppo di indigeni viene cooptato nella direzione della nuova repubblica. Nascono, contemporaneamente, dalla spartizione delle precedenti formazioni statuali, altre RSSA musulmane.

Oltre che di propri Stati nazionali, i popoli dell'Asia centrale vengono dotati anche di lingue standard. Il turkmeno viene codificato, sempre nel 1924, nell'alfabeto latino, assai più adatto di quello arabo per notarlo. Il "clero" protesta: non vuole che si rinunci alla scrittura sacra dell'Islam. La sua opposizione viene però ignorata dalle autorità. D'altronde, soltanto il 2% dei turkmeni è in grado di leggere e di scrivere e on si tratta di un sacrificio particolarmente grave per la collettività.

L'alfabetizzazione dei turkmeni avviene così nella loro lingua e nell'alfabeto latino. Un'efficiente rete di scuole di Stato, di ogni ordine e grado, viene infatti istituita in tutto il paese. Nel nuovo turkmeno sono pubblicati giornali, libri e riviste e trasmettono le emittenti radio installate nel paese. Il regime sovietico riesce ad acquisire la benevolenza di molti degli intellettuali turkmeni e, considerato che non si tratta di un ceto numeroso, a mettere in moto un meccanismo per incrementarlo. C'è un gran bisogno di dirigenti e di intellettuali cui affidare, se non le sorti, perlomeno la conduzione del paese. Si incrementa così anche il numero dei comunisti turkmeni, fino a questo momento scarso davvero.

Il grande buio sale dal deserto

Nel 1926, la RSSA turkmena conta 922.000 abitanti, il 71% dei quali è turkmeno. Il 12% è composto da usbecchi, l'1,5 da russi e il resto da appartenenti ad altre numerose nazionalità. Oltre a Aşgabat, a Mari e a Krasnovodsk, si sviluppano le città di Çarcou, che sorge nel luogo dove la ferrovia transcaspica attraversa l'Amu-darya, e di Taşauz, costruita nella parte turkmena dell'oasi di Khiva. Il resto della popolazione vive nelle oasi del Qarakum ed è nomade o seminomade.

A fronte di circa 650.000 turkmeni sovietici che vivono nella loro RSSA, quasi 100.000 ne vivono però fuori: in Uzbekistan, in Kazakhstan e in Caracalpacchia. I nuovi confini interni tracciati dall'"ingegneria nazionale" sovietica non sono perfetti. Quel che è peggio è che almeno 300.000 turkmeni sono rimasti, con le loro terre tribali, in Persia e quasi 100.000 in Afghanistan. Anche i confini "esterni" lasciano, come si vede, a desiderare.

Sempre nel 1926, il governo sovietico si impegna nella razionalizzazione dell'economia turkmena. Si cerca di potenziare l'agricoltura con l'escavazione di nuovi canali e la distribuzione ai contadini della terra della manomorta ecclesiastica. Si impiantano fabbriche tessili e alimentari. Anche i giacimenti di gas naturale, di petrolio, di sale, di oro e di zolfo cominciano a venire sfruttati in maniera più intensa. Ciò significa l'arrivo di numerosi tecnici e funzionari russi che appaiono però assai poco graditi agli indigeni. Nel 1927, nasce un'organizzazione clandestina, composta soprattutto da comunisti indigeni, che propugna la secessione della Turkmenistan dall'URSS.

Nel 1928, la situazione viene peggiorata dall'inizio in grande stile di una massiccia campagna antireligiosa in tutta l'URSS. In Turkmenistan, le confraternite sufi, ormai clandestine, ricevono, per reazione, nuovi adepti. Sono, in realtà, le uniche forze di opposizione dotate di vasto consenso.

I rapporti di Mosca con la nuova dirigenza comunista indigena, proveniente quasi per intero dalla tribù tekke, si fanno sempre più tesi. Due membri del governo turkmeno, Akhmet Borev e Akmurat Orazov, vengono accusati di collaborare con l'organizzazione secessionista clandestina e di avere instaurato rapporti segreti con la Gran Bretagna in funzione antisovietica. Junaid Khan approfitta dell'occasione e rientra, dalla Persia, nel suo paese, alla testa di 1500 uomini. L'Armata rossa stenta ad averne ragione. Nonostante questi molteplici segnali negativi, Mosca decide di promuovere la RSSA turkmena in RSS, cioè in repubblica federata facente parte in prima persona dell'URSS. La Turkmenistan passa così, nel 1929, dall'autonomia nell'ambito della RSFS russa alla sovranità "sovietica".

Stalin ha deciso, intanto, anche la fine della NEP e la collettivizzazione forzata dell'agricoltura. Ciò significa, per la Turkmenistan, la sedentarizzazione, ugualmente forzata, dei suoi nomadi. I contadini protestano perché perdono la proprietà personale della terra, ricevuta dai bolscevichi nel 1924. I pastori e gli allevatori si rifiutano di trasformarsi in agricoltori e di venire irreggimentati. Nel 1931, una grande insurrezione si accende nel Qarakum. Mosca è costretta a inviare l'Armata rossa in Turkmenistan, sotto il comando dello spietato Dybenko.

L'insurrezione è domata ma 30.000 turkmeni, con le loro greggi e i loro armenti, si rifugiano in Persia. Altri 10.000 muoiono in combattimento oppure di fatica e di inedia nel vano tentativo di coltivare il deserto. Nonostante le gravi perdite, la società turkmena riesce a non disgregarsi. La sua è, come si è detto, una economia di sussistenza e può resistere alle scosse interne ed esterne.

Nel 1934, Stalin inaugura il "grande terrore". Tutti gli esponenti di spicco del comunismo musulmano presenti nelle diverse repubbliche istituite dal regime bolscevico vengono giustiziati con l'accusa di "nazionalismo": sia i renitenti che i collaboratori più fedeli. Stalin ha bisogno di uniformare al più presto tutto il territorio dell'URSS per perseguirvi il suo progetto di centralizzazione economica e politica globale. Comincia anche l'epurazione tra i quadri minori del Partito e i semplici iscritti. Il 50% dei quadri e degli iscritti al PC turkmeno viene così epurato.

Ciò che più sconvolge il paese è l'intensificarsi della campagna antireligiosa. La maggioranza delle moschee viene chiusa e il clero islamico è accusato e condannato per "parassitismo" e addirittura per "spionaggio e intelligenza col nemico" e, in questo caso, fucilato.

Nel 1940, il grande canale del Qarakum, al quale si sta lavorando da anni, viene finalmente aperto. È un'opera colossale che strappa al deserto nuova terra coltivabile, destinata però soprattutto al cotone, di cui c'è superproduzione. È anche responsabile dell'arrivo di nuovi immigrati russi, o comunque europei, che non sono soltanto tecnici ma anche coloni.

È proprio per questa ragione che, nello stesso 1940, la lingua turkmena, ormai affermata nel paese (gli analfabeti sono ridotti al 20% della popolazione), è costretta da Mosca a cambiare alfabeto e a usare quello cirillico dei russi. Forse, Stalin pensa che si tratta del primo passo da fare per giungere all'uso del russo tout court. Nonostante una docile acquiescenza formale alle direttive centrali, i turkmeni covano un rancore sempre più sordo.

Il 22 giugno 1941, scoppia la seconda guerra mondiale. Questa volta i turkmeni sono richiamati alle armi come combattenti. Alcuni di loro si imboscano, molti disertano al fronte. Verso la fine dell'anno, i tedeschi sono alle porte di Mosca. Hanno già fatto 2.000.000 di prigionieri. Di questi, 150.000 sono turkmeni: quasi la totalità dei richiamati alle armi inviati al fronte.

Sedotti dalla propaganda nazista che promette loro libertà, indipendenza e rispetto dell'Islam a guerra conclusa, e crudamente delusi dal regime sovietico, 16.000 prigionieri di guerra si arruolano nell'esercito tedesco dove costituiscono una divisione turkmena (la 162ª) che combatte contro l'Armata rossa.

Altre decine di migliaia servono come ausiliari nella Wehrmacht.

Stalin, preoccupatissimo per questo comportamento che, sia pure in maniera meno vistosa, è di tutti i musulmani sovietici, corre ai ripari. Riconosce, nel 1943, l'Islam in maniera ufficiale, in cambio di un aiuto concreto ai suoi sforzi bellici da parte dei musulmani. Istituisce quattro *nazarat* (direzioni spirituali) nell'area islamica dell'URSS. La maggiore di queste è quella dell'Asia centrale, la cui sede è stabilita a Taškent ed ha competenza anche per la Turkmenistan. Nonostante sia affidata ai rivali usbecchi, i turkmeni accolgono con favore il provvedimento. Un certo numero di moschee viene riaperto al culto e la campagna antireligiosa si allenta.

Con la fine della guerra, i piani quinquennali sovietici assegnano all'Asia centrale un nuovo ruolo industriale che porta nelle repubbliche musulmane, a partire dal 1945, un numero sempre maggiore di russi e di altri europei. Le città dell'Asia centrale si trasformano, in pratica, in città russe. La russificazione ideologica tocca, in questi anni, il suo punto più alto.

Stalin glorifica infatti, ufficialmente, il popolo russo, che considera il vero vincitore della guerra "patriottica", il "fratello maggiore" di tutti gli altri popoli sovietici. La storia di questi popoli viene riscritta secondo un'ottica russocentrica. Il poema nazionale turkmeno, "Korkut Ata", viene proibito per il suo contenuto definito "antipopolare".

Il governo e il Partito turkmeni sono in mano a proconsoli moscoviti oppure a imbelli e pavidi funzionari locali (sempre però provenienti dalla tribù tekke) e l'economia del paese rimane la più povera e la più disagiata dell0intera URSS nonostante l'impianto di alcune industrie e l'avvio dello sfruttamento di cospicui giacimenti petroliferi e di gas naturale. Sarà l'avvento di Khruščëv, avvenuto dopo la morte di Stalin, a ribaltare la situazione. Khruščëv denuncia, al XX congresso del PCUS del 1956, i crimini e le deviazioni di Stalin. Concede, allo stesso tempo, una nuova autonomia alle repubbliche sovietiche, di cui beneficiano anche le RSS musulmane. Pretende, insomma, di ripristinare la "legalità socialista". Questa "legalità" è, appunto, "socialista": appare legata alle forme ideologiche e giuridiche sulle quali si fonda e una di queste è la prassi dell'"antireligione".

Una nuova campagna anti-islamica ha così inizio e molte delle moschee riaperte da Stalin vengono di nuovo chiuse.

La riscossa turkmena

Il 1956 è anche l'anno di un certo risorgimento del sentimento nazionale in tutta l'Asia centrale, favorito dalle nuove condizioni politiche. Nel 1958, il soviet supremo, l'unione degli scrittori e la stampa turkmeni riaffermano la loro lingua, la loro cultura e la loro economia secondo i principi del leninismo. L'esproprio globale dei turkmeni è, da tutti i punti di vista, enorme. Un solo esempio: il petrolio turkmeno serve all'industria sovietica, soprattutto a quella ucraina, e non porta nessun vantaggio, nemmeno finanziario, al paese. Eppure è, al pari del gas naturale, la vera ricchezza del paese.

I dati del censimento del 1959 dicono del resto che i russi sono ormai il 17,3% della popolazione della RSS mentre i turkmeni sono ridotti al 62%. E i russi detengono i posti-chiave. Dieci anni dopo, i russi scendono al 14,5% ed i turkmeni risalgono al 66%. Che cosa è successo? Il flusso dell'immigrazione europea si è interrotto, contemporaneamente ai grandi progetti economici, mentre l'incremento demografico degli indigeni si è fatto vistoso: caduto Khruščëv nel 1964, è cominciata insomma l'epoca della "stagnazione", il cui esponente più significativo è Brežnev.

Brežnev interrompe la campagna antireligiosa e cerca di evitare ogni possibile attrito con la sterminata periferia sovietica. In cambio della fedeltà dei popoli non russi e della loro obbedienza alle sue direttive, lascia ai dirigenti delle RSS periferiche la massima discrezionalità nell'esercizio del potere locale.

Il 5 novembre 1969, tuttavia, tutte le repubbliche musulmane dell'Asia rivendicano una reale sovranità, situandola lungo i binari dell'ortodossia comunista. Tutti i quotidiani ufficiali delle cinque repubbliche, Turkmenistan compresa, ripubblicano, in occasione del primo centenario della nascita di Lenin, il messaggio affidato alla Turkommissija nel 1919 col quale si auspicava la fine dell'imperialismo russo nel Turkestan.

L'atteggiamento del governo di Mosca nei confronti dell'Islam è, intanto, molto cambiato. L'Islam sovietico comincia a rivestire un ruolo politico fondamentale nei rapporti con i paesi musulmani del terzo mondo. L'URSS fa di tutto per accreditarsi come paladina dell'Islam e ha quindi l'interesse a dimostrarsi "liberale" nei confronti dei suoi musulmani. Il "Korkut Ata" può così essere ristampato.

Questa politica si interrompe improvvisamente nel 1979, all'atto dell'invasione sovietica dell'Afghanistan. Il mondo musulmano condanna l'URSS per questa invasione. La guerra che ne consegue pone in contatto diretto i musulmani sovietici col resto dell'Islam. Soldati turkmeni sovietici e guerriglieri turkmeni afghani si trovano di fronte e, spesso, anziché combattersi, fraternizzano. Le stesse confraternite sufi sono del resto presenti in entrambi i paesi. La Turkmenistan, insieme a tutti gli altri paesi musulmani sovietici, è sottoposta al bombardamento radiofonico islamico che proviene dall'Iran, dall'Afghanistan e dal Pakistan e che nessuna linea di confine può impedire. Il sentimento musulmano monta, così come il risentimento nei confronti delle autorità sovietiche.

Nel 1985, Gorbačëv diventa segretario generale del PCUS. Ha deciso di chiudere il periodo della "stagnazione" e di aprire quello della "ristrutturazione" (*perestrojka*). Il primo avversario da abbattere diventa la gestione spregiudicata del potere da parte dei proconsoli indigeni posti da Brežnev ai vertici delle repubbliche periferiche, accusati di parassitismo e di corruzione.

Nel 1986, viene compiuta in Turkmenistan una vasta epurazione nel Partito e nell'amministrazione. L'uomo nuovo di Gorbačëv è il comunista "liberale" Sapurmurat Nijazov, anch'egli tekke secondo la tradizione comunista turkmena. Ai provvedimenti di pulizia formale non corrisponde però un mutamento nell'atteggiamento di fondo: il Partito e il governo di Aşgabat continuano, sia pure con uno stile diverso, a ricoprire il ruolo interpretato durante la stagnazione. Da un lato garantiscono il consenso alle autorità moscovite, dall'altro continuano a svolgere la funzione di protettori degli interessi indigeni: ufficio di collocamento e, insieme, macchina burocratica che dispensa favori ai limiti della legalità.

Nel 1988 avvengono, anche in Turkmenistan, i primi incidenti etnici. Ad Aşgabat e a Nebit Dag, la popolazione insorge contro l'arrivo di profughi armeni dall'Azerbaigian. Le motivazioni vanno dalla constatazione che i profughi sottraggono abitazioni, posti di lavoro e risorse agli indigeni, a una nuova solidarietà panturchista con i "fratelli" azeri e all'appoggio ai loro presunti diritti sull'Alto Karabakh. Il 13 agosto 1988, il presidente del soviet supremo turkmeno, Bali Jazkulev, viene destituito per inefficienza e sostituito con una donna, Roza Bazarova: un evento singolare per un paese islamico ancorché sovietico.

La situazione economica e sociale turkmena si fa, intanto, sempre più critica. I dati relativi al 1989 sono, in proposito, eloquenti. Il salario medio di un lavoratore turkmeno è pari al 50% di quello sovietico. Il 10% della popolazione è disoccupato. Il tasso di mortalità infantile è del 54,2% (in URSS, nel suo complesso, è del 22,3% ma in Russia è del 17,3% e in Lituania del 10,7%). Nonostante questa elevatissima mortalità, la spinta demografica continua ad apparire inarrestabile. Il censimento del 1989 ci dice che i turkmeni sono ormai il 73% della popolazione e che i russi sono scesi al 9,5%. La Turkmenistan è sempre, comunque, la repubblica sovietica più povera e disagiata.

All'opposizione, clandestina e diffusa, condotta dalle confraternite musulmane, si aggiunge, sempre nel 1989, quella di una organizzazione del tutto nuova chiamata Agzibirlik (Unanimità), ispirata ai fronti popolari sorti in tutte le RSS in questo periodo e alle richieste democratiche e liberali avanzate dal dissenso sovietico. Agzibirlik raccoglie il consenso di alcuni intellettuali locali che godono di vasta considerazione e provvede a diffondere notizie tanto fondate quanto raccapriccianti sulla situazione ecologica; molti fiumi si sono interrati per lunghi tratti e i corsi d'acqua minori sono addirittura scomparsi. Uno dei grandi bacini idrici naturali della regione, il lago di Aral, sta morendo. Tutto ciò a causa dello sfruttamento insensato della terra coltivabile, della canalizzazione eccessiva, dell'uso "criminale" dei fertilizzanti chimici (la Turkmenistan è il terzo produttore di cotone dell'URSS col 15% del raccolto complessivo).

Agzibirlik batte molto anche sui tasti dei diritti civili, dell'identità etnica, della sovranità nazionale e della difesa della lingua turkmena. Nonostante questa opposizione di tipo nuovo, il PC turkmeno, sotto la salda guida di Nijazov, resta comunque il "sindacato di tutti i turkmeni", cui elargisce sussidi di disoccupazione, posti di lavoro, abitazioni, e a favore dei quali strappa provvedimenti da parte delle autorità centrali, finalmente preoccupate per il sottosviluppo turkmeno e le possibili reazioni politiche che potrebbe innescare.

L'indipendenza

I comunisti ufficiali si impossessano di molte delle rivendicazioni avanzate da Agzibirlik e si trasformano gradualmente in autonomisti consapevoli. Hanno la forza e l'autorità per realizzare alcune delle richieste fatte proprie dall'opinione pubblica più sensibile del paese. Sono anche in ottimi rapporti con una parte almeno, quella più moderata, dell'Islam locale.

Nijazov approfitta del moto di disgregazione che ha investito l'Unione Sovietica e fa dichiarare, dal soviet supremo, il 22 agosto del 1990, la sovranità della Repubblica. Non desidera affatto la rottura dell'assetto istituzionale dell'URSS: si accontenta di modificarlo in favore del suo paese. Ha, dietro di sé, la maggioranza della popolazione. Ne è così consapevole che istituisce la nuova carica di presidente della repubblica.

Il 20 ottobre, trionfa alle elezioni presidenziali col 98% dei suffragi. L'opposizione islamica è improvvisamente rientrata. Il 1° ottobre, un evento eccezionale è infatti accaduto in URSS: la promulgazione della nuova legge sulle libertà di coscienza, che concede al paese la piena libertà religiosa.

Quando, il 17 marzo 1991, Gorbačëv sottopone ai cittadini sovietici il quesito sull'opportunità di conservare l'URSS, sia pure rinnovandola nel campo del rispetto dei diritti umani e delle identità nazionali, il referendum ottiene in Turkmenistan la percentuale più alta di voti favorevoli: il 98%.

Nemmeno il colpo di Stato sovietico del 19 agosto e il suo fallimento repentino, inducono Nijazov a dichiarare l'indipendenza della Turkmenistan, come fanno invece quasi tutte le altre repubbliche dell'URSS, comprese quelle musulmane. Si limita a indire un referendum in proposito, da tenersi il 19 ottobre. Cambia però, astutamente, il nome del PCUS turkmeno che diventa Partito democratico popolare.

Nijazov si convince, e convince il paese, della necessità dell'indipendenza, che vuole però come una piattaforma dalla quale giocare al rialzo durante le contrattazioni per la nuova "confederazione di Stati sovrani" che Gorbačëv sta progettando allo scopo di salvare l'esperienza federale sovietica.

Questo atteggiamento spiega perché, il 19 ottobre, il 96% dei turkmeni vota a favore dell'indipendenza (quando il 98% di loro aveva appena votato a favore del mantenimento dell'URSS appena sette mesi prima). Il 27 ottobre, il soviet supremo di Aşgabat può dichiarare così l'indipendenza della Repubblica, che prende il nome ufficiale di Turkmenistan (*Türkmenistan*) tout court, rinunciando alla menzione della propria forma istituzionale e agli attributi di "sovietica" e di "socialista".

La posizione di forza voluta da Nijazov si è ormai realizzata. La Turkmenistan si appresta a entrare nella nuova confederazione postsovietica con qualche freccia in più nella sua faretra. Ma gli eventi hanno ormai preso tutt'altra piega. L'8 dicembre, la Russia, l'Ucraina e la Bielorussia dichiarano l'URSS finita per sempre e formano una semplice "Comunità di Stati indipendenti" (CSI), aperta ad altre repubbliche.

La costernazione delle repubbliche musulmane, tagliate fuori dall'accordo, è grande. Il leader della Kazakhstan, Nursultan Nazarbaev, cerca di ricucire lo strappo. Convoca per il 13 dicembre, d'accordo con Nijazov, una riunione a Aşgabat dei vertici delle cinque repubbliche centro-asiatiche.

I leader musulmani sanno di essere ancora troppo legati al carro ex sovietico e troppo deboli per poter camminare sulle proprie gambe, e decidono di aderire alla CSI. Il 21 dicembre, ad Alma Ata, tutte le repubbliche musulmane (compreso l'Azerbaigian, all'inizio recalcitrante) nonché l'Armenia e la Moldavia firmano, con le tre repubbliche slave, una sorta di patto costitutivo della CSI. Anche se la CSI è soltanto un simulacro, privo di direzione politica e di potere reale, è sempre un elemento di continuità col passato assetto dello Stato federale e un organismo in grado di gestire la fase di transizione.

La Turkmenistan cerca anche di allacciare relazioni economiche e culturali con gli Stati islamici più vicini. D'altro canto, rinuncia a formare un proprio esercito e aderisce alla formula delle "forze armate congiunte" sotto l'alto comando della CSI escogitata dalla Russia. Verrà difesa da un'armata di 34.000 uomini. Rapporti privilegiati si instaurano con la Turchia, che pur essendo musulmana ha dalla sua la propria "laicità" istituzionale nonché il fatto di fungere da longa manus dell'Occidente e degli Stati Uniti e il grande vantaggio di essere, appunto, turca di lingua e di cultura. All'interno del complesso di tutti i popoli turchi, i turkmeni sono strettamente legati, dalla lingua e dall'origine comune, con gli azeri e con i turchi anatolici (che sono gli eredi dell'impero ottomano). Costituisce poi un freno all'espansione in corso dell'integralismo musulmano, che ha raggiunto l'Asia centrale e preoccupa le classi dirigenti indigene. Sullo sfondo resta comunque la Russia, alla cui economia le repubbliche centro-asiatiche sono legate da una integrazione economica ancora evidente e da mille altri lacci abitudinari cui non possono, né vogliono, rinunciare. A favore della Turkmenistan gioca il ruolo di maggior produttore sovietico di gas naturale per l'esportazione. La Russia è costretta ad acquistare il gas turkmeno e Aşgabat deposita in banche occidentali i proventi delle vendite.

Il 31 dicembre, la Turkmenistan diviene membro della CSCE e, il 2 marzo del 1992, dell'ONU. In aprile, il suo parlamento dichiara il turkmeno "lingua di Stato". Il 2 maggio 1992, Nijazov annuncia, durante una visita ad Aşgabat del premier turco Demirel, che la lingua turkmena adotterà l'alfabeto latino in uso in Turchia. La scelta di campo è ormai effettuata. I giornali, i libri, la radio, la televisione turche potranno invadere il paese turkmeno, la cui lingua è, come sappiamo, vicina a quella della Turchia e all'*azeri*.

Il 9 maggio si apre, a Aşgabat, un vertice dei paesi musulmani centro-asiatici cui partecipano Turchia, Iran e Pakistan, per discutere lo sviluppo della regione. Il summit si chiude con un nulla di fatto: si limita ad approvare numerosi documenti generici che ribadiscono la necessità della collaborazione e della solidarietà.

Il 18 maggio, la Turkmenistan adotta una nuova Costituzione: viene istituito un nuovo parlamento (*maclis*) in parte elettivo e in parte formato da membri di diritto, affiancato da un Consilio degli anziani, composto dai leader dei gruppi tradizionali del paese (in pratica, i capi delle tribù che sono, come si vede, in qualche modo sopravvissute). Nijazov si rivela uno stratega di eccezionale abilità nel predeterminare il consenso al nuovo corso del paese.

Il 21 giugno, Nijazov è rieletto presidente della repubblica col 99,5% dei suffragi. Ha un nuovo mandato plebiscitario per continuare a gestire la crisi endemica dell'economia turkmena, cui non bastano purtroppo i buoni rapporti con la Russia e la collaborazione sempre più stretta con la Turchia per venire finalmente risolta. Il paese ha comunque il merito di non essere stato mai neppure sfiorato dalla guerra civile. Nijazov si fregia intanto del titolo di *türkmenbaşi* ("duce dei turkmeni"). La sua figura assume sempre di più l'aspetto del tiranno illuminato, un aspetto venato di arroganza e di megalomania ma sostanzialmente abile e accorto. Non rinuncia a rivendicare la sovranità della penisola di Mangyolak, in territorio casaco, e si oppone alle pretese usbecche di annettersi tutto il bacino dell'Amu-darya.

I rapporti con la Turchia e anche quelli con l'Azerbaigian, basati sull'origine etnica comune e sull'affinità culturale, si rafforzano nel secondo semestre del 1992 (mentre vengono stipulati accordi petroliferi e ferroviari con l'Iran) e sembrano prevalere su quelli interni alla CSI: il 21 gennaio 1993 la Turkmenistan rifiuta infatti di sottoscrivere lo statuto della Comunità, finalmente messo a punto e con il quale si delinea il campo dell'azione comune in alcuni settori, ritenendolo un tentativo di limitare la sua sovranità. La Turkmenistan dichiara tuttavia la propria volontà di restare nella CSI che assume così un assetto "a due strati" (la posizione turkmena è condivisa dall'Ucraina e dalla Moldavia). Emette una propria moneta nazionale, il *manat*, per sfuggire alla dittatura del rublo russo.

Intensifica anche la collaborazione con l'Occidente. L'11 maggio 1993, Nijazov nomina come proprio consulente Alexander Haig, ex segretario di Stato americano. Ha bisogno di un tecnico di chiara fama e desidera attirare investimenti USA nel suo paese. Con molta sagacia, annoda contemporaneamente nuovi rapporti militari ed economici privilegiati con Mosca e la CSI. Il gas e il petrolio del Caspio appaiono, in prospettiva, la sua carta vincente. Per rafforzare la propria presenza all'interno del paese indice nuove elezioni presidenziali per essere confermato "gloriosamente" nella carica. Il 15 gennaio 1994, quale candidato unico, ottiene così il 100% dei voti da parte della totalità degli elettori: davvero troppo perché il referendum possa essere considerato insospettabile. Nell'occasione, ottiene dal popolo la proroga del suo incarico fino al 2002. Nel febbraio aderisce all'accordo tra Kazakhstan e Uzbekistan, siglato in gennaio, dal quale dovrebbe scaturire una sorte di mercato comune centro-asiatico in grado di difendere la regione dagli appetiti russi e da quelli dei paesi islamici confinanti.

UZBEKISTAN (ÖZBEKISTON)

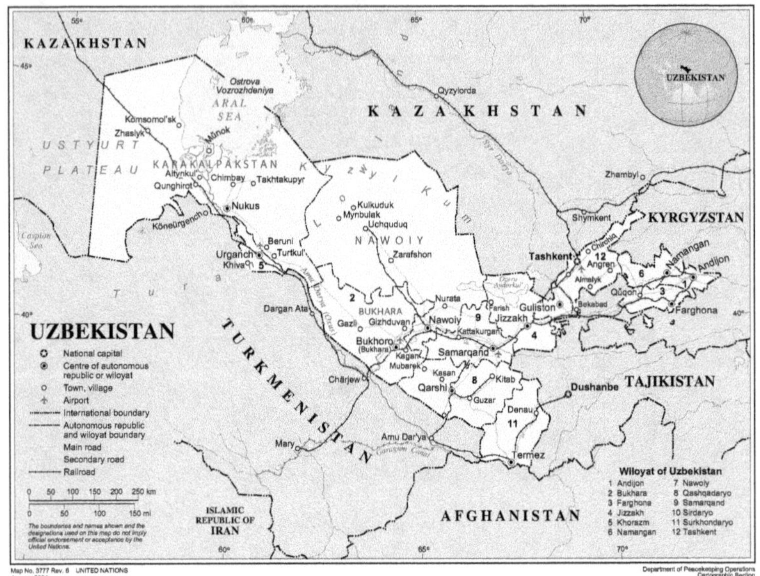

Superficie Kmq 282.500. Dai 447.400 kmq di estensione complessiva della repubblica sono espunti i 164.900 kmq che pertengono alla repubblica autonoma della Caracalpacchia, territorio con identità nazionale propria benché inserito nella Repubblica Usbecca.

Popolazione Ab. 18.460.000 (1.989). Dai 19.569.000 abitanti della Repubblica usbecca sono espunti gli abitanti della Caracalpacchia (1.109.000). Per quanto concerne gli abitanti dell'Uzbekistan (esclusi quelli della Caracalpacchia) abbiamo la seguente ripartizione percentuale: 70% usbecchi, 11% masi, 4% tartari, 4% tagicchi, 3% casachi, 8% altri. Circa 2.500.000 usbecchi vivono in Tajikistan ma anche in Kyrgyzstan, in Turcmenia, in Kazakhstan, in Caracalpacchia e nel resto della Russia. Gli usbecchi sono oltre 16.000.000 (sono stati la terza nazionalità, per numero di appartenenti, dell'ex-URSS, dopo i russi e gli ucraini e prima dei bielorussi). Oltre 1.000.000 di usbecchi vivono nell'Afghanistan, in prossimità del confine con la Repubblica Usbecca. Dal punto di vista dell'antropologia fisica, gli usbecchi presentano una componente europide ed una mongolide strettamente affiancate, con netta prevalenza della componente europide.

Capitale Taškent (2.210.000 ab.).

Lingua L'usbecco (gruppo sudorientale della classe turca delta famiglia altaica). Il 99% di chi si dichiara di nazionalità usbecca considera l'usbecco come propria lingua materna. L'usbecco usa l'alfabeto cirillico, ma è stato stabilito il passaggio a quello latino nel 2023.

Religione Musulmana sunnita.

Territorio Esso comprende le vallate dell'alto Syr-Darja, del Zerafsan e del basso Amu-Darja, ben irrigate e ricche di oasi, dove sorgono città antichissime e sono fiorite molte e diverse culture. La "parte nord-occidentale dell'Uzbekistan è invece occupata dalla steppa, spesso semidesertica, del bassopiano turanico. L'Uzbekistan confina a nord con la Kazakhstan, ad est con la Kyrgyzstan e la Tajikistan, a sud ancora con la Tajikistan, l'Afghanistan e la Turcmenia, a ovest con la Caracalpacchia.

Sulla via della seta

L'Uzbekistan è, per numero di abitanti, la terza (dopo la Russia e l'Ucraina) delle repubbliche indipendenti scaturite dalla dissoluzione dell'URSS. È anche, sotto questo aspetto, il secondo Stato turco del mondo (dopo la Turchia). In quanto nazione, la sua formazione appare però insolitamente recente: può infatti essere fatta risalire appena al XVI secolo. La civiltà di cui è erede (che è iranica e non turca) è invece antichissima: la nazione usbecca nasce infatti dalla progressiva turchizzazione del territorio dove è sorta questa civiltà ed è maturata una forma originale di economia, di società e di cultura successivamente fecondata dall'Islam.

Il cuore del territorio oggi usbecco è costituito dalla fertile fascia delle oasi dell'Asia centrale ed è esteso a una piccola porzione di steppa circostante. Questa fascia è formata: dal bacino del basso Omu-daryo (Amu-darya) o Coresmia; dal bacino del Zarafšon (Zeravšan), un affluente di destra dell'Omu-daryo, o Sogdiana; dal bacino dell'alto Sir-daryo (Sir-darya) o Farghona (Fergana). Ad essa si collegano strettamente le regioni storiche contigue della Battriana, che si estende oltre la riva sinistra dell'alto Omu-daryo (oggi in Afghanistan), della Serindia, situata invece più a oriente, nel bacino del Tarim (oggi in Cina) e della Margiana, il bacino del Murghab, a occidente della Battriana (che oggi fa parte della Turkmenistan). Si tratta di una vasta area irrigua (sia perché situata attorno ai grandi fiumi appena menzionati, sia perché dotata di un sistema complesso e efficiente di pozzi e di canali le cui origini si perdono nel tempo, che corre nel mezzo della grande steppa eurasiatica tra il Qizilkum ("deserto rosso") a nord e il Qarakum ("deserto nero") a sud, il lago d'Aral a est e le catene montuose del Tianšan e dell'Alai a ovest.

Si tratta, come s'è detto, di un territorio caratterizzato da una tradizione economica e culturale assai antica. La sua popolazione storica è, ovviamente, sedentaria, e appartiene allo stesso ceppo europide di lingua iranica orientale al quale appartenevano allora i nomadi della grande steppa eurasiatica. È caratterizzata dallo sviluppo dell'agricoltura e dell'artigianato e rivela una spiccata vocazione mercantile. Lungo la fascia irrigua correva infatti, perlomeno a partire dal III secolo a.C., la celebre via della seta. Ripercorriamone allora la storia politica.

Dopo aver formato una serie di piccoli stati, gli autoctoni della regione delle oasi dell'Asia centrale vengono inseriti, nel V secolo a.C., nell'impero persiano degli achemenidi, all'interno del quale sono raccolti nelle province della Battriana, della Sogdiana e della Coresmia. Queste province sono conquistate, un secolo dopo, da Alessandro Magno. Alla sua morte, si costituiscono nella regione numerosi regni ellenistici. Nel III secolo, la Battriana e la Sogdiana vengono conquistate dai sassanidi che le inseriscono nel nuovo impero persiano. Nel VI secolo, la Sogdiana è conquistata dai *türük* (i coraggiosi), uno dei popoli turchi che si sono già impossessati della grande steppa scacciandone i nomadi iranici. I türük sono però sconfitti dai cinesi nel 657. La Sogdiana passa così sotto il controllo della Cina. Nel VII secolo gli arabi, che hanno sconfitto i sassanidi, si affacciano nella regione delle oasi invadendo la Battriana. Nel 710, dopo aver attraversato l'Omu-daryo, conquistano le principali città della Sogdiana: Samarqand (Samarcanda) e Bukhoro (Bukhara). Dilagano in Coresmia e in Serindia.

Gli abitanti della regione si convertono in massa all'Islam. La cultura araba, innestandosi su quella locale, esprime alcuni intellettuali arabizzati di grande statura quali, nel IX secolo, Algoritmi e Alfarabio e, nel X secolo, Avicenna e al-Biruni. La lingua araba non riesce invece a impiantarsi nella regione, i cui idiomi tradizionali vengono però sostituiti dal più prestigioso persiano, che è una lingua iranica di tipo occidentale (e quindi assai più vicina dell'arabo agli idiomi locali) nella quale si esprime già una parte dell'Islam. È un persiano rinnovato, segnato proprio dall'apporto delle lingue iraniche orientali, che prende il nome di *dari*. Così trasformato, rifluisce in Persia e diventa la lingua di cultura di tutto l'Islam orientale.

Nel IX secolo, la fascia delle oasi era divenuta indipendente sotto la dinastia locale (iranica e musulmana) dei samanidi (874), i quali estendono il loro dominio fino alle porte di Baghdad. La sua capitale è Bukhoro. Dopo un secolo di splendore, la fascia delle oasi cede di nuovo alla minaccia turca che viene dalla grande steppa.

Va ricordato che gli arabi sono i responsabili dell'estensione del nome etnico di "turchi", in origine quello di una sola tribù, i *türük*, a tutti coloro che parlano lingue simili a quella dei türük, con i quali erano entrati in contatto proprio in Sogdiana. I turchi accettano il nome dato loro dagli arabi (*turk* o *atrak*, singolare: *turki*) e cominciano a designarsi come *türkler* (singolare: *türk*).

Nel 985, la tribù kinik, che fa parte della confederazione turca degli oghuz (da *tokuz oghuz*: le nove tribù), al comando del khan Seljük, invade il Qizilkum e si attesta di là dal basso Sir-daryo. Nel 999, un'altra tribù oghuz, quella degli yaghma, penetra invece in Sogdiana. Nel 1005 occupa Bukhoro scacciandone la dinastia samanide. Il suo leader è Bughra Khan, detto il "khan nero" (*Qara khan*), che si è convertito con tutto il suo popolo all'Islam nel 960. Gli oghuz di Seljük ci sono noti come "selgiuchidi" e quelli di Bughra come "caracanidi", dal nome dei loro condottieri.

Anche i selgiuchidi avevano aderito nel 985 all'Islam. Nel 1040 si spostano in Coresmia, dove divengono vassalli dei caracanidi. Una parte cospicua di loro invade subito la Persia, la Mesopotamia e l'Anatolia dove i loro condottieri si trasformano, nel 1058, nei leader temporali dell'Islam. Nel 1102, a Termez, sconfiggono i caracanidi rovesciando il rapporto di vassallaggio e diventano i padroni anche di tutta la fascia delle oasi.

Ad opera dei selgiuchidi e dei caracanidi (entrambi oghuz) aveva avuto nel frattempo inizio l'insediamento fisico dell'elemento turco nella fascia delle oasi, all'inizio assai modesto ma destinato a mutare lentamente i connotati etnici dell'intera regione. Gli autoctoni iranici prendono allora, per distinguersi, il nome di "tagicchi". Nel 1141, i mongoli qarakitay, dopo avere sconfitto gli oghuz a Katvan, si impossessano a loro volta di gran parte della fascia delle oasi e vi perseguitano l'Islam. La fede comune, così calpestata, cementa turchi e iranici.

La reazione musulmana si esprime con la fondazione di alcune confraternite mistiche che dalla pratica religiosa del sufismo passano alla guida della resistenza popolare contro i conquistatori. Lo sceicco Ahmad Yasawi fonda in Fergana, nella seconda metà del XII secolo, la confraternita della yasawiyah. Nello stesso periodo, in Coresmia, Najmuddin Kubra istituiste la kubraiyah. Va detto che i qarakitay non hanno mai occupato la Coresmia. Il khan oghuz (di origine selgiuchide) di questo territorio, dove i turchi stanno ormai assorbendo gli autoctoni iranici (la lingua coresmia si estinguerà, per mancanza di parlandi, nel corso del XIII secolo) se ne proclama scià e diviene indipendente dall'impero selgiuchide. Dalla sua capitale, Urgenç, inizia così la riscossa turca e musulmana nella fascia fertile. Nel 1172, il suo successore Takaš sconfigge definitivamente i mongoli qarakitay e libera tutta la regione delle oasi del loro dominio. Più tardi, i coresmi si volgono a occidente e invadono la Persia. Stanno ormai per sostituire l'altro ramo dei selgiuchidi sul trono di Baghdad quando entrano in urto con i "tartari" di Gengiz Khan.

Il regno di Čaghatay e la calata degli usbecchi

Nel 1206 il mongolo Tämügin aggrega un buon numero di tribù mongole e turche e parte "alla conquista dell'universo", assumendo il titolo di "Khan Oceano" (Gengiz Khan). I suoi generali sono mongoli ma le truppe e gli ufficiali subalterni sono turchi. Costruisce in breve tempo un immenso impero, la cui mente amministrativa e culturale è quella degli

I sudditi di Gengiz Khan sono chiamati, dai russi, "tatari" e poi, dagli altri europei, "tartari", dal nome di una loro tribù del tutto marginale, quella dei *tatar*, modificato per la sua assonanza con quello della regione infernale (Tartaro). In Asia centrale sono noti, invece, come *moghul* (mongoli) anche se sono, come si è detto, soprattutto turchi. Nel 1216, una carovana di mercanti tartari è attaccata e distrutta dalle guardie dello scià di Coresmia. Gengiz Khan si vendica e distrugge, nel 1221, lo Stato coresmio. Occupa tutta l'Asia centrale e poi, dalla Persia, si dirige verso l'Europa.

Gengiz Khan muore nel 1227; nel 1228, al figlio Čaghatay,

che è il secondogenito, tocca in eredità l'Asia centrale: tutta la fascia fertile, esclusa la Coresmia ma compresa la Serindia, e parte della steppa sovrastante. Nasce il regno di Čaghatay. Nel 1245, al nipote di Gengiz Khan, Batü, figlio del defunto primogenito Jöci, va invece il regno dell'Orda d'oro, esteso in Europa ma comprendente anche la Coresmia e la steppa asiatica compresa tra l'Irtiš e il Volga. Nel 1256, al nipote Hülagü va invece la Persia (con la Battriana) col nome di "regno del khan provinciale" (Il-Khan). Un certo numero di tartari, la cui maggioranza non è ancora musulmana, si insedia nella fascia delle oasi dell'Asia centrale. Si tratta di turchi qipčaq che vi portano la loro lingua, diversa da quella dei turchi oghuz. Questa lingua si chiama genericamente *türki til* ("la lingua del turco") ed è parlata anche dall'Orda d'oro.

Il türki til riceve in loco un contributo rilevante da parte del dari e, così ibridato, diviene uno strumento raffinato di comunicazione: nasce pertanto una nuova lingua regionale (estesa anche alla Serindia), turca anziché iranica, che prende il nome di "ciagataico", e si affianca al dari. Ovviamente, i tartari della fascia delle oasi si fanno presto musulmani. Il destino dell'Uzbekistan è già disegnato: un certo numero di iranici passa infatti all'uso della nuova lingua e si turchizza mentre un numero crescente di turchi diviene, da nomade, sedentario e si insedia nelle città. Il fatto linguistico più importante è che anche i turchi sedentarizzati che provengono dalle precedenti invasioni si uniformano ai tartari usando la nuova lingua. La lingua degli oghuz viene così espulsa dalla fascia fertile: vivrà e si svilupperà invece in Turkmenistan, in Azerbaijan e nell'Anatolia selgiuchide e poi ottomana.

Nel 1334, il regno di Čaghatay si divide in due parti: il Mawannar ("oltre il fiume": si tratta, ovviamente, dell'Omu-daryo), che raccoglie Sogdiana e Fergana; e il Moghulistan (paese dei "mongoli" che si estende nella steppa a sud del lago Balkhaš e in Serindia. Nel Moghulistan, i musulmani sono una minoranza. Una nuova confraternita sufi, la *naqšbandijah*, nasce allora in Sogdiana, su impulso di Muhammad Naqšbandi, allo scopo di diffondere ulteriormente l'Islam.

Proprio nel Mawannar, nei pressi di Samarcanda, nasce,

nel 1336, un certo Timur, detto Lank (lo zoppo), a noi noto come Tamerlano. Tamerlano si proclama discendente di Gengiz Khan e decide di ripristinare l'impero unitario. Riesce a farsi incoronare re a Bactra, la capitale della Battriana, dove raduna un potente esercito e, nel 1370, dà inizio alla riconquista annunciata. Si impossessa della Coresmia, del Mawannar, del Moghulistan, della Persia, della Mesopotamia, dell'Anatolia, del Caucaso e del regno dell'Orda d'oro, con un crescendo impressionante. Lascia davanti alle porte della città conquistate piramidi di teschi quale monito e memento della sua potenza. Samarcanda diventa la capitale dell'impero timuride: una metropoli ricca e fitta di monumenti stupendi.

Mentre si appresta a invadere la Cina, Tamerlano muore improvvisamente a 69 anni. Il suo impero si sfalda. A Samarcanda, un suo nipote, Ulugh Beg, che mantiene il possesso della fascia delle oasi, sviluppa ulteriormente la città, che diventa una vera capitale culturale. La dota perfino del primo osservatorio astronomico fondato in terra musulmana. La componente turca della popolazione della fascia irrigua si incrementa e il ciagataico cresce di statura con le opere del grande poeta Ališer Navoy.

A questo punto, è necessario riferirsi all'origine del popolo usbecco, che avviene, paradossalmente, fuori dalla fascia delle oasi, nell'ambito del regno dell'Orda d'oro, ripristinato dopo la morte di Tamerlano ma sempre più debole e vittima di scissioni interne. Nel 1428, il khan della parte asiatica più settentrionale di questo regno, Abulkhair, si rende indipendente: il suo territorio si estende nella steppa tra la Siberia e la fascia delle oasi e confina con l'Europa. Il suo popolo conta 83 tribù.

Pur discendendo da Šiban, il fratellastro di Batü cui era stata assegnata in feudo una porzione della parte asiatica del regno, Abulkhair, a giudicare dal nome assunto dai suoi sudditi, si rifà scopertamente a Özbek, il settimo khan dell'Orda d'oro, un discendente di Batü che ha avuto il merito di convertire all'Islam i tartari non ancora islamizzati del regno. I sudditi di Abulkhair assumono infatti con fierezza il nome di *özbek* (plurale *özbekler*), cioè di "usbecchi". *Öz bek* significa, del resto, "signore di se stesso" e vale anche come viatico.

Gli usbecchi conquistano in breve tempo tutta la steppa appartenente al vecchio regno di Čaghatay. Nel 1465, subiscono una secessione: alcune tribù si distaccano dal grosso dell'orda usbecca e si dirigono verso il lago Balkhaš. Durante il loro cammino assorbono le numerose tribù turcofone sparse per la grande steppa. Questa nuova formazione politica, che si vanta del proprio essere nomade, assume il nome di *qazaq* (plurale *qazaqlar*) che significa "fuggiasco, vagabondo, avventuriero". Da essa nasce la nazione casaca.

Nel 1480, gli usbecchi subiscono una nuova secessione. Alcune loro tribù settentrionali si impossessano della Siberia occidentale, dove istituiscono il khanato indipendente di Sibir (località destinata a dare il suo nome a tutta una vastissima regione progressivamente e rapidamente incorporata dai russi nel loro impero).

Il resto degli usbecchi, al comando di Muhammad Šibani, decide di conquistare la fascia delle oasi. Occupa di slancio, nel 1500, la Coresmia, Bukhoro e Samarcanda. Nel 1503, occupa anche la Fergana. Poi scende, attraverso il deserto turkmeno, verso la Persia. Conquista il Khorosan, sottraendolo alla debole dinastia timuride.

Intanto, all'estremità opposta della Persia, risorge l'impero sassanide ad opera dei safavidi, che sono di origine turca ma divengono volontariamente gli alfieri della nazione iranica e scelgono deliberatamente, quale fede "nazionale", lo sciismo, cioè l'Islam "protestante" che si oppone da secoli al predominio anche politico dell'ortodossia califfale. Sono bastian contrari davvero a tutto tondo.

Il nuovo impero persiano, che strappa agevolmente ai turcomanni e ai timuridi tutta la Persia storica, si trova incastrato in mezzo a due nuove potenze turche: a ovest, l'impero ottomano e, a est, il dominio usbecco. I persiani attaccano, per prima cosa, gli usbecchi. Riconquistano il Khorasan e infliggono a Merv, nel 1510, una grave sconfitta all'esercito usbecco. Nella battaglia muore lo stesso Muhammad Šibani, il conquistatore della fascia irrigua: il "padre della patria" usbecca.

Meno fortunati appaiono i safavidi sul fronte occidentale. Gli ottomani li sconfiggono, infatti, nel 1514, a Čaldiran, sottraendo loro l'Azerbaijan e la Mesopotamia. Nel 1528, i safavidi tornano in forze in Asia centrale e sconfiggono di nuovo gli usbecchi. Questa volta, conquistano la Battriana e la Sogdiana e le inseriscono nel loro impero. Nel 1557, però, gli usbecchi riconquistano Bukhoro e, nel 1558, Samarcanda. Oltre alla Sogdiana, anche buona parte della Battriana ritorna usbecca. Molti tartari della regione del medio Volga (residui europei dell'Orda d'oro) fuggono dal loro khanato, caduto in mano allo zar nel 1552, e si rifugiano nella fascia delle oasi, presso i cugini e correligionari usbecchi, dove esercitano il grande commercio e il piccolo credito, raccogliendosi in comunità simili a quelle ebraiche della diaspora.

Nel 1559, si estingue la dinastia abulkhairide. Il trono usbecco passa ai gianidi, la dinastia tartara di Astrakhan' (altro residuo europeo dell'Orda d'oro), fuggita in Asia centrale al momento della conquista russa (1556). Il nuovo sovrano trasferisce la capitale da Samarcanda a Bukhoro. Nel 1582, gli usbecchi si annettono la Coresmia e la Fergana, con le antiche città di Urgenç e di Toškent (Taškent).

Gli usbecchi e i russi

La situazione etnica dello Stato usbecco è assai ingarbugliata. Per prima cosa va detto che gli usbecchi veri e propri, pur essendo pochi di numero, fungono da catalizzatori di tutti i turchi insediatisi a più riprese nella fascia delle oasi e nei territori circostanti. La loro lingua quotidiana è del resto quella dei tartari, portata nella regione due secoli prima, e non fanno fatica ad adottare anch'essi il ciagataico, che ne è una forma di cultura. Trasmettono così il loro nome etnico a tutta la componente turca della regione. La nazione usbecca è ormai sorta nonostante debba coabitare con quella tagicca, che raccoglie la superstite componente autoctona iranica.

In Coresmia gli usbecchi costituiscono ormai la massa della popolazione; nella Sogdiana, nella Fergana e nella Battriana resiste invece assai bene la vecchia componente iranica. La differenza è ormai relativa soltanto al linguaggio quotidiano.

In quanto alla lingua di cultura, sia gli usbecchi sia i tagicchi usano alternativamente tanto il ciagataico quanto il dari e la loro cultura è ormai la stessa. Un numero sempre maggiore di tagicchi però si turchizza, nel senso che passa all'uso dell'idioma turco anche tra le pareti domestiche.

Dal punto di vista della composizione sociale, si può dire che usbecche sono la dinastia, l'aristocrazia, la casta militare e una porzione modesta anche se sempre più rilevante dei contadini e dei mercanti nonché, ovviamente, i pastori nomadi e i seminomadi. La burocrazia, il "clero" musulmano, la classe degli artigiani e la maggioranza dei contadini e dei mercanti, sono invece tagicchi. Così come qualche nobile (bey).

L'economia della fascia delle oasi si basa, principalmente, sull'agricoltura: riso, grano, frutta, ortaggi, tè, cotone. Ad essa è strettamente collegato l'allevamento (ovini, caprini, equini, camelidi, bovini e piccoli animali). Di grande rilievo appaiono la sericoltura e l'artigianato manifatturiero, per non parlare della dimensione mercantile: la regione rifornisce la Russia di cotone e di seta.

L'agricoltura è, comunque, la base dell'economia e della società. La canalizzazione, capillare e antichissima, le permette di essere intensiva. Ciò dipende però dalla buona volontà di chi amministra la rete idrica, che è lo Stato (cioè la dinastia usbecca), provvedendo alla sua efficienza. Le terre irrigue sono in parte di proprietà dello Stato medesimo, in parte costituiscono la manomorta ecclesiastica, che serve per il mantenimento del "clero" e dei poveri, e in parte sono proprietà privata dei *bey* (l'"aristocrazia"). Vengono però tutte affittate, oppure concesse in mezzadria, ai contadini, i *deqkani*, che risultano una classe spesso sfruttata e quasi sempre frustrata.

In mezzo a questa campagna fertilissima, sorgono numerose e popolose città: addirittura una cinquantina. Samarcanda supera i 50.000 abitanti, Bukhoro e Toškent i 20.000. Nelle città, gli artigiani e i mercanti sono organizzati in corporazioni.

Quello che taluno chiama l'"impero usbecco", non riesce tuttavia a mantenere a lungo la propria unità politica. Nel 1620, il khan di Urgenç deve abbandonare la città per una catastrofe naturale. Si trasferisce più a sud, a Khiva, e proclama il suo territorio indipendente da Bukhoro. Nel 1710, anche la Fergana si sottrae alla sovranità di Bukhoro. Il suo khan, Sarukh, si insedia nella città di Kokand e si dichiara anch'egli indipendente. Ciò che resta dello Stato usbecco, in pratica la Sogdiana con una parte della Battriana, diventa così il khanato di Bukhoro. Un khan di Khiva, Abulghazi Bahadur, scrive intanto una celebre storia dell'Asia centrale intitolata "L'albero dei turchi".

Nel 1740, lo scià persiano Nadir attacca di nuovo gli Stati usbecchi e occupa Khiva e Bukhoro. Sette anni dopo, il suo luogotenente Ahmad Khan gli si ribella e gli sottrae tutta la Persia orientale (l'Afghanistan). Khiva e Bukhoro ritornano indipendenti ma la maggioranza degli usbecchi e dei tagicchi della Battriana si trova inserita nell'Afghanistan. La Serindia cade intanto sotto la sovranità cinese.

A partire dal 1783, una nuova ondata di commercianti tartari del medio Volga si stabilisce negli Stati usbecchi. Questa volta non si tratta di profughi: Caterina II ha infatti legalizzato l'Islam russo e si serve di questi suoi sudditi musulmani per incrementare i traffici con l'Asia centrale e, attraverso questa regione, con la Cina e con l'India.

Il khanato di Kokand, che è rimasto indenne dall'invasione persiana, si mostra, in questo periodo, il più vitale tra gli Stati usbecchi. Nel 1800, riconquista la valle del Čirčik con Toškent (la "città di pietra"), che era stata conquistata dai casachi e, nel 1840, riesce a compiere l'annessione della steppa a sud del lago Balkhaš, popolata da nomadi casachi, e a estendere la sua influenza nella montagna chirghisa del Tianšan.

Il khan di Kokand appoggia alacremente le rivolte che la popolazione turca dell'antica Serindia compie periodicamente contro l'autorità cinese. È, insomma, in sovrano espansionista. Purtroppo, non si accorge che un altro espansionismo, assai più pericoloso ed efficiente del suo, è all'opera da qualche tempo in Asia centrale: si tratta dell'imperialismo russo, che ha progressivamente inghiottito tutta la grande steppa casaca.

Nel 1839, i russi penetrano nel khanato di Khiva ma, sorpresi da un inverno rigidissimo, si ritirano, decimati dalla stagione inclemente e imprevista. Nel 1855 attraversano il

Sir-daryo e si annettono la steppa del Qizilkum, sottraendola alla sovranità khivana e bukhariota. Nel 1864, scendendo dalla Siberia, si annettono il Tianšan occidentale, la patria dei chirghisi, sottraendolo alla blanda sovranità cinese. Sempre nel 1864, i russi invadono, dalla steppa, il khanato di Kokand. Fanno così il loro ingresso nella fascia delle oasi. Un altro inverno terribile li costringe ancora una volta a ritirarsi. Ma il khan di Kokand, terrorizzato per un loro eventuale ritorno, si dichiara, nel 1868, vassallo dello zar, sperando così di mantenere il khanato.

Nel 1868, i russi invadono l'emirato di Bukhoro (nel 1785, il khan di Bukhoro si era promosso "emiro") e occupano Samarcanda. L'emiro cede la città allo zar e chiede l'onore di divenire suo vassallo. Nel 1873, i russi si rivolgono di nuovo contro Khiva e, questa volta, ne conquistano il territorio. Il khan fugge ma viene catturato dagli invasori che lo costringono a tornare sul trono con l'obbligo di dichiararsi loro vassallo.

Nel 1874, i kokandiani si ribellano in armi al loro khan, che accusano di essere un succubo imbelle dei russi ma anche un despota crudele e un rapace sfruttatore del suo popolo: lo spodestano e lo costringono alla fuga. I russi approfittano dell'occasione e tornano nel khanato per "pacificarlo". Hanno presto ragione dei ribelli e incorporano direttamente il khanato nell'impero zarista. L'11 luglio del 1876, nasce così il governatorato militare del Turkestan ("paese turco" in dari: in ciagataico, *Türkistan*), suddiviso in province: Fergana (l'ex khanato di Kokand); Samarcanda: Sir-darya (il Qizilkum).

Nel 1881 i russi si annettono anche la steppa turkmena che diventa così la quarta provincia del Turkestan, con il nome di Transcaspia. Scorporano intanto la steppa del Balkhaš dalla Fergana e creano la quinta provincia turchestana, che chiamano Semirecia ("terra dei sette fiumi") e assorbe anche il Tianšan occidentale.

Anziché insediare propri coloni, come era avvenuto nella grande steppa, i russi "suggeriscono" agli indigeni del Turkestan un cambiamento di coltivazioni: l'industria tessile dell'impero ha infatti un grande bisogno di cotone. La produzione di questa fibra tessile è inoltre estremamente remunerativa, abbisogna di scarsa manodopera e può essere estesa ad aree relativamente poco irrigate. Gli indigeni abboccano al suggerimento, sedotti dagli alti prezzi che riescono a strappare, e riducono drasticamente la coltivazione dei cereali, degli ortaggi e della frutta, fino ad allora prevalente, riconvertendo molti dei loro campi a quella del cotone.

Ciò provoca, in breve tempo, una catastrofe: vengono progressivamente a mancare i tradizionali beni di sussistenza e comincia una costosa importazione di riso, di grano e di prodotti alimentari dalla Russia; l'oscillazione dei prezzi internazionali e la superproduzione del cotone ne rendono la coltivazione sempre meno remunerativa per gli indigeni, che cominciano a ritenersi vittime dei loto astuti colonizzatori cristiani.

Il governatorato del Turkestan è, del resto, una vera e propria provincia coloniale: gli indigeni sono sudditi dello zar ma non cittadini. Pagano tributi pesanti ma conservano i loro usi e costumi, le loro lingue, le loro scuole coraniche e i loro tribunali islamici. Sono esenti dal servizio militare ma vengono sottoposti a un ulteriore tributo per questa esenzione. I russi si insediano nel paese in numero modesto: militari, poliziotti, tecnici, tipografi, addetti ai servizi. Costituiscono una società separata e fungono da controllori benevoli delle cinque provincie. Tolgono tuttavia ai tartari il monopolio del grande commercio con la Russia e lo gestiscono direttamente. Assai più imponente è la loto presenza nella Semirecia dove si trasferiscono numerosi coloni che vi impiantano estese fattorie sottraendo parte dei pascoli ai nomadi indigeni. La loro presenza non è però gradita agli indigeni nemmeno nella fascia delle oasi, dove pire appare tanto modesta quanto discreta. Un'epidemia di colera, scoppiata a Toškent nel 1892, provoca una rivolta guidata dal "clero" musulmano che imputa l'epidemia ai russi stessi: un messo scelto dagli infedeli per sterminare i veri credenti.

Gli usbecchi (come i tagicchi) si trovano divisi e sottoposti a quattro diverse sovranità: quella russa nel Turkestan, quella afghana in Battriana e quelle indigene all'interno dei protettorati di Khiva e di Bukhoro. Una commissione mista anglo-russa definisce, nel 1895, i confini tra l'emirato di Bukhoro e l'Afghanistan. Il fiume Panji (l'alto costo dell'Omu-daryo) diviene ufficialmente la linea di frontiera e molti usbecchi sono definitivamente incorporati nelle terre afghane, dove popolano compattamente la regione di Mazar-i Šarif.

Il censimento russo del 1897 mostra il grande sviluppo urbano della fascia irrigua: almeno venti città ormai superano i 10.000 abitanti: Toškent ne ha 80.000, Samarcanda 60.000. Le città minori e i villaggi sono moltissimi. La campagna è dunque, oltre che fertilissima, assai popolosa, nonostante la steppa che la circonda e la morsa dei due deserti (il rosso e il nero).

Rivolte e rivoluzioni

Le confraternite sufi si impegnano in una vasta campagna sotterranea di mobilitazione delle coscienze musulmane contro i dominatori russi. Uno sceicco della Fergana, Muhammad Ali Khalfa, detto Išan Madali, proclama addirittura la "guerra santa". Il 18 maggio 1898, duemila musulmani infuriati attaccano di sorpresa una caserma russa a Andižon (Andižan), uccidendo 22 militari. I russi rispondono con un fuoco micidiale: disperdono gli insorti e ne catturano 546. Ne condannano a morte 18, tra cui Išan Madali, che viene fucilato il 13 luglio: un martire musulmano e usbecco che accende di sdegno la fantasia popolare.

La Russia europea si collega, intanto, più agevolmente e più rapidamente con la sua colonia centro-asiatica. Nel 1896 viene infatti inaugurata la ferrovia transcaspica che va da Krasnovodsk, sul Caspio, di fronte a Baku, a Toškent: la Transcaspia è finalmente collegata al resto del Turkestan attraverso l'emirato di Bukhoro. Nel 1904, è inaugurata anche la ferrovia transaralica che attraversa la grande steppa unendo Toškent e Orenburg.

L'opposizione musulmana compie intanto un salto di qualità. Si impianta, nella regione delle oasi e nella grande steppa, il movimento giadidista con le sue scuole e la sua opzione panturchista. Il merito è delle ricche comunità tartare della diaspora. Il giadidismo attecchisce nel Turkestan, ma soprattutto a Khiva e a Bukhoro, dove i tartari godono di un ruolo economico e sociale più rilevante che non nel governatorato limitrofo, nel quale sono stati sostituiti dai russi nella redditizia gestione del grande commercio con la Russia. Le scuole giadidiste allevano una nuova generazione di indigeni centro-asiatici creando le basi per la loro politicizzazione.

La rivoluzione russa del 1905 libera le latenti energie politiche musulmane. Nel 1906 avviene la fondazione di un partito politico, la Ittifak al-Muslimin (Unione dei musulmani), che rivendica c'autonomia culturale di tutti i musulmani russi e la trasformazione in senso democratico dell'impero. Trenta deputati musulmani sono eletti alla duma del 1907, e, tra di essi, figurano sei notabili turchestani: una nuova legge elettorale, escogitata dallo zar per rendere la duma più addomesticabile, priva però gli indigeni turchestani del diritto di rappresentanza e di voto con la scusa che si tratta di sudditi "coloniali" (non prestano infatti servizio militare).

Il campo politico musulmano si divide presto in tre settori: quello presidiato dall'Ittifak, che vuole la trasformazione liberale dello Stato russo senza attentare alla sua unità e si dichiara leale nei confronti dello zar; la sinistra giadidista e panturchista che vuole invece una rivoluzione in senso autonomistico, federalista e repubblicano della Russia e guarda con simpatia all'impero ottomano, dove i turchi sono in posizione egemonica e dirigono lo Stato; l'Islam tradizionalista, guidato dal "clero" più retrivo, che teme la politicizzazione dei musulmani e preme per la conservazione dello status quo.

La sinistra giadidista prepara, in Asia centrale, la nascita di alcuni partiti: lo Šura-i Islam (consiglio dell'Islam) nel Turkestan, la Giova Bukhoro e la Giovane Khiva nei due protettorati. Questi partiti saranno progressisti e panturchisti: invocheranno l'autonomia per i singoli popoli turchi dell'impero e la trasformazione in senso democratico dei paesi nei quali si trovano ad operare. Nei protettorati, si schiereranno soprattutto contro i governi dell'emiro e del khan, tacciati di assolutismo feudale.

Nel 1914, con lo scoppio della grande guerra, la Russia e l'impero ottomano si affrontano in armi. La sinistra musulmana è filo-ottomana e i suoi dirigenti vengono incarcerati. I turkestani sono comunque esentati dal servizio militare. I bukharioti e i khivani, poi, non fanno nemmeno parte dell'impero zarista. La guerra potrebbe non interessare la grande maggioranza degli indigeni centro-asiatici se non per una nuova imposta che lo zar affibbia agli indigeni, quale contributo allo sforzo bellico, e per la requisizione di cavalli, di cammelli, di carri e di derrate. Emissari dell'Ittifak percorrono intanto l'Asia centrale in cerca di volontari da offrire allo zar che, in occasione della guerra, ha offerto l'autonomia i popoli dell'impero in cambio del loro convinto appoggio militare. Ma non riscuotono nessun successo.

Gli eventi bellici si mettono male per l'esercito russo, non tanto nei confronti delle truppe ottomani, quanto sui fronti dove si contrappone agli eserciti degli imperi centrali. Il 28 giugno 1916, lo zar ordina la mobilitazione degli indigeni dell'Asia centrale: non ha alcuna intenzione di farli combattere ma ne ha bisogno come ausiliari nelle immediate retrovie del fronte. Gli indigeni si indignano: hanno pagato una tassa proprio per non essere richiamati alle armi.

Il 4 luglio, un gruppo di musulmani inferociti attacca il posto di polizia di Khojent. L'assalto non ha successo e i musulmani lasciano sul terreno tre morti. In altri villaggi, la fortuna arride invece agli insorti che riescono a distruggere molte liste di coscrizione. I musulmani attaccano addirittura, sia pure senza successo, il municipio di Toškent: l'assalto si conclude con 11 morti tra gli indigeni e uno tra i russi. Tutti i villaggi della Fergana insorgono alla notizia del massacro.

Il 13 luglio, a Jizakh, vicino a Samarcanda, gli insorti uccidono 5 russi lasciando sul terreno 11 morti: riescono però a distruggere la stazione ferroviaria e a interrompere le linee telefoniche. Per rappresaglia, i soldati russi distruggono tutti i villaggi intorno a Jizakh per un raggio di 15 verste, uccidendo più di 1000 musulmani. La situazione si fa incandescente. I russi, anziché fruire dell'ausilio militare degli indigeni centro asiatici, sono costretti a distrarre truppe dal fronte per affrontarne la ribellione.

Pietrogrado invia allora nel Turkestan il generale Kuropatkin col compito di pacificare il governatorato senza ulteriori spargimenti di sangue. Kuropatkin dimostra grandi doti diplomatiche. Convoca i dignitari islamici e i capi-villaggio, si adopera per rassicurarli e ottiene, in settembre, una tregua.

Proprio quando la fascia delle oasi può considerarsi pacificata, insorge la grande steppa. Mentre la rivolta della grande steppa assume una dimensione catastrofica, avviene la "rivoluzione di febbraio". Lo zar abdica e il potere passa l governo provvisorio della duma. Viene convocato un congresso musulmano panrusso, che si apre a Mosca il 1° maggio. Il congresso approva alcune risoluzioni che prevedono la trasformazione della Russia in repubblica federale, l'istituzione di repubbliche autonome nazionali per i diversi popoli musulmani e l'adozione dell'*osmanli dil*, la lingua ufficiale dell'impero ottomano, che è la lingua turca più moderna e più prestigiosa (e allo stesso tempo appare "neutrale" nei confronti delle diverse lingue turche fruite in Russia) quale lingua ufficiale di queste nuove repubbliche autonome. Sono tutte risoluzioni che restano sulla carta.

La "rivoluzione d'ottobre" mescola ancora di più le carte. Pochi giorni dopo la rivoluzione, Lenin e Stalin rivolgono un appello "a tutti i lavoratori musulmani di Russia" invitandoli "a costruire liberamente la loro vita nazionale" promettendo che le loro "usanze, credenze e istituzioni" sarebbero rimaste "libere e inviolabili sotto la protezione della rivoluzione". Ma i bolscevichi presenti in Asia centrale sono tutti russi o comunque europei.

Bolscevichi e basmači

Il 12 novembre, a Toškent, i residenti russi (impiegati, tipografi, ferrovieri, soldati) formano un soviet, che estende il suo potere a Samarcanda e ad altre città e aderisce al nuovo governo rivoluzionario di Pietrogrado. Nessun musulmano viene cooptato nel soviet, il quale motiva questa esclusione inammissibile e contraria alla politica leninista con "la completa incertezza per quanto riguarda l'atteggiamento della popolazione locale nei confronti del potere del soviet" e con "l'assenza, in seno alla popolazione locale, di organizzazioni proletarie di classe". Lo Šura-i Islam si da allora promotore di una vasta intesa di tutti i musulmani del Turkestan, compresi i tradizionalisti, che prende il nome di Milli Merkes (Centro nazionale) e convoca, l'11 dicembre, a Kokand, un congresso musulmano regionale. Il congresso dichiara la volontà della popolazione del Turkestan di giungere all'autodeterminazione "in conformità con i principi proclamati della grande rivoluzione russa" e chiede al soviet di Toškent che la metà delle cariche siano riservate agli indigeni (che sono il 90% della popolazione). Il poeta usbecco Fitrat fonda intanto la Caghatay gurungu (Società ciagataica), per la conservazione e lo sviluppo dell'eredità comune dei popoli turchi dell'Asia centrale". Lenin, da Pietrogrado, strizza l'occhio ai musulmani. Fa restituire loro, ai primi di dicembre, il prezioso Corano di Uthman, che lo zar aveva "trafugato" a Samarcanda e donato alla Biblioteca nazionale della capitale. Il Corano viene portato a Toškent e restituito ma il soviet di Toškent non capisce il significato politico di questo gesto nei confronti degli indigeni. Respinge addirittura la proposta del congresso musulmano per una spartizione del potere al 50%.

Il 13 dicembre, anniversario della nascita di Maometto, il Milli Merkes proclama allora, a Kokand, l'istituzione della Repubblica autonoma del Turkestan. Lo stesso giorno, a Orenburg, anche i casachi dell'Alaš-orda proclamano la loro repubblica autonoma nel territorio della grande steppa. Capo del governo autonomo turchestano viene nominato Mustafa Čokaev, che è un casaco della Semirecia di provata fede giadidista. I due poteri (soviet e governo autonomo) sono territorialmente intrecciati. Nella stessa Kokand, capitale della Repubblica autonoma. Soltanto la città vecchia è in mano al governo di Čokaev mentre la periferia e la fortezza sono occupate dalle guardie rosse (e russe) del soviet di Toškent. A parte le città principali, comunque, la maggioranza del territorio turchestano è controllata dagli autonomisti musulmani.

Il 13 dicembre, al momento della proclamazione dell'autonomia, la popolazione di Toškent insorge contro il soviet, assalta le prigioni e libera i detenuti politici. La reazione bolscevica è durissima e riporta l'ordine nella città. Il numero delle vittime non è noto ma è sicuramente altissimo. Il 19 gennaio 1918, il piccolo esercito approntato dal governo autonomo musulmano assale la fortezza di Kokand ma viene respinto. Le guardie rosse si muovono allora da Toškent e, dopo un lungo cannoneggiamento, occupano la città il 6 febbraio. Le vittime sono 14.000: una ecatombe. L'autonomia turchestana è durata meno di due mesi.

Mentre Čokaev fugge nella steppa casaca, Irgaš Bey, che è il comandante delle forze armate del governo autonomo, si rifugia in un villaggio vicino a Kokand e, spalleggiato dai dignitari dell'Islam, proclama la "guerra santa". Nasce così il movimento guerrigliero dei *basmači* ("calzatori di sandali", a indicare la sommarietà del loro equipaggiamento), composto in maggioranza da usbecchi.

I musulmani russi mostrano una grande difformità di atteggiamento nei confronti del potere sovietico. Un gruppo di tartari del Volga si fa addirittura bolscevico e dirige, all'interno del commissariato del popolo per le questioni delle nazionalità (il ministero diretto da Stalin), uno speciale commissariato centrale musulmano. Una parte degli autonomisti musulmani, quelli che hanno dato origine alle repubbliche indigene, come i casachi e i baschiri, si schiera invece al fianco dei controrivoluzionari. La guerra civile che si combatte nell'area del Volga-Ural e in Siberia isola completamente l'Asia centrale che perde così ogni contatto con il governo e il Partito sovietici.

Nei due protettorati di Khiva e di Bukhoro, la situazione è ancora diversa. Il partito della Giovane Bukhoro, al momento della rivoluzione russa di febbraio, aveva costretto l'emiro a promettere una Costituzione. Già nel marzo, una sollevazione popolare pilotata dai dignitari dell'Islam tradizionalista aveva però convinto l'emiro a ritirare la promessa e a compiere un vero e proprio massacro di Giovani bukharioti. Un gruppo di scampati al massacro, guidato da Faizullah Khodžaev, un ricco mercante usbecco di fede giadidista, si era allora rifugiato nel Turkestan russo.

Al momento della proclamazione della Repubblica autonoma turchestana, Khodžaev aveva chiesto al governo di Kokand un aiuto militare. Ricevutane una risposta negativa, il gruppo dei rifugiati politici bukharioti si era trasferito a Toškent, dove aveva rinnovato la richiesta al soviet, ricevendone questa volta una risposta affermativa.

Dopo aver distrutto l'autonomia di Kokand, le guardie rosse del soviet di Toškent decidono così di invadere Bukhoro ma vengono subito ricacciate dall'esercito dell'emiro. Il 25 marzo 1918, il soviet di Toškent è costretto a firmare un trattato di pace col quale riconosce la piena indipendenza dell'emirato.

I bolscevichi di Toškent, che sono tutti russi, riconoscono nell'occasione l'esistenza di musulmani che possono essere loro "compagni di strada": i Giovani bukharioti ne hanno fornito un esempio. Attenuano di conseguenza il "razzismo proletario" che li aveva fino allora ispirati. Dichiarano, il 30 aprile, la Repubblica sovietica autonoma del Turkestan e ammettono alcuni indigeni nel governo e nel Partito. Non sono, purtroppo, in contatto con le autorità centrali bolsceviche che stanno giocando con ben altro vigore la carta musulmana nelle altre zone dell'ex impero.

La guerriglia dei basmači si è intanto estesa a tutta la Fergana e alla provincia di Samarcanda. La sua azione di disturbo, i suoi attacchi alle installazioni e i suoi agguati ai convogli sono micidiali e continui. Perfino i residenti russi di fede controrivoluzionaria formano alcune unità militari che combattono accanto ai basmači.

In un Turkestan sempre più isolato, i basmači sono già in grado, all'inizio del 1919, di schierare 20.000 combattenti, divisi in una quarantina di gruppi operativi. Il maggiore è quello comandato dall'usbecco Madamin (Muhammad Amin) Bek.

Il 29 agosto, i basmači sferrano una massiccia offensiva e occupano le città di Andižon, di Oš e di Jalalabad (in Fergana). Il governo bolscevico di Toškent non riesce a reagire militarmente all'offensiva se non in settembre, quando riconquista le città perdute. Venuto a conoscenza delle rivalità esistenti tra i vari capi della guerriglia, offre una amnistia con la promessa di incorporare nell'Armata rossa tutti i basmači che lo chiederanno.

Ben 5000 guerriglieri aderiscono all'offerta sovietica. Madamin Bek la rifiuta ma viene sconfitto più volte dai suoi ex commilitoni passati nell'Armata rossa. Il 5 marzo del 1920, chiederà anche lui l'amnistia e passerà dalla parte dei bolscevichi. Poi diserterà e tornerà coi basmači.

Intanto, un accordo tra bolscevichi e autonomisti musulmani era avvenuto in altre aree dell'Islam sovietico. Già il 23 marzo 1919, la Repubblica autonoma baschira, offesa dallo sciovinismo russo dei controrivoluzionari, era passata dalla parte dei soviet, trasformandosi in repubblica sovietica autonoma. Nel marzo del 1919, anche i casachi, con la mediazione di Čokaev, l'ex capo del governo di Kokand, avevano ottenuto il riconoscimento al loro diritto all'autodeterminazione da parte dei bolscevichi, in cambio dell'abbandono di ogni appoggio ai controrivoluzionari.

La "patria" turca

Nell'autunno del 1919, le comunicazioni tra la Russia sovietica e l'Asia centrale vengono ripristinate dopo la lunga interruzione dovuta alla guerra civile. Lenin è indignato con i comunisti turchestani per la loro incapacità a comprendere le esigenze delle popolazioni musulmane. Invia nel Turkestan una commissione (la *Turkommissija*) guidata da Mikhail Frunze, che è un militare fidato ed è nato in Kyrgyzstan. Frunze è latore di una lettera di Lenin ai comunisti di Toškent che vengono seccamente esortati a "instaurare relazioni cameratesche coi popoli del Turkestan" e a "dimostrare nei fatti la sincera volontà di estirpare ogni traccia di imperialismo russo" nel paese.

Gli esiti della lettera non si fanno aspettare. Il Partito e il governo turchestano si rimpinzano di musulmani: in pratica, tutto il movimento giadidista-panturchista viene cooptato, senza badare troppo per il sottile, all'interno del potere sovietico locale. I bolscevichi russi vengono sostituiti da questi "nuovi comunisti", il maggiore esponente dei quali è Turar Ryskulov, un casaco della Semirecia così come Čokaev. Ryskulov è, allo stesso tempo, un estremista comunista e un estremista panturchista.

Come comunista intransigente, si mette a espropriare le terre dei bey e del clero islamico e a distribuirle in proprietà ai deqkani. Questa espropriazione è tuttavia limitata, abborracciata e casuale. Allo stesso tempo, Ryskulov si dimostra un panturchista radicale. Apre infatti alcune scuole pubbliche nelle quali vengono insegnate le origini e la storia dei popoli turchi.

Nel gennaio del 1920, Ryskulov cambia addirittura denominazione alla Repubblica autonoma: non più "turchestana" ma "turca" tout court. Anticipa così di quasi quattro anni la mossa dell'ottomano Mustafa Kemal nell'assumere, per una parte del mondo turco, il nome del tutto (ciò che resta dello stato ottomano diverrà infatti, nell'ottobre del 1923, "Repubblica turca" tout court). Si augura in questo modo di proporre il suo paese quale credibile centro di raccolta di tutti i turchi, siano essi cittadini russi, cinesi oppure ottomani, sotto l'egida del "socialismo". Così facendo, scontenta però i tagicchi, che turchi non sono, e trascura la diffidenza che esiste tra usbecchi, casachi e chirghisi nonché l'antagonismo ormai storico tra usbecchi e turkmeni.

Il suo è, inoltre, un comunismo così integralista da allarmare i musulmani scontentando perfino quei pochi deqkani ai quali ha distribuito la terra ma ai quali sottrae i raccolti secondo le regole del "comunismo di guerra".

Intanto, il 1° febbraio, i giadidisti insorgono a Khiva e uccidono il khan. La Giovane Khiva proclama la Repubblica popolare sovietica di Coresmia, riprendendo il nome storico del paese. Il nuovo Stato diventa un protettorato sovietico e regola i suoi rapporti con la Russia bolscevica mediante un trattato internazionale.

Ryskulov, con il suo estremismo esagitato, irrita invece

Mosca che, il 19 luglio, lo sconfessa e lo scaccia. La repubblica autonoma torna a chiamarsi "turchestana" e il panturchismo viene messo in soffitta.

In agosto, anche la Giovane Bukhoro decide di insorgere. L'Armata rossa corre al suo fianco. Il 2 settembre, Bukhoro è conquistata dagli insorti e dai soldati sovietici. L'emiro Said Alim fugge in Afghanistan e Faizullah Khodžaev proclama la Repubblica sovietica popolare di Bukhoro. Anche questa repubblica "indipendente" regola i suoi rapporti con la Russia sovietica con un trattato internazionale che viene garantito anche dall'Afghanistan.

In Coresmia avviene una rapida identificazione tra giadidismo e comunismo: la Giovane Khiva si scioglie e si trasforma in Partito Comunista Coresmio. A Bukhoro, la vita politica invece si complica. Khodžaev guida il governo e mantiene buoni rapporti con i bolscevichi russi. Ha dalla sua l'ala bolscevizzante del giadidismo locale. La maggioranza degli iscritti alla Giovane Bukhoro fa invece in modo che il partito rompa ufficialmente, già alla fine del settembre del 1920, con i bolscevichi e con Khodžaev. Si lamenta del laccio commerciale imposto da Mosca che strangolerebbe economicamente il paese (ai termini del trattato tra i due paesi, Mosca si occupa del commercio internazionale di Bukhoro) e protesta contro il "contingente limitato" dell'Armata rossa che staziona nel paese per "difenderlo" da attacchi esterni, e che considera una forza di occupazione.

La situazione è complicata dalla presenza a Bukhoro, a partire dal maggio, del leader panturchista baschiro Zeki Validov, che ha abbandonato la Baschiria per protesta contro l'"imperialismo sovietico" dei russi e ha deciso, caso al momento unico di transturchismo, di costruire una nuova realtà politica turca in Asia centrale. Ha fondato il partito dell'*Ittifak-i milli-i Turkestan* (Unione nazionale del Turkestan), che vuole, appunto, l'unione del Turkestan, di Bukhoro e della Coresmia in un nuovo Stato turco indipendente "non sovietico". Stabilisce, in ottobre, ottimi rapporti con la Giovane Bukhoro.

Un terzo raggruppamento politico è quello della componente legittimista, costituita dai fedeli dell'emiro, che si è ribellata e, tramite un esercito guerrigliero guidato da Ibrahim Bek, presidia tutta la parte montagnosa del paese e appare fortissima tra i tagicchi, preoccupati dal panturchismo usbecco, sia pure "soffice", di Khodžaev e da quello, assai più dichiarato, dell'opposizione giadidista.

Intanto, nel Turkestan, molti comunisti indigeni protestano per la loro emarginazione seguita alla caduta di Ryskulov. Al congresso dei popoli d'Oriente di Baku (ottobre 1920), convocato dal potere bolscevico per stipulare una alleanza epocale tra proletariato europeo e popoli coloniali, la loro protesta si fa sentire. Il delegato turchestano Narbutabekov sostiene pubblicamente che "né il compagno Zinov'ev né il compagno Lenin sanno come stanno veramente le cose nel Turkestan. Noi chiediamo l'applicazione dei principi di libertà, di uguaglianza e di fraternità, nella pratica e non soltanto sulla carta".

I basmači, al comando di un nuovo abilissimo capo guerrigliero, l'usbecco Kurširmat (Kurbaši Sir Muhammad) sono di nuovo un pericolo per il regime. In tutta questa situazione tanto critica quanto complessa, accade un evento in qualche modo straordinario. Lo stolido Lenin, dopo averne diffidato a lungo, spedisce a Bukhoro Enver Pascià, il comandante dell'esercito ottomano che, sconfitto in guerra e condannato a morte dal sultano, era fuggito in Russia offrendo i suoi servigi di panturchista improvvisamente folgorato dalla rivoluzione sovietica. Lenin crede che Enver sia il personaggio giusto per "pacificare" la regione convincendo i nazionalisti e i basmači a collaborare col regime.

Enver giunge a Bukhoro nell'ottobre del 1921 con un gruppo di ex ufficiali ottomani. La sua fama lo ha preceduto e la sua presenza galvanizza l'opposizione turco-musulmana. Enver volge immediatamente le spalle a Lenin. Prende contatto con Validov e dichiara la sua volontà di costruire uno Stato turco indipendente nell'Asia centrale.

La sua abilità è tale che riesce a porsi alla testa dei basmači turchestani di Kurširmat, dei legittimisti tagicchi di Ibrahim Bek e dei guerriglieri turkmeni di Junaid Khan. Forma un fronte armato antisovietico, una coraggiosa accozzaglia di giadidisti, di tradizionalisti musulmani, di avventurieri e di criminali comuni, alla guida del quale conquista in pratica tutta la fascia delle oasi escluse le maggiori città. Il 19 maggio 1922, Enver si considera ormai vincitore: gli inglesi gli hanno appena mandato 40.000 fucili dall'Afghanistan.

Enver invia intanto a Lenin un ultimatum col quale sollecita il riconoscimento del Grande Turkestan indipendente e gli concede 15 giorni per il ritiro di tutte le truppe sovietiche. Si firma come "comandante supremo degli eserciti di Bukhoro, della Coresmia e del Turkestan": non riesce proprio a rinunciare a quella megalomania che gli aveva dato, nell'impero ottomano, il soprannome di Napoleonik (Napoleonicchio).

L'8 agosto 1922, viene però attirato in una imboscata sul confine tra Bukhoro e l'Afghanistan e ucciso.

Le nuove patrie sovietiche

La morte di Enver Pascià porta lo scompiglio nelle file dei basmači. Il rinnovato impegno militare dell'Armata rossa e un appello alla pace lanciato dai dignitari islamici di Bukhoro, ormai stanchi del perdurare del conflitto, insieme ai positivi effetti prodotti dalla NEP, la "nuova politica economica" voluta da Lenin che interrompe il "comunismo di guerra" e dà un po' di tregua ai contadini stremati dalle requisizioni, hanno finalmente ragione della guerriglia. I basmači appaiono fiaccati (la loro rivolta si estinguerà infatti nel 1926).

La NEP, oltre che sul piano dell'economia, appare importante anche sul piano politico e sociale. Cessa infatti ogni persecuzione contro l'Islam. Le scuole e i tribunali coranici vengono ufficialmente riconosciuti. Le terre dei bey continuano, sia pure in maniera limitata, a venire assegnate ai deqkani ma quelle della manomorta ecclesiastica vengono rispettate e lasciate al godimento del "clero" e dei "poveri".

Il 30 dicembre 1922, nasce l'URSS. La RSSA turchestana, in quanto compresa nella RSFS russa, ne fa ovviamente parte. Coresmia e Bukhoro, in quanto repubbliche formalmente indipendenti, ne restano invece fuori: anche se, in pratica, essendo protettorati, ne sono in molti modi partecipi.

Nel settembre del 1924, cade anche questa finzione formale. Le due repubbliche "popolari" vengono sciolte, così come la RSSA turchestana. Comincia una riforma globale che muta il volto dell'Asia centrale sovietica. I tribunali musulmani vengono soppressi e il diritto sovietico sostituisce la *šariah*. Tutte le terre, escluse quelle di manomorta, vengono espropriate e assegnate ai deqkani. Contemporaneamente, viene ripristinata e potenziata la rete dei canali, danneggiata dalla guerriglia, e introdotto un nuovo regime delle acque che tiene conto della riforma agraria e delle necessità dei deqkani, cui vengono anche distribuiti aiuti in sementi e in denaro. La riforma viene compiuta in un paio d'anni e riceve l'approvazione degli autoctoni.

L'applicazione coerente del principio di nazionalità impone intanto una nuova divisione territoriale dell'Asia centrale, in accordo con la politica di "indigenizzazione" intrapresa in tutta l'URSS a partire dal 1923. Già nell'ottobre del 1924, con i territori prevalentemente popolati da usbecchi e appartenenti al Turkestan, alla Coresmia e a Bukhoro, viene istituita la RSSA usbecca, con capitale Samarcanda. Lo stesso criterio viene seguìto a proposito dei turkmeni e dei tagicchi, mentre per i chirghisi e per i caracalpacchi si istituiscono apposite regioni autonome, aggregate alla RSSA casaca, cui viene assegnata direttamente anche la provincia turchestana della Semirecia, privata del Tianšan chirghiso.

Essendo la popolazione territorialmente intrecciata, si cerca fin dove è possibile di seguire i confini etnici. Ciò accade soprattutto nella Fergana, che viene divisa secondo un disegno assai complicato, nell'intento di separare gli usbecchi dai tagicchi e dai chirghisi. Altrove ciò però non è possibile. Per esempio, le città di Bukhoro e di Samarcanda, che sono prevalentemente tagicche ma sorgono al centro di un territorio compattamente usbecco e sono lontane dal resto del territorio tagicco, vengono assegnate all'Uzbekistan. La RSSA usbecca nasce con una popolazione che supera di poco i 5.000.000 di abitanti, soltanto il 75% dei quali è usbecco. I russi vi sfiorano il 5%.

Una volta istituite territorialmente le nuove formazioni

politico-amministrative su base etnica, si decide di dotarle di proprie lingue standard. Per quanto riguarda l'Uzbekistan, viene però rifiutato il ciagataico in quanto lingua arcaica e fossilizzata, essenzialmente letteraria, impiegata dalle élites culturali e quasi ignota alla maggioranza della popolazione che parla idiomi locali. Al suo posto viene elevato al rango di lingua comune il dialetto usbecco settentrionale, che è il più lontano dal ciagataico e dagli altri dialetti usbecchi. Le ragioni di una scelta così poco funzionale sono soprattutto ideologiche: il ciagataico è considerato l'espressione della vecchia società feudale e teocratica che si vuole liquidare per sempre. Viene mantenuto comunque, per il nuovo usbecco, l'alfabeto arabo. Nella contigua Serindia (il cosiddetto Turkestan orientale), che è rimasta sotto la sovranità cinese e dove si usa ancora il ciagataico, i turchi autoctoni assumono l'antico nome di "uiguri" e i loro intellettuali, con l'aiuto sovietico, codificano la loro lingua popolare: l'uiguro. Ma questo nuovo uiguro è più vicino al nuovo usbecco che alla lingua degli uiguri del IX secolo.

La riforma linguistica, cui si oppongono i panturchisti (i quali vedono in essa la frammentazione consapevole di un mondo turco considerato astrattamente unitario) nonché i letterati, affezionati al glorioso ciagataico, riceve il fervido appoggio della sinistra indigena di estrazione giadidista, che si impegna atticamente per il suo successo.

La nuova lingua diventa lo strumento col quale avviene l'alfabetizzazione di massa del popolo usbecco. La situazione scolastica del territorio usbecco era, nel 1914, (a parte le scuole giadidiste) la seguente: 165 scuole coraniche le cui lingue di insegnamento erano il ciagataico, il dari e l'arabo, con 17.500 studenti. Nel 1926, quando le scuole coraniche e quelle giadidiste vengono abolite e sostituite dalla scuola pubblica, le scuole, di ogni ordine e grado, diventano 8.000, sono frequentate da ben 2.800.000 studenti e usano l'usbecco standardizzato. La nuova patria usbecca si costruisce così intorno a questa sua nuova lingua nazionale, nella quale si esprimono i giornali, i libri e la radio e che viene usata nei documenti ufficiali. Le minoranze nazionali sono tutelate da proprie scuole e fruiscono di giornali nella loro lingua.

Faizullah Khodžaev diventa il leader della RSSA usbecca. È ormai un politico abile e consumato e gode dell'appoggio incondizionato del Partito e di larga parte della popolazione indigena.

Nel 1925, l'Uzbekistan viene promossa RSS. Fa così parte in prima persona, come quinta repubblica sovrana, dell'URSS. La RSSA tagicca viene provvisoriamente aggregata alla RSS usbecca. Nel 1929 anche la Tajikistan e la Turkmenistan divengono RSS.

La regione autonoma caracalpacca, aggregata alla Kazakhstan e poi divenuta RSSA nel 1931, viene assegnata, nel 1936, all'Uzbekistan, nell'ambito della quale mantiene la propria autonomia. I caracalpacchi (*qaraqalpaqlar*: "berretti neri") sono un popolo seminomade di lingua turca, dall'etnogenesi misteriosa, incontrati dai casachi nella steppa che si estende attorno al lago d'Aral, nel XVI secolo. I casachi non riusciranno mai ad assorbirli anche se ne influenzeranno la lingua e i costumi. I caracalpacchi hanno così sempre goduto di una vasta autonomia sotto la guida dei loro khan, anche se nel XIX secolo erano divenuti sudditi russi. Nel 1924, anche la loro lingua, vicina al casaco, viene normalizzata e diventa un idioma scritto (coi caratteri arabi), reso ufficiale nella loro RSSA. Nel 1928, l'usbecco e le altre lingue turche dell'URSS passano all'uso dell'alfabeto latino, assai più adatto a notarne i suoni.

Morto Lenin, Stalin ripudia la NEP: il 27 dicembre 1929, decide la "collettivizzazione totale" in tutta l'Unione Sovietica. In Uzbekistan, questa collettivizzazione è essenzialmente rivolta all'agricoltura: vengono espropriate le terre della manomorta ecclesiastica ma anche, soprattutto, quelle precedentemente distribuite ai contadini, i quali vengono costretti ad associarsi nelle fattorie collettive, sia cooperative (*kolkhoz*), sia statali (*sovkhoz*). La propaganda di regime batte intanto con sempre maggiore vigore sul tasto antireligioso: l'Islam è, per il potere sovietico, soltanto un coacervo di superstizioni anacronistiche, indegne di un popolo che ha imboccato la strada luminosa del socialismo. I deqkani lavoravano, aveva dato loro un grande entusiasmo e aveva risolto molti problemi economici e sociali. Anche la chiusura di un buon numero di moschee, conseguenza del nuovo fervore antireligioso, li ferisce profondamente.

Il primo piano quinquennale sovietico (1928) assegna alla fascia delle oasi dell'Asia centrale il ruolo di produttore di cotone per tutta l'URSS. Questa scelta interessa soprattutto l'Uzbekistan. Il cotone usbecco è di ottima qualità: serve all'industria tessile sovietica e serve per l'esportazione: anche se venduto talvolta sotto costo sui mercati internazionali, procura valuta pregiata per l'industrializzazione dell'URSS.

Nel 1930, la capitale della RSS viene trasferita a Toškent, che è la città più popolosa ed è, soprattutto, abitata prevalentemente da usbecchi (Samarcanda e Bukhoro sono, invece, a maggioranza tagicca).

L'economia usbecca è ormai inserita in quella sovietica e non viene tenuto alcun conto delle ragioni di una sua crescita equilibrata. Nel 1914, i territori usbecchi producevano la metà del cotone russo: nei primi anni trenta, la RSS usbecca produce già i tre quarti del cotone sovietico. Ma deve importare grano e riso per sfamare i suoi abitanti. Il suo suolo è, insomma, consacrato alla monocoltura della preziosa fibra tessile. Il cotone usbecco non viene, ovviamente, lavorato in loco ma inviato allo stato grezzo alle fabbriche installate nelle repubbliche europee dell'URSS. Nel 1931, le linee ferroviarie transcaspica e transaralica vengono collegate, a questo scopo, con la transiberiana.

La riforma agraria e la monocoltura del cotone provocano l'immigrazione nel paese usbecco di un numero sempre maggiore di tecnici e di esperti russi. Comincia una certa "russificazione" linguistica e culturale. Nel 1933, il PCUS usbecco trova il coraggio di denunciare la "trasformazione del paese in una colonia cotoniera". Nel 1934, ha però inizio, anche in Asia centrale, il "grande terrore" staliniano e non è più il caso di protestare. Il grande terrore si rivolge in tre direzioni. L'Islam viene sottoposto a un intensificarsi della repressione: altre moschee vengono chiuse e cominciano i processi al "clero" per "parassitismo" e, poi, anche per "spionaggio in favore di potenze straniere". La seconda direzione presa dal terrorismo di Stato e quella che porta alla cultura indigena, ritenuta non ancora sufficientemente "socialista". I poeti Fitrat e Čulpan, colpevoli di prediligere il ciagataico e di continuare a usarlo, vengono addirittura fucilati nel 1937.

Ci si dedica infine alla distruzione fisica della vecchia ala bolscevica proveniente dal giadidismo. Questa sorte incredibile tocca addirittura a Khodžaev, fino ad allora ininterrottamente a capo del governo locale, il più fedele esecutore delle direttive di Stalin tra tutti i comunisti musulmani. Stalin lo accusa ingiustamente di guidare un "complotto nazionalista" e lo fa fucilare nel 1938 insieme al segretario del PC usbecco, Aqol Ikramov, e a tutti i quadri intermedi del partito.

Da Khodžaev a Rasidov

Una nuova classe dirigente indigena, totalmente succuba di Stalin, sale così al potere. Fervono intanto le grandi opere pubbliche: Stalin vuole cambiare il volto dell'Asia centrale.

Nel 1940, viene inaugurato il nuovo, immenso bacino idrico del Katta Kurgan, subito chiamato il "mare usbecco". Nuove terre, finalmente irrigate, sono così coltivate a cotone. Nonostante la sorda e diffusa opposizione musulmana, condotta nella clandestinità più assoluta dalle confraternite sufi, soprattutto dalla *naqšbandijah*, comincia ad apparire nel paese un nuovo sentimento nazionale talvolta in contrasto con quello religioso tradizionale: il riconoscimento della nazione usbecca e dei suoi diritti storici da parte del regime sovietico è ritenuto un merito dalla maggioranza della popolazione.

La lingua usbecca è oggetto, proprio nel 1940, di due riforme. Viene ricodificata di nuovo prendendo questa volta come base i dialetti meridionali, fitti di modi e di parole iraniche e relativamente vicini all'indimenticato ciagataico, che garantiscono una intercomprensione maggiore. Contemporaneamente, l'usbecco cambia ancora alfabeto e adotta i caratteri cirillici. Questa seconda trasformazione è imposta da Mosca che vuole, in questo modo, facilitare l'apprendimento del russo. Nell'occasione, si compie anche una certa ibridazione, a livello lessicale, tra le due lingue.

Lo scoppio della seconda guerra mondiale provoca il richiamo alle armi dei giovani usbecchi. Molti si imboscano nei villaggi e molti, appena giunti al fronte, disertano o si danno prigionieri ai tedeschi.

Stalin, ormai a malpartito sul piano militare (i tedeschi sono a pochi chilometri dal Cremlino di Mosca), gioca la carta del patriottismo russo. Il 4 settembre 1943, si accorda con la Chiesa russo-ortodossa, che ha mostrato chiari segni di amor patrio. Decide di tenere lo stesso comportamento con l'Islam domestico. Nascono così le quattro *nazarat* (direzioni spirituali) che rappresentano nei suoi confronti le comunità musulmane e alle quali è concessa la personalità giuridica in cambio della lealtà nei confronti del regime. La maggiore di queste è la nazarat dell'Asia centrale.

Questa nazarat viene fondata il 20 ottobre 1943. La sua sede è stabilita a Toškent e il suo presidente (*mufti*) assume spontaneamente il titolo di "grande mufti" anche se le quattro direzioni spirituali non hanno alcun rapporto tra loro e tutti i mufti sono uguali di fronte a Mosca.

La lingua ufficiale della nazarat di Toškent è l'usbecco, anche se la sua competenza si estende su cinque repubbliche federate: Uzbekistan, Kazakhstan, Kyrgyzstan, Turkmenistan e Tajikistan. L'importanza della "direzione spirituale" di Toškent, che deriva dall'estensione del territorio assegnatole e dal numero dei musulmani che vi risiedono, è sottolineata dal fatto che gestisce, dal 1945, l'unica scuola religiosa di tutta l'URSS, la *madrasa* Mir-i Arab di Bukhoro, dedicata alla formazione dei dignitari islamici di tutta l'URSS. Nel 1971, verrà aperta una seconda madrasa, la Imam Ismail al-Bukhari, a Toškent. Dal 1946, la nazarat di Toškent pubblica un trimestrale religioso ufficiale, in usbecco ma in caratteri arabi. In seguito, incrementerà le sue pubblicazioni con altre riviste e l'edizione periodica di un numero limitato di copie del Corano.

Stalin permette la riapertura di alcune moschee e allenta la repressione antireligiosa. Grazie alle nazarat, la partecipazione allo sforzo bellico dei musulmani impegnati nel conflitto diviene più generosa e convinta. Anche le confraternite sono prese in contropiede e riducono la loro attività clandestina.

Conclusa, e vinta, la guerra, la vendetta di Stalin si appunta su alcuni piccoli popoli, soprattutto musulmani, che hanno in parte collaborato con gli invasori tedeschi. Otto nazionalità "collaborazioniste" vengono deportate in Asia centrale e in Siberia. In Uzbekistan vengono confinati quasi tutti i tartari di Crimea (circa 230.000, deportati il 17-18 maggio 1944) e i meschi della Georgia (almeno 50.000 persone, deportate il 15 novembre 1944). La RSS usbecca si trova così a dover ospitare due nuove minoranze nazionali, considerate "criminali" da Stalin, e le accoglie malvolentieri, nonostante si tratti di popolazioni turche e musulmane.

Stalin definisce intanto il popolo russo come la "guida di tutti i popoli sovietici": è l'enunciazione della teoria del "fratello maggiore" cui tutte le nazionalità dell'URSS dovranno ispirarsi. I dirigenti usbecchi, forse i più servili tra i comunisti non russi, mettono subito all'indice il loro poema nazionale *Alpamuš*, considerato "retrivo", e cambiano addirittura l'unno nazionale della RSS che comincia ora con le parole: "Salve, popolo russo, nostro grande fratello maggiore, / salve, Stalin, duce nostro e anima gentile!".

Già durante la guerra, alcune fabbriche erano state trasferite nella parte asiatica dell'URSS e quindi anche in Asia centrale e in Uzbekistan. Nel dopoguerra, l'Uzbekistan viene destinata al potenziamento della sua recente industrializzazione. Si tratta però di industria leggera: meccanica, tessile e alimentare. Ciò provoca una nuova invasione di tecnici, di burocrati e di maestranze russe, o comunque europee, che sono un ulteriore veicolo di russificazione.

Nel 1953, muore Stalin. Nel 1956, Khruščëv denuncia pubblicamente i crimini del dittatore scomparso. Ripristina la "legalità socialista" e concede nuove quote di autonomia alle repubbliche federate. Ripristina però la campagna antireligiosa in quanto è espressamente prevista dalle leggi sovietiche. Molte delle moschee riaperte da Stalin vengono, paradossalmente, chiuse di nuovo.

Nell'ottobre del 1956, approfittando della maggiore sovranità concessa da Khruščëv, il PC usbecco, improvvisamente riconvertitosi alla causa nazionale, convoca un congresso di intellettuali indigeni, cui partecipano 1200 delegati, il quale riafferma il diritto inalienabile degli usbecchi a guidare la loro RSS e a sviluppare la loro lingua e la loro cultura. Nel 1959, il censimento rivela che, in Uzbekistan, i russi sono ormai il 13,5% della popolazione e gli usbecchi sono ridotti al 62,1%. Toškent (che ha ormai 1.000.000 di abitanti), le maggiori città e le fabbriche, sono divenute *enclaves* russe.

Nel 1964 cade Khruščëv. Nel 1966, mentre un terremoto distrugge Toškent, sale al potere Brežnev e comincia il lungo periodo della "stagnazione". Brežnev si avvale di proconsoli indigeni per garantirsi il consenso e contare con sicurezza sulla "pace sociale" e politica nelle repubbliche periferiche dell'URSS. Il suo uomo in Uzbekistan è Šaraf Rašidov, promosso alla testa del PC locale da Khruščëv nel 1959. Brežnev ha il merito di interrompere la campagna antireligiosa. Punta, in politica estera, sull'aiuto delle nazarat per acquistare benemerenze presso i paesi del terzo mondo e l'Islam extrasovietico. La RSS usbecca è il paese leader dell'Islam sovietico e conta ormai 12.000.000 di abitanti.

Toškent viene ricostruita in modo addirittura sfarzoso. Diventerò la metropoli centro-asiatica e raggiungerà, alla fine degli anni ottanta, i 2.000.000 di abitanti.

Dal 1966 al 1969, numerose manifestazioni dei tartari di Crimea, confinati da Stalin in Uzbekistan, si susseguono in tutto il paese: i tartari vogliono tornare nella loro penisola e esprimono questa loro volontà con meeting, sit-in, comizi e cortei. Gli usbecchi si mostrano del tutto indifferenti a queste rivendicazioni ma imparano dai tartari la tecnica dell'agitazione. Nel 1969, preoccupati dall'immigrazione europea, sono loro a scendere in piazza più volte, a Toškent e in numerosi centri abitati, al grido di "Fuori i russi dall'Uzbekistan!". Mosca invia nella RSS alcuni reparti dell'esercito per riportarvi la calma. 150 persone vengono arrestate: tra di esse la figlia dello stesso Rašidov.

Sono gli anni dell'esplosione del dissenso democratico in tutta l'URSS: Brežnev considera la situazione usbecca, tutto sommato, fisiologica e non troppo preoccupante. Ben altre sono le gatte che deve pelare. E si fida dell'abile Rašidov. Rašidov calma le acque. Insieme ai leader delle altre repubbliche musulmane, ripubblica però, sulla stampa locale, il 5 novembre 1969, anniversario della nascita di Lenin, il messaggio che lo stesso Lenin aveva affidato, nel 1919, alla *Turkommissija*, nel quale si condannano "le vestigia dell'imperialismo russo". Il quotidiano comunista usbecco ripubblica anche la dichiarazione sovietica del 20 novembre del 1917 con la quale si garantiva ai musulmani russi la libertà di organizzare la loro vita nazionale nei modi da loro ritenuti più opportuni.

I malumori usbecchi rientrano. La nazarat di Toškent gode del resto di una certa libertà in quanto è considerata la punta di diamante dell'offensiva sovietica per la conquista della simpatia dei popoli musulmani di tutto il mondo. A partire dal 1970, cominciano infatti ad essere regolarmente organizzati, nella capitale usbecca, i celebri congressi islamici internazionali ai quali partecipano tutti gli Stati musulmani dei mondo. Il "grande mufti" di Toškent poi l'accompagnatore fisso delle delegazioni ufficiali sovietiche in missione nel terzo mondo.

Il "pericolo russo" appare, alla luce dei dati del censimento del 1970, ridimensionato: gli usbecchi sono risaliti al 65,1% della popolazione della loro repubblica mentre i russi sono discesi al 12,5%. L'incremento demografico degli indigeni è costante mentre la "stagnazione" economica ha interrotto i flussi migratori provenienti dall'URSS europea. Gli usbecchi si rivelano, del resto, più "nazionalisti" che anti-sovietici. Nel maggio del 1969 erano, ad esempio, avvenute numerose e giustificate proteste da parte dei tagicchi di Samarcanda, di Bukhoro e della Fergana, che erano stati registrati, sulle carte di identità, come usbecchi anziché come tagicchi, nonostante godessero del riconoscimento ufficiale della loro nazionalità. Nasce insomma un certo "pan-usbecchismo" che sostituisce il panislamismo e il panturchismo *d'antan*.

Anche il "grande dissenso", testimoniato dal proliferare dei *samizdat*, (giornali dattiloscritti clandestini che attaccano il regime), che sconvolge la Russia e l'Ucraina, appare in Uzbekistan del tutto platonico. Appaiono soltanto pochi numeri di "Mudafaa" (Difesa), imitazione locale dei samizdat russi. Rašidov lusinga dal canto suo il nazionalismo usbecco e mantiene così la fedeltà dei suoi connazionali nei confronti di Mosca.

Mafia e monocoltura

Il sistema escogitato da Rašidov per soddisfare, allo stesso tempo, Brežnev e la popolazione indigena, va sotto il nome di "mafia usbecca". Il numero eccezionale di onorificenze e di decorazioni conferite da Brežnev al leader usbecco è una testimonianza indubitabile del successo di questo sistema. Rašidov è infatti abilissimo, per oltre 14 anni, a comunicare a Mosca dati manipolati e rassicuranti che vengono presi per buoni. Quando la produzione annua di cotone usbecco raggiunge i 4.000.000 di tonnellate, Rašidov comunica di averne prodotte 6.000.000. Quando Mosca si sforza di fare del russo la £seconda lingua materna" di tutti i popoli dell'URSS, Rašidov comunica che il 90% degli usbecchi parla ormai benissimo questa lingua (e perfino la scrive): in realtà, soltanto il 20% riesce a malapena a comprenderla.

Rašidov costruisce intanto, con grande perizia, un sistema parallelo a quello ufficiale e lo costruisce alla piena luce del sole senza tuttavia dare nell'occhio, col pieno appoggio del Partito locale e la connivenza della popolazione. Questo sistema si basa sulla distrazione dei rilevanti flussi di finanziamento che provengono da Mosca, sulla protezione delle imprese amiche, sulla pratica delle tangenti, sulla gestione di un mercato di beni di consumo parallelo a quello ufficiale e perfino sulla protezione di attività malavitose (contrabbando, prostituzione, droga, delitti su commissione).

Rašidov trasforma insomma il PCUS usbecco in un sindacato di protezione della componente indigena della popolazione assegnando agli usbecchi cariche pubbliche e posti di lavoro nella burocrazia e nel terziario nonché distribuendo sussidi e pensioni. I residenti russi, anche in conseguenza di questa politica, non soltanto non affluiscono più ma cominciano ad abbandonare il paese. Tuttavia, proprio in virtù di questa politica, la situazione politica usbecca è così tranquilla che Mosca non può che esserne lieta.

In realtà, la situazione economica usbecca vive una crisi profonda anche se la ragnatela mafiosa permette agli usbecchi di vivere al di sopra delle loro possibilità. La produzione, tanto agricola quanto industriale, è in calo costante e i beni prodotti sono sempre più scadenti. Lo spreco appare, in compenso, macroscopico: gli investimenti, insensati. Anche a causa della prolificità degli indigeni, la disoccupazione cresce in maniera preoccupante nonostante Rašidov riesca a mascherarla con un'assistenza pubblica che può definirsi sfrenata. Anche il sistema sovietico ha le sue colpe: nonostante l'impianto di una industria tessile in loco, soltanto il 5% del cotone usbecco viene lavorato in Uzbekistan. Il 95% se ne va per essere filato e tessuto negli stabilimenti del resto dell'URSS. Il censimento del 1979 registra la continua crescita degli usbecchi (69% della popolazione) e l'ulteriore decremento della componente russa della popolazione (10,8%).

Nel 1979, l'URSS invia proprie truppe in Afghanistan per puntellarne il traballante regime, scaturito da una rivoluzione "progressista" e suo alleato. Questo intervento congela improvvisamente le ottime relazioni dell'Unione sovietica col mondo musulmano. La pratica dei grandi congressi internazionali islamici di Toškent si interrompe proprio alla vigilia del nono di essi: gli Stati musulmani se la prendono infatti con gli "invasori" dell'Afghanistan e rifiutano di parteciparvi.

Fra le truppe sovietiche inviate nel paese vicino, molti sono i soldati usbecchi. In Afghanistan, sull'altra riva del Panji, vive del resto 1.000.000 di usbecchi. I rapporti inter-usbecchi vengono rinsaldati nell'occasione. So sono in due maniere opposte. Da un lato, la fede comune e la presenza attiva della *naqšbandijah* di qua e di là del Panji, spinge alcuni soldati usbecchi alla diserzione e al passaggio nelle file degli insorti musulmani. D'altro lato, si verifica un effetto diametralmente opposto.

Gli usbecchi afghani, contattati dagli usbecchi sovietici e contagiati dal loro verbo nazionale, formano una temibile "guardia usbecca", comandata da Rašid Dostum, che si oppone agli insorti islamici e costituisce il reparto militare più efficiente del governo "popolare" di Khabul.

Nel 1983, muore Rašidov. Viene sepolto con tutti gli onori di Stato in un fastoso mausoleo appositamente costruito a Toškent per onorarlo. Nel 1986, la sua salma viene però improvvisamente rimossa e interrata in un cimitero comune. Tutte le onorificenze e le decorazioni ricevute in vita vengono revocate. Mosca si è finalmente accorta della corruzione diffusa e del sistema mafioso imperanti nella RSS centro-asiatica e ha identificato in Rašidov il responsabile. Aveva cominciato Andropov a rendersene conto e a compiere le prime epurazioni. Gorbačëv, nuovo capo del PCUS del 1985, affronta di petto questa questione.

Una epurazione di massa colpisce così quasi tutti i dirigenti usbecchi dello Stato e del Partito. Alcuni di essi vengono condannati a morte e fucilati. Gli usbecchi considerano però questa epurazione capillare come un affronto a tutta la nazione e una vendetta russa. Si sentono "sputtanati". E lo sono davvero. Anche l'università di Toškent, fiore all'occhiello di tutta la cultura centro-asiatica, perde la propria reputazione. È accusata di essere una fabbrica di diplomi per i giovani usbecchi. Gli indigeni, comunque, non reagiscono violentemente. Per fortuna, l'epurazione raggiunge presto le altre repubbliche centro-asiatiche, affette dallo stesso fenomeno mafioso, e l'attenzione moralistica di Stato si sposta verso altri lidi, sia pure contigui.

Nonostante il cambio dei dirigenti (Islam Karimov ha preso il posto che era di Rašidov) le cose in Uzbekistan non cambiano molto. Le punte della corruzione sono state tagliate ma il partito, sia pure rinnovato, continua a "tutelare" gli indigeni. Karimov ottiene, ad esempio, la revisione dei prezzi interni del cotone in favore degli interessi usbecchi. Instaura buoni rapporti con l'Islam indigeno, soprattutto con la *nazarat*. Anche la confraternita della *naqšbandijah* approfitta del clima anti-corruzione per organizzare una manifestazione islamica a Toškent, il 3 febbraio 1988, con la quale ottiene, con l'appoggio di Karimov, l'allontanamento del gran mufti Samsuddin

Babakhanov, accusato di corruzione e di troppo amore per le donne e i superalcolici. In realtà, appariva troppo ligio alle autorità sovietiche. La confraternita agisce sotto l'egida di un fantomatico movimento politico chiamato "Islam e democrazia". Lo stato di crisi del paese viene comunque a galla. Dopo due anni di tranquillità, gli usbecchi cominciano di nuovo a manifestare con una certa intensità contro gli "stranieri" (non soltanto i russi), colpevoli di sottrarre loro case e posti di lavoro. La prima di queste manifestazioni avviene a Toškent nel dicembre del 1988.

Un mese prima, ispirandosi all'azione dei fronti popolari baltici, era nato *Birlik* (Unità), un raggruppamento fondato da 18 intellettuali di ispirazione democratica, ai fini della "conservazione e dello sviluppo del patrimonio naturale, materiale e spirituale della patria usbecca". Il suo presidente è uno scienziato, Abdurrhim Pulatov. *Birlik* nasce per appoggiare la perestrojka, la "ristrutturazione" dell'URSS voluta da Gorbačëv. Si impegna in favore dei diritti civili e per la liberalizzazione della società e dell'economia ma non trascura i diritti della lingua e della cultura usbecche e la necessità di una reale sovranità della repubblica. Il suo intervento nel campo dell'ecologia e la sua condanna della monocoltura del cotone appaiono documentati e implacabili.

Gli argomenti di *Birlik* sono perentori. La monocoltura è, anzitutto, antieconomica per il modo con il quale è stata ed è ancora condotta. Non tiene infatti conto degli investimenti, della produttività, dei costi di produzione e delle reali esigenze di mercato. Inoltre, essendo interamente meccanizzata, non garantisce posti di lavoro a una popolazione in continua crescita. In compenso, ha provocato uno sviluppo disarmonico delle coltivazioni impedendo il loro equilibrio e sacrificando le tradizionali colture di sussistenza.

Dove la monocoltura si è mostrata assolutamente perniciosa è però nel suo impatto con l'ambiente. Lo sfruttamento sconsiderato delle risorse idriche e l'uso scervellato dei fertilizzanti chimici hanno prodotto danni forse irreparabili. Il lago di Aral si è ritirato di 46 chilometri lungo tutto il proprio perimetro e la sua profondità massima è passata da 70 a 15 metri. I grandi fiumi che lo rifornivano (l'Omu e il Sirdaryo), deviati in più punti dalle gigantesche opere idrauliche, si sono interrati e lo raggiungono ormai a malapena soltanto con alcuni rami secondari ridotti a rigagnoli. I fiumi minori sono dileguati. Molte specie animali e vegetali sono anch'esse scomparse. Si sono formate nuove aree desertiche che avanzano inesorabili.

Birlik riesce a coagulare attorno alle sue coraggiose denunce un vasto movimento popolare. Il 19 marzo 1989, organizza a Toškent una manifestazione di 12.000 persone all'insegna di parole d'ordine democratiche. Molte altre ne seguiranno nei mesi successivi, con sempre maggiore partecipazione popolare. Karimov apprezza l'intelligenza del movimento ma teme una sua crescita: *Birlik* raggiunge infatti, in meno di un anno, i 500.000 iscritti anche se non viene legalizzato dalle autorità. Karimov ne accoglie tuttavia alcuni suggerimenti: il poema *Alpamyš* viene ristampato, i nazionalcomunisti Khodžaev e Ikramov sono ufficialmente riabilitati.

Purtroppo, molti usbecchi affidano ancora la loro frustrazione sociale e nazionale alla xenofobia e considerano gli "stranieri" come la fonte di tutti i loro mali. Nella Fergana si compiono, in giugno, alcuni pogrom spietati contro i meschi, la popolazione di lingua turca e di religione musulmana proveniente dalla Georgia, deportata da Stalin nel 1944, che detiene, grazie alla propria laboriosità, alcune posizioni di rilievo nella società e nell'economia di quella provincia. Bande di usbecchi armati assaltano i meschi a più riprese uccidendone 112, ferendone più di 1000 e distruggendo un centinaio di loro abitazioni. È necessario l'intervento delle truppe di sicurezza per fermare il massacro. Intanto, il censimento del 1989 mostra che gli usbecchi sono passati, nel loro paese, dal 69% al 75% della popolazione e che i russi sono regrediti dal 10,8% all'8%.

La xenofobia usbecca si espande oltre i confini della repubblica, scatenata dalla xenofobia uguale e contraria dei chirghisi. Anche se vissuta in forma neo-tribalistica, la coscienza della nazionalità ha ormai permeato i popoli dell'Asia centrale sostituendo la coscienza panturchista degli intellettuali e quella panislamica delle masse popolari di una volta. A Oš, in Kyrgyzstan (repubblica dove il 12% della popolazione è usbecco), gravi incidenti tra le due nazionalità si accendono il 4 giugno a proposito dell'assegnazione di alcune case di abitazione. Ne nascono scontri selvaggi che provocano 190 morti, oltre 1000 feriti, danni per 80 miliardi di lire, durano 40 giorni e costringono le truppe sovietiche di sicurezza a presidiare la linea di confine tra le due RSS.

Intanto, il 15 febbraio del 1989, l'Armata rossa, in esecuzione degli accordi di Ginevra del 14 aprile 1988, completa il proprio ritiro dall'Afghanistan. Ma la resistenza islamica, nonostante il ritiro sovietico, non riesce ad abbattere il governo di Kabul che da solo, grazie anche alla "guardia usbecca" di Dostum, infligge perdite considerevoli agli insorti. Il regime cadrà, ad opera delle sue componenti interne, soltanto nel 1992. Le diverse fazioni musulmane della resistenza non riusciranno però a trovare un accordo e daranno inizio a una nuova, micidiale guerra civile. Dostum passerà allora dalla parte dei musulmani moderati, il cui leader è il tagicco afghano Ahmad Masud e si opporrà agli estremisti sunniti e alle fazioni sciite influenzate dall'Iran. Nel 1993, Dostum romperà anche con Masud. Si ritirerà nelle province usbecche dell'Afghanistan settentrionale dove instaurerà un piccolo Stato islamico usbecco, in pratica indipendente. Poi si schiererà a fianco degli integralisti islamici per mantenere il controllo del suo territorio ed esercitarsi ancora nell'arte della guerra, la sua vera professione.

Nell'ottobre del 1989, Karimov accoglie un'altra proposta di *Birlik* e fa dichiarare l'usbecco "lingua di Stato". Acconsente anche a una epurazione del lessico dall'inquinamento provocato dalla famigerata "ibridazione" degli anni quaranta.

Il 18 febbraio 1990, avvengono le elezioni per il rinnovo dello *šura supremo* della RSS: sono appannaggio dei candidati presentatisi nelle liste del Partito comunista, che ha dato prova al paese della sua autonomia. In concomitanza con le elezioni, una scissione funesta però *Birlik*: nasce *Erk* (Indipendenza), un partito che riprende il nome di una formazione politica sorta negli anni venti. Il suo leader è il poeta Muhammad Solikh.

Solikh è, più che un neo-panturchista, un pan-usbecchista. Sogna una Grande Uzbekistan che assorba tutto il Turkestan. È autore di una complicata agiografia nazionale che considera eroi "usbecchi" non soltanto il "padre della patria" Muhammad Šibani ma anche Tamerlano, Babur (il fondatore dell'impero moghul in India), che erano almeno turchi, e l'eroica regina Tomaris, che era invece la sovrana dei nomadi iranici insediati della regione. Confonde insomma, deliberatamente, il territorio con la nazione, Paradossalmente, Karimov lo guarda con simpatia e legalizza il suo partito.

Erk: l'indipendenza

Karimov va avanti per la sua strada. Dichiara, il 20 giugno, la sovranità della RSS usbecca e la preminenza delle sue leggi su quelle federali avocando alla repubblica ogni decisione in politica estera e in materia economica, compreso il commercio estero. Il 2 novembre, trasforma l'Uzbekistan in repubblica presidenziale, scioglie il consiglio dei ministri e si nomina presidente provvisorio della repubblica.

La nuova legge sovietica sulla libertà di coscienza, voluta da Gorbačëv e promulgata il 1° ottobre 1990, ha intanto dato nuovo impulso all'Islam anche in Uzbekistan ma, allo stesso tempo, toglie ogni spazio politico all'integralismo delle confraternite e alla loro opposizione sotterranea- L'Islam ufficiale, quello della *Nazarat*, è ormai completamente libero e non c'è più bisogno dell'Islam parallelo.

Il 17 novembre, Gorbačëv pone ai vertici dell'URSS un nuovo organismo, il Consiglio federale, composto da lui, i quanto presidente dell'Unione, e dai presidenti delle dodici RSS superstiti (le tre repubbliche baltiche hanno dichiarato la loro indipendenza formale e non vi partecipano). Karimov entra così nella stanza dei bottoni e negozia da posizioni di forza il nuovo "trattato di unione" che Gorbačëv ha ormai deciso di varare per evitare l'ulteriore disgregazione del paese.

La "guerra del golfo" (17 gennaio – 26 febbraio 1991), vede Karimov dissentire dalla posizione ufficiale sovietica, che è di condanna dell'invasione irakena del Kuwait e di appoggio all'intervento americano. Karimov si pronuncia a favore dell'Irak, mentre il gran mufti di Toškent, Muhammad Mamayussupov, si schiera dalla parte degli americani e dei loro alleati, tra i quali c'è l'Arabia Saudita. Ma i rapporti tra i due massimi "dignitari" usbecchi si rasserenano presto.

Viene intanto deciso di indire un referendum popolare a proposito della nuova "unione di repubbliche uguali e sovrane" auspicata da Gorbačëv, che si svolge il 17 marzo 1991. In Uzbekistan, i voti favorevoli sono il 93%. Le repubbliche musulmane si mostrano le più convinte sostenitrici del mantenimento dell'URSS, sia pure in una forma molto ma molto rinnovata.

Il 13 agosto, viene pubblicato il testo del nuovo trattato che riduce notevolmente i poteri del centro. Dovrebbe essere sottoscritto, dopo la ratifica dei soviet supremi delle RSS, il 20 agosto. Ma il 19 avviene a Mosca il maldestro colpo di Stato dei comunisti conservatori. Karimov tiene, in questa circostanza, un atteggiamento ambiguo. Il 21 agosto, dichiara di essere a favore "della disciplina e dell'ordine, perché una dirigenza che rinuncia all'ordine e alla disciplina non è in grado di esercitare il potere". Il giorno dopo, il golpe fallisce. Karimov non batte ciglio.

Il 31 agosto, fa dichiarare comunque dal soviet supremo usbecco l'*erk* (l'indipendenza) della Repubblica, anche se confida in una nuova "unione" a maglie ancora più larghe di quella prevista il 13 agosto, nella quale inserire il suo paese, schiavo della monocoltura e legato al carro di Mosca per la sua sopravvivenza: l'Uzbekistan produce infatti il 65% del cotone sovietico ed è tributaria di tutti gli altri prodotti. L'unica sua risorsa valida per una reale indipendenza economica è il gas naturale, di cui produce il 5,2% del totale sovietico. Il 1° settembre, Karimov fa togliere dalla denominazione ufficiale della repubblica gli attributi di "socialista" e di "sovietica". Poi scioglie il PCUS locale e lo trasforma *ipso facto* in Partito Democratico del Popolo Usbecco.

Il 18 settembre, Karimov firma il trattato economico, considerato la premessa della nuova “confederazione di Stati sovrani” che dovrebbe sostituire ciò che resta dell’URSS. Alcune repubbliche, guidate dall’Ucraina, si rifiutano però di sottoscriverlo. L’URSS è ormai in coma. L’8 dicembre, la Russia, l’Ucraina e la Bielorussia ne decretano la morte e formano una Comunità di Stati indipendenti (CSI) senza centro comune.

Le cinque repubbliche centro-asiatiche temono di essere tagliate fuori. Chiedono allora di entrare nella CSI. La loro richiesta viene accolta. Il 21 dicembre, ad Alma Ata, nasce la CSI allargata. Il cordone ombelicale che lega ancora l’Uzbekistan alla “patria” ex sovietica non viene per fortuna tagliato del tutto. Per preparare la nuova classe dirigente indigena, Karimov fonda l’università di studi politici e diplomatici con sede a Toškent e su modello americano, che verrà presto chiamata la “Harvard dell’Asia centrale”.

Il 29 dicembre, si svolge in Uzbekistan il previsto referendum popolare che deve ratificare l’indipendenza proclamata il 31 agosto. Il 98,2% degli usbecchi dice “sì” all’indipendenza. Contemporaneamente, si svolgono le elezioni per il presidente della repubblica. Karimov, candidato del Partito Democratico del Popolo, ottiene l’86% dei suffragi. È appoggiato anche dal clero islamico. Solikh, candidato di Erk, ottiene appena il 12% dei voti. Pulatov, candidato *in pectore* di Birlik, non viene ammesso alla competizione elettorale. Il suo è un movimento tollerato ma illegale anche se la sua è l’unica forza di opposizione “democratica”, almeno nel senso occidentale del termine. Il 31 dicembre, l’Uzbekistan diviene membro della CSCE e il 2 marzo del 1992 dell’ONU. La sua indipendenza è ormai riconosciuta a livello internazionale.

Karimov gestisce, come un sovrano illuminato, l’indipendenza usbecca. Da un lato, persegue una politica di accordo sostanziale, nell’ambito sia pure malcerto della CSI, con le altre repubbliche ex sovietiche, soprattutto con la Russia: il 15 maggio 1992, firma infatti un patto di “sicurezza collettiva” tra le cinque repubbliche centro-asiatiche, la Federazione russa e l’Armenia, che prevede la presenza nel paese di forze armate comuni (20.000 uomini). Dall’altro lato, favorisce contatti e rapporti con le potenze islamiche regionali (Turchia, Iran e Pakistan), che portano ad alcuni accordi economici e soprattutto culturali. La *nazarat* di Toškent viene inoltre attivamente aiutata dall'Arabia Saudita.

Ovviamente, la Turchia è, dal punto di vista culturale, privilegiata. Gli usbecchi sanno bene di essere turchi. Tuttavia, al panturchismo hanno sostituito il pan-usbecchismo, cioè la volontà di trasformarsi nel paese leader dell'Asia centrale, attorno al quale costruire una federazione turchestana.

LA situazione etnica della Repubblica giustifica questo progetto. In essa vivono 15.000.000 di usbecchi, ma 1.200.000 di loro vivono in Tajikistan, almeno 500.000 in Kyrgyzstan, oltre 300.000 in Kazakhstan e altrettanti in Turkmenistan (senza contare più di 1.000.000 di usbecchi incorporati nell'Afghanistan): sono la *longa manus* dell'imperialismo usbecco. Nella Repubblica usbecca vivono del resto 1.000.000 di tagicchi, 700.000 casachi, 100.000 chirghisi, 100.000 turkmeni e quasi 500.000 caracalpacchi.

I caracalpacchi desiderano però raggiungere la piena indipendenza (oppure tornare a far parte della repubblica casaca) mentre i tagicchi rivendicano vigorosamente le città di Samarcanda e di Bukhoro nonché alcuni centri minori della Fergana, dove sono maggioritari, e che vorrebbero recuperare, sia pure come *enclaves* in territorio usbecco, al loro Stato nazionale. Contestazioni reciproche di confine esistono con tutte le repubbliche centro-asiatiche. In particolare, l'Uzbekistan rivendica la parte turkmena del bacino dell'Omu-daryo, la provincia casaca di Sumkent, parte della provincia chirghisa di Oš e di quella tagicca di Khojent. Per il momento, la situazione è congelata da un accordo regionale che ha stabilito l'inviolabilità dei confini esistenti. Non va dimenticata la presenza nel paese di oltre 1.500.000 russi (che costituiscono ancora, ad esempio, il 40% della popolazione di Toškent).

Karimov diffida, sul piano interno, delle riforme troppo radicali e improvvisate. Ritiene che per il passaggio alla democrazia e all'economia di mercato sia necessario un lungo periodo di ordine e di stabilità e affronta, con coerenza e con pugno di ferro, la "transizione".

Una piccola parte delle terre destinate al cotone viene tuttavia riconvertita alla produzione di ortaggi, di grano e di frutta. Il poco petrolio e il molto gas naturale prodotti dal paese ne attenuano il fabbisogno energetico. La Russia, attraverso i meccanismi finanziari e bancari ancora comuni, non ha rinunciato a importare cotone anche se esporta soprattutto l'inflazione. Tuttavia le autorità usbecche, usando i meccanismi dell'"economia di comando" appresi durante il lungo periodo sovietico, riescono, almeno parzialmente, a drenarne gli effetti. Tutto sommato, il livello di vita è appena di un gradino più basso di come appariva in periodo sovietico.

Il maggiore pericolo per la stabilità dello Stato deriva dall'avanzata dell'integralismo islamico quale proviene soprattutto dall'Afghanistan e dalla Tajikistan, dove ha appena scatenato una sanguinosa guerra civile. Il Partito della Rinascita Islamica, integralista, penetra dalla Tajikistan in Uzbekistan. Karimov lo pone subito fuori legge. Il panislamismo sembra essere, oltre tutto, l'arma nazionale che i vicini tagicchi usano in funzione antiturca (cioè, in fondo, anti-usbecca). Essendo iranici, diffidano di un possibile nuovo Turkestan sotto l'egida usbecca. I dirigenti usbecchi, ex comunisti che ora militano nel Partito Democratico del Popolo, diffidano a loro volta dell'integralismo, nonostante si dichiarino musulmani come cultura: lo stesso Karimov, quando è stato nominato presidente della repubblica, ha giurato fedeltà alla nazione proprio sul Corano. E ha subito compiuto il prescritto pellegrinaggio alla Mecca. Ma ha anche affermato: "Attraverso l'Islam passa la nostra rinascita culturale e morale. L'Uzbekistan è però uno Stato laico e il fanatismo integralista è il suo peggiore nemico".

Un altro pericolo da non sottovalutare gli proviene dall'opposizione democratica. Il 5 luglio, *Erk* e *Birlik* hanno infatti stretto un patto politico. Pulatov viene allora aggredito e percosso: andrà a curarsi in Turchia. Pochi giorni dopo, il vicepresidente di *Birlik*, Khulat Rakhunov, viene arrestato e condannato per reati comuni con accuse palesemente infondate. Con la scusa di garantire l'ordine e la stabilità interni, interrotti da alcuni gravi incidenti scoppiati nell'università di Toškent, che hanno fatto due morti, il governo usbecco sospende, il 19 gennaio 1993, l'attività di *Birlik*. Poco dopo, la stessa sorte tocca a *Erk*. I dirigenti dei due partiti vengono condannati per sedizione. La maggioranza della popolazione appoggia comunque Karimov e mostra di preferire l'ordine e la stabilità, che questo abile leader riesce a garantire, a una democrazia, che considera prematura, nonché a un Islam fondamentalista, connotato dalla sua pericolosa mancanza di separazione tra politica e religione e dal suo ostentato rigetto di ogni specifica identità nazionale, ribaditi pubblicamente proprio dal gran mufti di Toškent. Pulatov, ormai guarito, rifiuta di tornare in patria e si stabilisce, come esule politico, in Pakistan.

Il 23 gennaio 1993, l'Uzbekistan sottoscrive lo statuto della CSI, finalmente redatto e presentato all'approvazione degli Stati membri, nel quale si precisano i livelli e i settori di azione comune, anche se esprime riserve circa gli articoli relativi ai diritti civili: non si sente ancora pronta per una reale democrazia. Karimov conduce col solito pugno di ferro la vita del suo paese, in piena crescita demografica (gli usbecchi crescono ormai al ritmo di un milione all'anno). Mantiene buoni rapporti con la Russia e la CSI ma medita di sostituire il rublo russo, che esporta l'inflazione, con una moneta nazionale nuova di zecca: il *sum*, il cui nome si ispira alla tradizione della fascia fertile: ciò avviene puntualmente il 15 novembre.

Il 22 dicembre, al vertice della CSI di Ašgabat, l'Uzbekistan segue il comportamento dell'Ucraina e della Moldavia e si rifiuta di sottoscrivere l'accordo economico proposto dalla Russia: appare, a suo avviso, contrario ai suoi interessi nazionali.

Modera però, progressivamente, il proprio pan-usbecchismo in quanto è costretto a riconoscere il crescente peso politico ed economico della vicina Kazakhstan.

Nel gennaio del 1994, Karimov stringe un accordo globale col leader casaco Nazarbaev attraverso il quale si configura una sorta di mercato comune centro-asiatico: libera circolazione delle merci, dei capitali e delle persone, armonizzazione progressiva delle produzioni agricole e industriali, politica economica e finanziaria comune. All'accordo aderiscono la Turkmenistan, la Kyrgyzstan e la Tajikistan. Lo spazio politico ed economico dell'Asia centrale ex sovietica viene così salvaguardato in attesa di una diversa strutturazione che si baserà certamente su di un accordo privilegiato con la Russia e gli altri Stati della CSI ma che non significherà tuttavia una sudditanza totale nei loro confronti (e allo stesso tempo garantirà i nuovi Stati indipendenti dalle ingerenze degli altri Stati musulmani della regione).

KAZAKHSTAN (QAZAQSTAN)

Superficie Kmq 2.217.300

Popolazione Ab. 16.538.000 (1989) di cui 36% casachi, 41% russi, 6% ucraini, 4% tartari, 3% usbecchi, 2% uiguri, 8% alth. Quasi 2.000.000 di casachi vivono nelle altre repubbliche dell'Asia centrale e nel resto dell'ex URSS. Circa 900.000 casachi vivono in Cina (regione autonoma del Sinkiang-Uiguria). I casachi presentano, in termini di antropologia fisica, una componente europide, leggermente prevalente, ed una componente mongolide.

Capitale Alma-Ata (1.134.000 ab.).

Lingua Il casaco (gruppo nord-occidentale della classe turca della famiglia altaica). Il 98% di coloro che si dichiarano di nazionalità casaca considera il casaco come propria lingua materna. Il 42% di costoro è però perfettamente bilingue (casaco e russo), tanto da considerare il russo come «seconda lingua materna». Il casaco si scrive con l'alfabeto cirillico, anche se un decreto del 2017 ha imposto la transizione verso quello latino per il 2025.

Religione Musulmana sunnita.

Territorio Si tratta di un territorio vastissimo. Il Kazakhstan è, per estensione, la seconda repubblica dopo la Russia. Soltanto un terzo della Kazakhstan pertiene però, geograficamente, alla regione dell'Asia centrale. Il resto si estende nella grande steppa della Siberia occidentale e in parte occupa anche la prosecuzione europea della medesima steppa, tra il fiume Ural e le vicinanze del basso Volga (entrambi i fiumi si gettano nel Caspio). La maggior parte del territorio casaco è occupato dalla steppa, erbosa a nord e desertica al centro (dove si estende la famosa «steppa della fame»), percorsa da fiumi e cosparsa di laghi (i laghi maggiori sono l'Aral e il Balhas). Ad oriente comprende una vasta zona montagnosa che si collega ai grandi sistemi orografici dell'Asia centrale. Il Kazakhstan confina a ovest col mar Caspio e la Russia, a nord con la Russia (appena una striscia di territorio la separa dalla Baschiria), a ovest con la Cina «turca» (Sinkiahg-Uiguria) e a sud con la Kyrgyzstan, l'Uzbekistan e la Caracalpacchia.

La patria nella steppa

Seconda per estensione, dopo la Russia, delle quindici repubbliche ex sovietiche, la Kazakhstan è relativamente poco popolata. Ciò deriva dalla sua dislocazione all'interno della grande steppa eurasiatica, un bassopiano che corre dallo Enisej ai Carpazi, formato in parte da fertili "terre nere" ma che comprende, a sud-est, alcuni rilievi inospitali e, al centro, vaste e aride depressioni desertiche (celebre, fra di esse, il "deserto della fame"). La nazione casaca, assai tardiva come formazione, nasce su una parte di questo territorio sterminato soltanto nel XVI secolo. Ed è una nazione turca.

La steppa oggi casaca si estende principalmente nell'Asia centrale ma sconfina, a nord, nella Siberia occidentale e, a ovest, oltrepassando il fiume Ural fino quasi a raggiungere il basso Volga, in Europa. È solcata da molti fiumi e ospita al suo interno un certo numero di grandi laghi. I suoi confini sono etnico-storici e non naturali. È situata a nord della fascia delle oasi dell'Asia centrale: costeggiando il Caspio, discende però a sud-ovest, aggirandola, fino a congiungersi con la steppa turkmena.

La prima popolazione storica di questa steppa è di razza europide e di lingua iranica orientale. Di là dallo Enisej vivono allora altri popoli, anch'essi nomadi, che parlano lingue di un ceppo diverso.

I turchi, che sono il più occidentale fra questi popoli, sono insediati soprattutto nell'Otüken, una regione a nord del deserto di Gobi, estesa attorno al bacino dell'Orkhon, che sfocia nel lago Baikal, e dei suoi affluenti Selenga e Tula. L'Otüken corrisponde, all'incirca, all'attuale Mongolia. I mongoli sono allora insediati appena più a est. Di là dai mongoli vivono i tungusi. I turchi giungono presto anche sullo Enisej. Poi, nel IV secolo, cominciano a invadere la grande steppa scacciandone i nomadi iranici. E vanno ancora oltre. Già nel VI secolo un popolo turco, destinato a dare il suo nome a tutti gli altri, quello dei *türük*, si insedia ai confini della fascia delle oasi, dove si è sviluppata una grande civiltà iranica sedentaria e dalla quale passa la via della seta. Ne conquista una parte ma ne viene poi scacciato dai cinesi, scacciati a loro volta dagli arabi che convertono all'Islam gli abitanti della fascia-fertile.

All'interno della grande steppa oggi casaca, nell'area che va dal lago d'Aral al lago Balgaš (Balkhaš), si forma, nell'VIII secolo, un popolo turco detto delle "nove tribù". Nel CI secolo, due di queste "nove tribù", i selgiuchidi e i caracanidi, anch'esse islamizzate, occupano la fascia fertile dell'Asia centrale e i selgiuchidi, proseguendo oltre, conquistano anche la Persia, il medio Oriente e l'Anatolia.

Nella grande steppa continuano a scorrazzare altre tribù e altri popoli turchi. Nell'XI secolo, uno di questi popoli, quello dei *qipčaq*, insediato nel bacino dell'Irtiš, si scinde. Una sua parte punta verso occidente e ripopola tutta la steppa europea, dal Dnestr all'Ural, scacciandone altri turchi che l'avevano precedentemente occupata: questa porzione della steppa assumerà infatti il nome di *dešt-i qipčaq* (steppa dei qipčaq).

I qipčaq rimasti sull'Irtiš formano, due secoli dopo, la massa d'urto dell'esercito di Gengiz Khan. Gengiz Khan è un mongolo ma il suo impero è formato da una confederazione di popoli nomadi nella quale la componente turca è prevalente (anche se la "dinastia" e i comandanti militari sono mongoli). A un nipote di Gengiz Khan, Batü, tocca in eredità la steppa che va dall'Irtiš all'Europa. Batü incrementa il suo territorio invadendo nel 1236 l'Europa e conquistando in pochi anni gran parte della Rus' e tutta la dešt-i qipčaq. I qipčaq emigrati in Europa due secoli prima si oppongono in armi ai qipčaq allora rimasti sull'Irtiš, i quali formano, come abbiamo detto, il nerbo dell'esercito "tartaro" (con questo nome sono designate in Europa le orde di Batü).

Una parte dei qipčaq europei viene scacciata dal suo territorio ma la loro maggioranza viene assorbita dai tartari, cioè dai qipčaq asiatici. Il regno di Batü, chiamato dagli storici "dell'Orda d'oro", assume anche il nome di "regno di Qipčaq": la componente mongola dei tartari viene infatti integralmente turchizzata nel giro di poche generazioni.

Il dominio diretto dell'Orda d'oro (dalla quale dipende la Rus', ridotta allo stato di vassalla) è, al suo interno, diviso in tre parti: la dešt-i qipčaq con la Crimea e la regione che va dal medio Volga fino all'Ural, entrambe europee, sono governate direttamente da Batü e dai suoi discendenti (la dinastia dell'Orda azzurra), che pone la sua capitale a Saray, nel basso Volga. Al fratello Ürdü (dal quale ha origine la dinastia dell'Orda bianca), Batü concede la signoria della steppa asiatica che va dall'Irtiš al lago d'Aral e della Coresmia. Al fratellastro Šiban concede invece la porzione della steppa asiatica settentrionale che va dal fiume Sarisu all'Ural.

Intanto, sempre nel XIII secolo, una nuova ondata consistente di nomadi turchi, guidati da un condottiero mitico di nome Alaš, si insedia anch'essa nella grande steppa tra l'Irtiš e l'Ural.

Una parte di questa steppa, quella che si estende a sud del lago Balkhaš, non fa però parte del regno dell'Orda d'oro. È stata infatti assegnata, insieme alla fascia delle oasi (esclusa la Coresmia) a Čaghatay, il secondogenito di Gengiz Khan, che vi ha istituito, nel 1228, il proprio regno. L'orda di Alaš vi scorrazza liberamente così come fa del resto all'interno del regno dell'Orda d'oro.

Dal punto di vista religioso, i tartari sono prevalentemente "pagani", nel senso che professano la religione etnica dei turchi e dei mongoli, che è di tipo sciamanistico. Molti fra di loro sono però buddisti, manichei e cristiani nestoriani. Ed esiste anche una cospicua minoranza musulmana, Nel periodo 1258-1330, i tartari dell'Orda d'oro si convertono in massa all'Islam.

Nel 1334, il regno di Čaghatay, che è già stato musulmano da tempo, si divide in due parti: il Mawannar, che raccoglie la parte centrale della fascia delle oasi, e il Moghulistan, che comprende la steppa del lago Balkhaš e l'estremità orientale della fascia fertile. Nel XV secolo, anche il regno dell'Orda d'oro comincia a sgretolarsi. Un certo numero di khan della parte europea sceglie la via dell'indipendenza. Nascono i khanati di Crimea, di Kazan', di Astrakhan'. Anche il gran principe di Mosca, vassallo dell'Orda d'oro, si renderà indipendente nel 1480.

Nel 1428, nella parte asiatica del regno, il khan di Šiban, Abulkhair, si proclama a sua volta indipendente. Le 83 tribù che nomadizzano sotto la sua signoria prendono il nome di usbecche. Si impossessano della Coresmia e si concentrano in prossimità della fascia delle oasi.

La nazione nomade

Nel 1465, una ventina di tribù usbecche secessioniste, sotto il comando dei khan Jänibeg e Giray, abbandona Abulkhair e si dirige verso il lago Balkhaš. Durante la traversata della steppa, raccoglie le sparse tribù turche che vi nomadizzano, costituite soprattutto dai numerosi discendenti dell'Orda di Alaš. Si forma rapidamente un popolo di oltre 200.000 cavalieri che assume con orgoglio il nome di *qazaq* ("fuggiasco", "vagabondo", "nomade avventuriero") col quale viene gratificato dagli altri turchi.

Nasce così la nazione casaca, ad opera soprattutto del figlio di Jänibeg, Qazim Khan (morto nel 1520), che riesce a dotare di una coscienza unitaria questo popolo sempre più numeroso. Nella seconda metà del XVI secolo, un suo successore, Tevekel Khan si trova così alla testa di un popolo che sfiora ormai i 2.000.000 di persone, disperso su un territorio enorme, ma che parla un'unica lingua (imparata col *türki* dell'Orda d'oro) ed è convinto di possedere una origine comune (riferendosi però all'orda del leggendario Alaš piuttosto che alla secessione usbecca).

La maggioranza degli usbecchi, intanto, sotto la guida di Muhammad Šibani, ha invaso e unificato la fascia delle oasi insediandosi accanto agli autoctoni iranici (tagicchi). Delle due opzioni statuali possibili, implicite nella secessione di Abulkhair, gli usbecchi hanno scelto quella della nazione sedentaria, insinuandosi all'interno di una popolazione e di una civiltà antichissime fino a sostituirle identificandosi in esse. I casachi optano invece per la nazione nomade e diffusa, traghettando così, fino ai tempi moderni, l'"anima" e la cultura della civiltà pastorale nomade, non meno antica di quella contadina sedentaria ma più vicina al modello originario dei turchi.

I casachi sono allevatori, orgogliosi dell'immenso territorio sul quale si spostano continuamente e del quale compiono rapide incursioni con conseguenti razzie all'interno della fascia fertile. Il loro modello sociale ed economico è basato sull'allevamento "orizzontale" (bovi, cavalli, cammelli, pecore, capre): si calcola infatti che la distanza media tra i pascoli estivi e quelli invernali delle mandrie e degli armenti casachi sia di 800 chilometri. Questa economia orizzontale, praticata dalle tribù, dai clan e dalle famiglie, mantiene tuttavia una struttura politica e culturale unitaria attraverso una struttura sociale "verticale", rigida e gerarchica. Due sono le classi nelle quali si divide il popolo casaco: l'"osso bianco" e l'"osso nero".

L'osso bianco è composto dai khan, che sono i capi dei clan, delle tribù e delle strutture sovratribali i quali formano una casta ereditaria, e dai guerrieri, una casta professionale ugualmente ereditaria che si è specializzata nella protezione del bestiame e nella razzia delle terre fertili altrui. L'osso nero è composto dalla massa dei pastori e degli allevatori. Va da sé che i casachi sono nomadi ma non erranti e abitano pertanto in villaggi, dove durante le lunghe transumanze restano i vecchi, le donne e i bambini e dove si insediano sparuti gruppi di contadini che praticano modeste coltivazioni, artigiani e mercanti (tutti appartenenti all'osso nero) e si pratica l'allevamento dei piccoli animali. La maggioranza dei pastori abita periodicamente da due a quattro villaggi. Alcuni di questi villaggi si ingrandiranno col tempo, anche se la loro popolazione fissa rimarrà sempre modesta.

Soltanto una parte dell'osso bianco ha conservato la fede musulmana che caratterizzava le tribù dei Abulkhair. La maggioranza dei casachi, e tutto l'osso nero, seguono invece i riti sciamanistici, gli stessi degli antichi popoli turchi, e la legge amministrata dai tribunali tribale è l'*adat*, il diritto consuetudinario dei popoli della steppa.

Forse già alla fine del XVI secolo, più probabilmente nel primo decennio del XVII secolo, il "regno" nomade dei casachi dà origine a tre formazioni semi-statuali scaglionate territorialmente nella grande steppa: l'Orda maggiore, l'Orda media e l'Orda minore. L'Orda media, che raccoglie il 45%

della popolazione casaca, è dislocata nella vasta porzione nord-orientale della steppa, quella che va dall'Irtiš al Sarisu, ed è quella che conserva più a lungo il tradizionale costume di vita casaco. L'Orda maggiore, che ad onta del nome raccoglie soltanto il 25% dei casachi, è concentrata nella steppa sud-orientale che si estende attorno al lago Balqaš. È a diretto contatto con la fascia delle oasi e quindi con la cultura usbecco-tagicca e l'Islam: al suo interno si sviluppa nel tempo una certa tendenza alla sedentarizzazione e all'agricoltura.

L'Orda minore, infine, che raccoglie il restante 30% dei casachi, è insediata nella parte più occidentale della steppa asiatica e sconfina spesso in Europa, attraversando l'Ural. È a diretto contatto con i tartari del Volga e con i russi e la sua cultura ne è in parte influenzata. Va da sé che le tre orde, le quali si trasformano, a causa delle grandi distanze, in khanati indipendenti, mantengono tra loro stretti contatti culturali e continuano a parlare la medesima lingua e a considerarsi parte di uno stesso popolo.

La prima concreta minaccia alla libera fruizione della steppa da parte dei casachi viene dai calmucchi. I calmucchi sono un popolo mongolo che, dopo aver dominato a lungo l'Otüken, ne viene scacciato, già nel XV secolo, da un altro popolo mongolo, quello dei *khalkha*.

Costretti a spostarsi verso occidente, istituiscono piccoli regni attorno agli insediamenti turchi. Si riversano successivamente nella steppa casaca, dove ingaggiano battaglie terribili con i casachi durante guerre che si protraggono per alcuni secoli e forniscono lo scenario alle grandi epopee casache: "Šora Batür", "Koblandi Batür" e "Er Šair". I calmucchi riescono a istituire, nella steppa, un loro effimero Stato, l'"impero" di Qaraqula, che scompare nel 1632, sopraffatto dalla pressione casaca. Istituiranno allora il "regno dell'Ili", nel territorio dell'Orda maggiore, che ne avrà completa ragione soltanto nel 1758.

Nel 1634, una parte dei calmucchi, inseguita dai casachi, giunge trafelata in Europa, nella regione del basso Volga e si insedia ai due lati del fiume. Lo zar tollera questo insediamento. Nel 1677, altri di loro penetrano, dal "regno dell'Ili" permanentemente assediato dai casachi, nella fascia orientale delle oasi dell'Asia centrale (nell'antica Serindia) e nel massiccio del Tianšan orientale dove istituiscono il regno di Zungaria, che verrà distrutto dai cinesi nel 1753. I calmucchi insediatisi sulla riva sinistra del Volga, vessati dai russi con ogni sorta di angherie e di tributi, decidono, nel 1771, sotto la guida del loro principe Ubaši, di tornare in Oriente. Partono in 300.000 ma vengono sterminati, durante questo difficile viaggio di ritorno, dai casachi, di cui sono costretti ad attraversare di nuovo il territorio.

I calmucchi insediati sulla riva destra del Volga decidono invece, saggiamente, di restare in Europa, dove vivono ancora oggi nella loro Repubblica di Calmucchia, facente parte della Federazione russa: sono il popolo mongolo e buddista più occidentale della terra.

I casachi hanno assimilato, come s'è detto, un numero cospicui di altri popoli nomadi turchi, a partire dall'orda di Alaš, inserendoli nella loro nazione. Gli sono però sfuggiti i caracalpacchi, incontrati già nel XVI secolo nelle steppe attorno al lago di Aral, di cui influenzano la lingua e la cultura ma che rimangono autonomi sotto la guida dei loro khan. Sfuggono all'assimilazione casaca, sia pure subendone vistosi influssi soprattutto linguistici, anche i chirghisi. Scacciati dai russi, nel 1606, dalla loro sede nell'alto Enisej, si trasferiscono nella steppa attorno al lago Balqaš accanto ai casachi, ancora alle prese coi calmucchi. Constatato come la convivenza non risulti propriamente idilliaca, i chirghisi si spostano ancora, verso la fine del XVII secolo, nel Tianšan occidentale, dove si fermeranno e formeranno la loro identità nazionale moderna.

Uno stato di conflittualità permanente segna anche i rapporti tra i casachi (soprattutto quelli dell'Orda maggiore) e gli usbecchi. I casachi invadono spesso la Fergana, dove compiono razzie periodiche, e vengono altrettanto spesso inseguiti e puniti dagli usbecchi. Già nel 1718, Tiavka Khan, il capo dell'Orda maggiore, chiede aiuto e protezione contro gli usbecchi a Pietro il Grande, zar di Russia: ma la sua richiesta rimane senza esito. I russi fondano però, proprio quell'anno, la fortezza di Semipalatinsk ("Sette palazzi": oggi Semeii) sull'Irtiš, in pieno territorio casaco.

Sarà Abulkhair Khan, il capo dell'Orda minore, quella che nomadizza a occidente a contatto anche fisico con i russi (oltre che con i tartari del Volga e i baschiri), a ottenere nel 1731, per sé e per i suoi successori, il "privilegio" di diventare suddito dello zar. Un suo discendente, Oblay Khan, si ribella presto a questa sudditanza fastidiosa scacciando gli emissari dello zar e attaccando i distaccamenti russi che orlano ormai la grande steppa. Sul fiume Ural, i russi hanno infatti fondato, nel 1643, la città di Gurev (oggi Atürau) e, nel 1743, quella di Orenburg. Nel 1752, con la costruzione del forte di Petropavlosk (oggi Qizilar), i russi aprono una nuova base militare nel nord della steppa. Nel 1781, anche il khan dell'Orda media si dichiara suddito dello zar.

Intanto, una vera e propria rivoluzione culturale era cominciata in tutta la grande steppa ad opera di missionari musulmani, quasi tutti tartari del Volga, ormai affrancati da Caterina II, i quali vivono un loro intento "rinascimento" culturale e riescono a convertire (talvolta a riconvertire) i casachi all'Islam. L'impegno tartaro si combina con l'analogo sforzo missionario che le confraternite sufi della fascia fertile compiono nei confronti dell'Orda maggiore.

L'Orda maggiore, sempre alle prese con gli usbecchi, passa intanto sotto la protezione e la sovranità nominale della Cina che, dopo avere spazzato via il regno calmucco di Zungaria, si è annessa la Serindia. Il khanato usbecco di Kokand disturba il "celeste impero" provocando continue ribellioni della popolazione turca della Serindia. Per ritorsione, i cinesi spingono l'Orda maggiore a intensificare i suoi attacchi contro Kokand. Il capo dell'Orda, Madali Khan, conquista la valle del Čirčik, dove sorge l'antica città ti Taškent, una delle antiche sedi di tappa sulla via della seta. Agli inizi del XIX secolo, il khan di Kokand sconfigge però i casachi e si reimpossessa di Taškent. Nel 1840, ha già conquistato tutta la steppa a sud del lago Balqaš. I casachi di questa regione divengono sudditi degli usbecchi.

L'indipendenza formale dell'ultima Orda casaca finisce

dunque prima della metà del XIX secolo. Nel territorio delle altre due orde, quelle passate sotto la sovranità dello zar, continua nel frattempo la costruzione di forti russi, attorno ai quali sorgono piccole città di tipo europeo. Per protesta, divampa, a partire dal 1837, una grande rivolta casaca guidata dal khan Qanasari Qazimov, che durerà fino al 1847 e darà molto filo da torcere alle truppe dello zar.

La discesa dei russi

Le famiglie dell'osso bianco, alle quali i russi riservano n trattamento di riguardo, fanno studiare i loro figli presso le università di Mosca, di S. Pietroburgo e di Kazan'. Paradossalmente, da un popolo di pastori nomadi quale quello casaco, escono così alcuni intellettuali di formazione europea e di grande erudizione, quali l'orientalista Čokan Valikhanov, l'etnografo Ibray Altynsaryn e lo scrittore Abay Kunanbaev, che è il padre della lingua casaca moderna. Questi intellettuali, formatisi politicamente a contatto con l'intellighenzia russa di fede democratica e liberale, saranno anche gli iniziatori del nazionalismo casaco devenendo insieme nemici dell'autocrazia zarista e fautori dell'autonomia politica e culturale del loro popolo.

Alla Russia non interessa, al momento almeno, il "possesso" fisico della grande steppa. Interessa però la grande steppa come luogo di transito privilegiato verso la fascia fertile delle oasi, il suo cotone e la sua seta, e verso i "mari caldi" e i loro paesi rivieraschi: la Persia, l'Afghanistan, l'India, la Cina. Nel 1855, i russi conquistano, in questa prospettiva, il "deserto rosso" (Qizilkum), che è una parte della steppa situata oltre il Sir-darya ed è sotto la sovranità dei due Stati usbecchi indipendenti di Khiva e di Bukhara.

Nel 1861, l'abolizione della servitù della gleba provoca la mobilità dei contadini russi e il loro comprensibile desiderio di nuove terre da coltivare. La grande steppa, a parte i rilievi e i deserti, è, per l'appunto, ricca di terra da coltivare e mai coltivata. Lo zar comincia a farci un pensierino e qualche colono russo si installa attorno ai forti impiantati nella steppa. Da questi forti, che sono ormai diventati piccole città, si muove comunque l'esercito russo per raggiungere la fascia delle oasi. Nel 1864, partendo da Orenburg e da Semipalatinsk, l'esercito russo invade invece la grande steppa con una manovra a tanaglia e si ricongiunge a Šümkent (Čimkent), nel territorio del khanato di Kokand. Da Šümkent, punta a Taškent e la conquista. Un inverno rigidissimo costringe i soldati russi a tornare a Šümkent ma la loro presenza è bastata al khan di Kokand per farlo dichiarare vassallo dello zar.

Sempre nel 1864, i russi si annettono il Tianšan occidentale, la nuova patria dei chirghisi, la cui sovranità era sempre oggetto di contesa tra la Cina e Kokand. Nel 1868, invadono l'emirato di Bukhara e conquistano Samarcanda. L'emiro accetta la conquista e si affretta a dichiararsi anche lui vassallo dello zar. Nel 1873, è la volta di Khiva a tenere lo stesso comportamento. Lo zar ottiene così il suo terzo vassallo centro-asiatico. Nel 1876, una rivolta popolare scaccia il khan di Kokand. La Russia ne approfitta per annettersi direttamente il khanato. Istituisca il governatorato militare del Turkestan con le terre conquistate a partire dal 1855. Divide il khanato di Kokand in due province: la Fergana e la Semirecia ("paese dei sette fiumi") dove vivono i casachi dell'Orda maggiore e i chirghisi. Il popolo casaco si trova così diviso tra due diverse entità amministrative dell'impero russo. Il grosso della nazione (le orde media e minore) vivono comunque nel "territorio della steppa", dichiarato dai russi, nel 1860, "proprietà dello Stato".

Il nuovo fervore culturale casaco, innescato soprattutto da Kunanbaev, che ha dato ai suoi compatrioti (o perlomeno alle loro *élite*) una lingua scritta e normalizzata, si svolge così i due centri, assai lontani tra loro, dove vengono fondate apposite istituzioni: Orenburg e Taškent (che è il capoluogo del governatorato del Turkestan) dove convergono gli intellettuali dell'Orda maggiore. Nel 1884, i russi fondano una città nella valle dell'Ili, nella Semirecia casaca, che chiamano Vernyj ("la fedele"), contornata da un immenso frutteto. I casachi la chiameranno Almatü (patria delle mele) e i russi la ribattezzeranno in seguito Alma Ata.

Nella grande steppa, nuove città "europee" crescono intanto attorno ai numerosi forti costruiti dai russi. Da quattro di queste, Uralsk (casaco: Oral), Turgaj (Arqalüq), Akmolinsk (Aqmol) e Semipalatinsk (Semeii), prendono nome altrettante province nelle quali viene divisa dai russi la steppa casaca non compresa nel Turkestan. Uno degli affronti maggiori che i casachi devono subire dai russi è quello terminologico. La loro denominazione ufficiale nell'ambito dell'impero è infatti quella di "chirghisi". Il loro nome etnico, "qazaq" (russo: *kazakh*) è infatti considerato troppo simile a quello assunto alcuni secoli prima dai cosacchi (russo: *kazak*), che deriva dall'ucraino *kozak*, il quale deriva a sua volta dalla stessa parola turca che ha dato il nome alla nazione casaca. Per evitare altre confusioni, i russi sono allora costretti a indicare i chirghisi come "chirghisi neri".

Il vero affronto subito dai casachi è però quello innescato dalla carestia del 1890, che ha investito in pieno le terre russe e ha spinto branchi di contadini europei affamati nella grande steppa asiatica. In quanto "proprietà dello stato", essa viene di buon grado aperta alle coltivazioni con la benedizione delle autorità. Torme di contadini russi e ucraini decidono di trasferirvisi. Nel 1891-1892 si svolge così la prima grande colonizzazione agricola della steppa, supportata dal governo russo con crediti, attrezzi e sementi.

Molte terre nere, che servivano per il pascolo e il foraggio, divengono campi di grano. La loro presenza interrompe gli abituali percorsi della transumanza e spinge i casachi e le loro mandrie nella parte più arida della steppa (per fortuna ancora immensa) provocando danni notevoli alla loro economia. Alla fine del secolo, i coloni russi sono già 1.000.000: un quinto della popolazione della grande steppa. Gli indigeni sono infatti 4.000.000.

I casachi, appena islamizzati anche se in modo superficiale dai tartari, subiscono in questo momento l'impatto di altri tartari, profondamente politicizzati, che vogliono "modernizzarli" ad ogni costo, sia pure all'interno dell'Islam, attraverso l'apertura di scuole private musulmane dove si pratica il "nuovo metodo" (*usul-i jadid*), ritenute più adatte ad affrontare il sapere moderno di quelle coraniche tradizionali.

Attraversi questo "giadidismo", si cerca di esportare anche la nuova ideologia politica panturchista, che postula l'unione di tutti i popoli turchi sparsi in Asia e in Europa in un unico grande Stato etnico. I casachi, che sono turchi al pari dei tartari, e il cui islamismo, in quanto recente e del tutto superficiale, è assai ragionevole e moderato, dovrebbero costruire un terreno assai fertile per la semina delle nuove idee. I casachi aderiscono alle "nuove idee" ma non certo nel modo previsto dai tartari, i quali hanno il torto di servirsi, nelle numerose scuole giadidiste che pure riescono a impiantare nella steppa, della loro lingua, il *türki til*, anziché del casaco, che non è soltanto la lingua abituale di questi nomadi ma è anche recentemente assurto alla dignità di lingua letteraria scritta sulle orme di Kunanbaev.

A partire dal 1904, la ferrovia transaralica, collegando Orenburg con Taškent attraverso la grande steppa, genera nuovi insediamenti russi: ha però anche il merito di collegare i due centri culturali casachi e di riannodare gli antichi contatti. È proprio lungo questa strada ferrata che nasce il moderno nazionalismo casaco.

Anche se i nomadi casachi sono trascurati e lasciati sostanzialmente autonomi dalle autorità zariste, e formano una società coloniale separata, la presenza russa nel loro paese è così intensa che molti di loro si acculturano rapidamente. La loro politicizzazione, che comincia nel 1905, al momento della grande rivoluzione che impone allo zar la promessa di una costituzione e di un'assemblea elettiva, avviene ancora più rapidamente che in altre terre musulmane.

Il collegamento con i tartari del Volga, che sono la coscienza politica dei musulmani di Russia e col cui territorio i casachi confinano, nonostante le diffidenze e i rancori diffusi, appare, da questo punto di vista, assai produttivo. Alcuni casachi partecipano, nel 1906, al congresso musulmano panrusso che si svolge a Nižnij Novgorod, sotto la regia tartara, e dal quale ha origine il partito musulmano panrusso dell'Ittifak (Unione). Alla duma del 1907, verranno così eletti due deputati casachi grazie all'accordo tra l'Ittifak e il partito russo dei cadetti. L'ala più radicale del nazionalismo casaco si esercita intanto sulle colonne della rivista "Qazaq" diretta da Akhmet Baitarsunov. Nasceranno presto due associazioni politico-culturali, Alaš-orda ("L'Orda di Alaš") a Orenburg e Uq Quz ("Le tre tribù" - cioè le tre orde) a Taškent.

La steppa in fiamme

La grande guerra non interessa, almeno all'inizio, i casachi, che sono esentati dal servizio militare. Quando però le cose cominciano ad andare male davvero, il governo russo decide improvvisamente di avvalersi delle loro "prestazioni" sia pure come ausiliari. Il 28 giugno 1916, parte l'ordine di mobilitazione per gli indigeni della steppa e per quelli del Turkestan.

Il Turkestan si ribella immediatamente. La rivolta, il cui epicentro è situato nella fascia delle oasi, investe anche la Semirecia, dove i casachi infuriati assaltano le fattorie russe, distruggono i raccolti e incendiano i campi. Un esercito russo di 30.000 uomini affronta allora i ribelli della Semirecia, ne uccide 5000 e ne costringe molti altri alla fuga in Cina.

Mentre la rivolta comincia ad acquietarsi nella fascia delle oasi e in Semirecia, insorge la grande steppa, guidata dai capi guerriglieri Abulgaffar e Imanov. I nomadi casachi approfittano dell'occasione per vendicarsi dei soprusi subiti e cercano di riprendersi le terre sottrattegli dai coloni russi. Dopo alcuni successi iniziali, sono però sanguinosamente sconfitti, a dicembre, dall'esercito russo. 300.000 casachi, alla testa delle loro mandrie, si rifugiano allora in Cina. Alcune decine di migliaia rimangono invece in patria: ma come cadaveri.

Nel 1917, i casachi approfittano nella "rivoluzione di febbraio" e delle opportunità concesse dal governo provvisorio della duma e cominciano a organizzarsi politicamente. Quelli della Semirecia aderiscono al partito giadidista dello Šura-i Islam (Consiglio dell'Islam). Quelli della grande steppa trasformano, nel marzo, l'Alaš-orda in partito politico nazionalista sotto la guida di Ali Khan Bukeikhanov.

Il 1° maggio, si apre a Mosca il primo congresso "ufficiale" dei musulmani di Russia, egemonizzato dai tartari e dall'Ittifak, che chiedono a Pietroburgo l'autonomia culturale ma non quella amministrativa e territoriale della componente islamica dell'impero. Ciò indigna i casachi, che sono approdati alla piena coscienza della loro identità nazionale.

Il rappresentante dell'Alaš-orda pronuncia al congresso alcune parole assai indicative: "La nazione è una unità di sangue, di terra, di lingua, di spirito, di tradizioni. Voi tartari non potete creare una nazione musulmana sulla base di una autonomia centralizzata non territoriale. Non sarete per caso panislamisti? Dietro il panislamismo si nascondono i disegni di una nazione per dominarne un'altra".

Questa perorazione ha successo. Le posizioni dell'Ittifak vengono sconfitte ai voti. Il congresso decide infatti l'istituzione di repubbliche autonome musulmane su basi territoriali nazionali.

La "rivoluzione d'ottobre" confonde ancora di più le acque. Lenin diffonde, in novembre, un appello ai musulmani nel quale ne riconosce i diritti e auspica l'applicazione del principio di autodeterminazione nei loro confronti. Alcuni musulmani tartari aderiscono al bolscevismo e diventano lo strumento di Stalin all'interno dell'Islam sovietico. I casachi ne diffidano. I bolscevichi russi di Taškent prendono intanto il potere nella città escludendo i musulmani ed estendono la loro influenza in tutto il Turkestan.

L'Alaš-orda convoca allora un congresso nazionale, cui partecipano tutte le forze politiche e culturali casache, che si svolge il 13 dicembre, anniversario della nascita di Maometto, a Orenburg. Il congresso proclama immediatamente l'autonomia delle quattro province della grande steppa e le costituisce in Repubblica autonoma casaca. Lo stesso giorno, a Kokand, nasce anche la Repubblica autonoma turchestana, guidata da un casaco della Semirecia, Mustafa Čokaev.

Il 3 gennaio 1918, anche Orenburg aderisce al potere dei soviet e sfratta il governo casaco, costringendolo a rifugiarsi nella steppa. I casachi aderiscono allora al governo controrivoluzionario russo appena costituitosi a Ufa e combattono contro le guardie rosse al fianco dei "bianchi". Il 16 febbraio 1918 cade la Repubblica autonoma turchestana per mano del soviet di Taškent. Čokaev fugge nella steppa e offre i suoi servigi all'Alaš-orda.

I casachi si rendono presto conto che i "bianchi" sono nazionalisti russi della più bell'acqua e che si servono di loro in attesa di negarne ogni autonomia e di ripristinare la Russia "una e indivisibile". Lenin ha invece concesso l'autonomia nazionale ai baschiri e riconosce il diritto all'autodeterminazione di tutti i popoli compresi all'interno della Russia. Cercano allora un accordo organico con il potere sovietico. Nel marzo del 1920, grazie proprio a Čokaev, l'accordo viene raggiunto. Il 26 agosto 1920, verrà proclamata la loro Repubblica sovietica autonoma ("chirghisa" per i russi, "casaca" per i casachi). Sarà condotta a mezzadria dall'Alaš-orda e dai bolscevichi. La sua capitale viene posta a Orenburg. anche se la maggioranza dei suoi dirigenti proviene dall'Orda maggiore.

Nel Turkestan, intanto, i bolscevichi erano stati costretti da Lenin ad "aprire" ai musulmani. Leader del nuovo governo turchestano era così divenuto un altro casaco della Semirecia, Turar Ryskulov (anch'egli dunque proveniente dall'Orda maggiore), un giadidista fattosi bolscevico rimanendo tuttavia un panturchista accanito, che nel gennaio del 1920 trasforma il Turkestan in una sorta di "Turchia socialista", attrezzandolo addirittura come base statuale di raccolta di tutti i popoli turchi. Il suo radicalismo non piace però a Mosca e, nel luglio, Ryskulov viene allontanato dal potere.

Nel dicembre del 1922, nasce l'Unione delle repubbliche socialiste sovietiche russe. Le RSSA turchestana e casaca, in quanto comprese nella Repubblica socialista federativa sovietica russa (RSFSR), ne fanno automaticamente parte.

La RSSA casaca è da tempo impegnata nella costruzione della propria identità nazionale socialista, secondo i principi sovietici dell'"indigenizzazione". L'intellettuale casaco Akhmet Baitarsunov, nazionalista divenuto bolscevico nel 1918, istituisce una rete capillare di scuole in lingua nazionale che è considerata la base per una reale autonomia e lo sviluppo culturale della repubblica. Sul piano economico, la NEP protegge i contadini russi installati nella steppa, sul cui apporto produttivo Mosca conta moltissimo. Ma la NEP porta evidenti benefici anche agli allevatori nomadi casachi. Rapporti assai liberali caratterizzano il comportamento delle autorità nei confronti dell'Islam e delle sue istituzioni.

La costruzione del socialismo e il genocidio dei nomadi

Il 1924 è un anno fondamentale per tutta l'Asia centrale. Viene abbozzata una riforma sociale ed economica che, nel caso della Kazakhstan, porta perfino alla restituzione agli indigeni di una piccola parte delle terre sottratte loro dai russi trenta anni prima. Contemporaneamente, gli allevatori casachi beneficiano di provvedimenti quali il censimento e la regolamentazione degli *aul* (i clan e le famiglie che gestiscono la pastorizia) e delle mandrie. Il bestiame viene ridistribuito sulla base di questo doppio censimento. Allo stesso tempo, il diritto sovietico sostituisce quello islamico tradizionale e quello ancora in uso presso i tribunali tribali della steppa.

La riforma chiave è tuttavia quella politico-amministrativa, che porta all'istituzione di Stati nazionali per tutte le etnie della regione. Nel settembre, le repubbliche ancora indipendenti della Coresmia (ex Khiva) e di Bukhara vengono incorporate dall'URSS e la RSSA turchestana viene dissolta. Il territorio così accorpato viene diviso in base al principio di nazionalità. Nascono così, già in ottobre, la RSSA usbecca, turkmena e tagicca e le regione autonome chirghisa e caracalpacca.

La steppa della Semirecia e parte di quella del Sir-darya, già comprese nel Turkestan ma prevalentemente popolate da casachi, vengono assegnate alla RSSA casaca, già esistente dal 1920. Anche le regioni autonome caracalpacca e chirghisa vengono inserite nell'ambito della Kazakhstan. Una parte assai modesta della steppa settentrionale, con la capitale Orenburg, viene però scorporata dalla RSSA casaca e diviene una provincia russa. I casachi sono così costretti a trasferire, nel 1925, la loro capitale a Qzülorda, nella regione del medio Sir-darya. Ma non se la prendono troppo: la riforma è stata, per loro, territorialmente assai vantaggiosa. Il Kazakhstan è un paese di quasi 7.000.000 di abitanti, non più di 5.000.000 dei quali sono casachi.

Un certo numero di indigeni si è ormai stabilito nelle città. Oltre alle città russe nate attorno ai vecchi forti coloniali, altre città sono sorte nel tempo, con la trasformazione degli antichi villaggi indigeni: Qaragandü (Karaganda), Qizil, Jambül, tanto per citarne qualcuna. Casachi e chirghisi ottengono il definitivo risarcimento terminologico: anche i russi li chiamano ora così e la denominazione di "chirghisi neri" scompare da ogni uso ufficiale. Nel 1924, la lingua casaca viene dotata dell'alfabeto latino, assai più adatto a notarne i suoni dei caratteri arabi con i quali veniva abitualmente notata.

Tutto, insomma, sembra andare per il meglio, quando avviene, nel 1925, la rottura tra l'Alaš-orda e il Partito comunista. Questa rottura ha una motivazione paradossale: i nazionalisti casachi ritengono giunto il momento di "realizzare il socialismo" e di abbattere ogni "vestigia dell'imperialismo russo". Vogliono, insomma, espropriare i coloni russi e distribuire le loro terre agli indigeni secondo una forma di proprietà collettiva: tutte e subito. I bolscevichi, che hanno bisogno dell'appoggio economico delle campagne, ben coltivate dai residenti europei, e dal liberalismo della NEP, si oppongono e, a scanso di guai, sciolgono in partito dell'Alaš-orda allontanando i suoi esponenti da ogni responsabilità di governo. L'epurazione investe anche molti bolscevichi indigeni e perfino Baitarsunov viene rimosso da ogni incarico. Anche l'Islam viene perseguitato e la maggioranza delle moschee viene chiusa d'ufficio.

Nel 1929, la capitale repubblicana viene trasferita ad Almatü, una città divenuta sempre più importante anche se sorge in posizione del tutto eccentrica rispetto al territorio casaco. Nel dicembre dello stesso anno, Stalin decide di farla finita con la NEP e di abolite la proprietà contadina: segue, insomma, con ritardo, proprio i suggerimenti ritenuti blasfemi dell'Alaš-orda. Ma non ha però nessuna intenzione di distribuire la terra soltanto agli indigeni e nemmeno quella di riconvertire a pascolo i campi di grano. La sua ricetta è la collettivizzazione integrale e il suo intento è quello di convertire all'agricoltura quanta più steppa è possibile.

I contadini, in grande maggioranza russi, si rifiutano di cedere i loro poderi. Ma non hanno modo di opporsi alla collettivizzazione che diviene forzata. I guai maggiori li passano però i pastori e gli allevatori nomadi (almeno il 70% della popolazione), molti dei quali sono costretti a trasformarsi in agricoltori e in allevatori stanziali. E siccome i pastori sono tutti indigeni, questi guai riguardano essenzialmente i casachi. La collettivizzazione forzata diventa, nei confronti della loro maggioranza, una sedenterizzazione forzata. Costringere un nomade a divenire sedentario è un provvedimento così traumatico che implica un cambio di abitudini, di mentalità e di cultura impossibile a raggiungersi nel giro di poche generazione. Il potere sovietico pretende che avvenga in due anni.

I casachi si ribellano in massa. Stalin manda contro di loro la cavalleria di Budënnyj. In due anni di repressione feroce (1930 e 1931), le rivolte sono domate nel sangue. Nel 1932, i nomadi superstiti si rassegnano a diventare agricoltori o comunque ad avere "fissa dimora". Ma la loro imperizia di coltivatori è totale. I morti per inedia superano forse le vittime della repressione. Muoiono gli uomini ma muoiono anche le bestie: l'80% del patrimonio zootecnico casaco viene così perduto.

La sedentarizzazione forzata si è risolta nel genocidio del popolo casaco. I morti per la repressione e l'imperizia sono calcolati in 1.500.000: quasi un terzo della popolazione indigena complessiva. Circa 1.000.000 di casachi, per sfuggire alla sedentarizzazione, si rifugia in Cina. Una nazione di 5.000.000 di abitanti viene così ridotta, in soli tre anni, alla metà della sua consistenza sul proprio territorio. La sedentarizzazione ha inoltre distrutto una delle caratteristiche fondamentali della nazione casaca, la base stessa della sua identità e della sua cultura: ha compiuto anche un genocidio spirituale.

Il primo piano quinquennale sovietico non prevede soltanto la collettivizzazione dell'agricoltura e la sedentarizzazione dei nomadi: prevede anche l'industrializzazione, ugualmente forzata, dell'intero paese. Il Kazakhstan è ricchissima di giacimenti minerari, soprattutto di carbone (la provincia di Qaragandü è chiamata la "carboniera" dell'URSS). Ma possiede anche ferro e rame. L'industria estrattiva vi viene potenziata al massimo e, vicino alle miniere, vengono installate anche alcune fabbriche metallurgiche. Ciò comporta l'arrivo nel paese di tecnici e di maestranze russe, o comunque europee, che si aggiungono agli agricoltori. Anche se molti coloni russi, che si sono ribellati all'ingresso nel kolkhoz e nei sovkhoz, sono stati sterminati come kulaki insieme ai nomadi casachi ribelli, i nuovi arrivi compensano ampiamente le perdite. Il Kazakhstan non diviene soltanto un paese consacrato alla "bicoltura" (grano e miniere) ma anche un paese ormai binazionale: casaco e russo.

La russificazione linguistica e culturale può così avvenire assai più agevolmente che altrove. Paradossalmente, proprio nel 1936, la RSSA casaca viene promossa repubblica federata (RSS), membro dell'URSS in prima persona. Aveva comunque perduto da tempo la Kyrgyzstan, elevata anch'essa, nel 1936, al rango di repubblica federata (nel 1926 era stata promossa RSSA) e la Caracalpacchia, che viene assegnata come RSSA all'Uzbekistan. Il regime sovietico riesce a scovare un certo numero di collaborazionisti indigeni, imbelli e terrorizzati, che assecondano i russi nella conduzione del paese.

In un paese completamente terrorizzato, il "grande terrore" inaugurato da Stalin nel 1934 appare, tutto sommato, meno drammatico che altrove. Stalin riesce tuttavia a eliminare fisicamente tutta la vecchia guardia bolscevica indigena, già da tempo eliminata politicamente. Nel 1937, diciotto veterani comunisti casachi, tra i quali Ryskulov, vengono giustiziati con l'accusa di "nazionalismo borghese" e di tradimento. Né va meglio ai collaborazionisti: nel 1938, con la solita scusa del "complotto nazionalista" viene fucilato il nuovo capo del governo casaco, Kulumbetov, insieme ad altri venti alti funzionari indigeni al Partito.

Due eventi scuotono il paese nel 1940: l'imposizione dell'alfabeto cirillico alla lingua casaca e lo scoppio della seconda guerra mondiale, che implica il richiamo alle armi di tutti i casachi in età di combattere e l'invio al fronte di tutti i casachi richiamati che non sono riusciti a imboscarsi nel fondo dei villaggi e nei recessi della steppa. La maggioranza di coloro che raggiungono il fronte e vengono impegnati nei combattimenti non mostra alcun fervore militare e preferisce darsi prigioniero senza combattere. Qualcuno si arruola addirittura nelle formazioni volontarie musulmane che affrontano l'Armata rossa al fianco dei tedeschi.

In quanto ai "tedeschi sovietici", discendenti dai coloni "importanti" in Russia da Caterina II nel XVIII secolo, i quali sono titolari di una RSSA nel medio Volga, va detto che Stalin decide prudentemente di allontanarli dalle vicinanze del teatro delle operazioni: possono infatti rivelarsi più tedeschi che sovietici. La RSSA dei tedeschi del Volga viene così abrogata e la sua popolazione, circa 500.000 persone, deportata in Kazakhstan nel dicembre del 1941. Viene concentrata nella provincia di Aqmol (Akmolinsk). Il governo e il soviet supremo della RSS non possono fare altro che accettare questo ingombrante regalo di Stalin.

La guerra va malissimo per l'URSS. Stalin, con l'acqua alla gola, accetta l'aiuto patriottico offertogli dalla Chiesa ortodossa e, alla disperata ricerca di un maggiore impegno popolare nel conflitto, decide anche di legalizzare l'Islam con l'istituzione delle *nazarat*. Il 20 ottobre 1943, nasce così la "direzione spirituale dell'Asia centrale e della Kazakhstan", la cui sede viene fissata in Uzbekistan e la cui lingua ufficiale è l'usbecco. I casachi non appaiono particolarmente felici della decisione: il loro orgoglio nazionale ne rimane ferito. Stalin riesce comunque a raddrizzare il corso del conflitto e a vincerlo addirittura.

Un dopoguerra lunghissimo

Stalin è convinto di avere vinto la guerra soltanto grazie al valore e all'abnegazione del popolo russo. Furibondo con le nazionalità non russe il cui territorio è stato occupato e he hanno collaborato con l'invasore, sfoga la propria collera con i popoli più piccoli e più "trasportabili" e li fa deportare lontano dalla loro patria. Il Kazakhstan è costretta così a ospitare, nel 1944, la maggioranza dei caraciai, dei ceceni e degli ingusci e una piccola parte dei meschi: sono tutti popoli caucasici di religione musulmana. La popolazione li accoglie nello stesso modo col quale aveva accolto i tedeschi luterani: con fastidio e senza nessun sentimento di solidarietà panislamica. Intanto, è costretta a sorbirsi gli inni di gratitudine al popolo russo, definito il loro "fratello maggiore", che si levano da tutti gli angoli dell'URSS e rimbalzano nella steppa. E a ospitare anche un numero sempre crescente di russi.

Durante la guerra, molte fabbriche situate nel territorio europeo dell'URSS erano state smontate per impedire che cadessero in mano al nemico e trasferite nella parte asiatica dell'URSS. Alcune di queste erano state rimontate anche in Kazakhstan, dove erano divenute perfettamente operanti. Nel dopoguerra viene decisa l'industrializzazione dell'Asia centrale. Il territorio casaco appare privilegiato: vasto, assai poco popolato, ricco di giacimenti minerari e di materie prime e già segnato da una certa presenza industriale. Ciò significa una nuova alluvione di tecnici e di maestranze russe e europee. I russi diventano in questi anni la maggioranza relativa della popolazione. Ciò significa però investimenti e riguardi particolari da parte di Mosca, di cui beneficiano parzialmente anche gli indigeni. Il paese è, d'altronde, in pieno sviluppo. Vi vengono scoperti e sfruttati, ad esempio, consistenti giacimenti petroliferi e di gas naturale. Si scopre anche che la Kazakhstan è ricca di uranio.

Se si pensa che il primo reattore nucleare sovietico è del dicembre del 1946 e la prima bomba atomica del 1949, si capisce la grande importanza della Kazakhstan, dove viene addirittura impiantato, nella provincia di Semipalatinsk, un sofisticato poligono nucleare. La russificazione continua implacabile: i grandi poemi epici nazionali vengono banditi perché "reazionari" e la storia casaca è riscritta secondo un'ottica russocentrica che fa della conquista zarista un evento altamente positivo. Il genocidio dei primi anni trenta viene ufficialmente dimenticato. Si sostiene addirittura, spudoratamente, che la trasformazione di tanti casachi da nomadi in sedentari è stato un grande merito del regime socialista.

Nel 1953, muore Stalin. L'anno dopo, Khruščëv, il nuovo primo segretario del PCUS, considerato come la prodizione agricola continua a andare male in tutta l'URSS e che in Kazakhstan c'è ancora tanta steppa coltivabile, lancia l'idea della "conquista delle terre vergini". Il leader del PCUS casaco, che è ancora un indigeno, Žumabay Šajakhmetov, cerca di opporsi: ha capito subito che un nuovo massiccio afflusso di coloni europei può dare il colpo di grazia alla nazione casaca completando il genocidio di vent'anni prima. Šajakhmetov viene subito deposto dall'alto. I segretari del Partito casaco saranno d'allora in poi russi o ucraini e in questa carica si faranno le ossa personaggi "eccellenti": Ponomarenko e Brežnev, ad esempio.

Centinaia di migliaia di russi, bielorussi e ucraini si riversano in Kazakhstan e si impegnano con uno slancio degno di miglior causa. Il governo è prodigo di attrezzi, sementi e macchinari. Una nuova, grande porzione della steppa viene coltivata. Il grano casaco incrementa la sua produzione e perfino il cotone raggiunge una presenza apprezzabile. Dopo qualche anno, però, questo fervore si blocca. Lo slancio si smorza, i finanziamenti iniziali si assottigliano, i macchinari si logorano e si inceppano, la steppa comincia addirittura a riprendersi parte dei campi. D'altronde, acquistare grano sul mercato internazionale è più conveniente e di cotone c'è superproduzione. La "conquista delle terre vergini" verrà abbandonata in quanto la sua prosecuzione si rivelerà troppo costosa e produttivamente inutile. La sua conseguenza è stata comunque quella di ridurre ulteriormente la componente indigena della popolazione della RSS casaca.

Nel 1956, l'esperienza staliniana viene ufficialmente rigettata dal PCUS. Khruščëv ripristina la "legalità socialista" e concede maggiore autonomia e solidarietà alle repubbliche federate. Riprende però la campagna antireligiosa e quindi anche antimusulmana. Nel 1957, l'intellighenzia casaca rialza la testa e denuncia l'eccessiva russificazione e la conseguente crisi della cultura e della lingua nazionali. La rivista ufficiale del PCUS casaco è costretta a riconoscere che i casachi si oppongono alla russificazione in quanto la considerano, giustamente, una "deviazione della linea del Partito in materia di politica delle nazionalità".

Il censimento del 1959 rivela come i russi siano, in Kazakhstan, ormai il 42,7% dell'intera popolazione: 3.974.000 a fronte di appena 2.795.000 casachi. Gli ucraini sono 762.000 e i tedeschi del Volga 648.000. Non è inutile rammentare che i casachi erano, nel 1897, più di 4.000.000. Per fortuna, nel 1957, i ceceni, gli ingusci e i caraciai erano stati riabilitati e se ne erano tornati nei loro paesi di origine. Nel 1957, l'URSS lancia il primo satellite artificiale. Il cosmodromo sovietico viene allestito in Kazakhstan, a Bajkonur, donde parte e dove ritorna, nel 1961, il primo astronauta della storia.

Nel 1964, Khruščëv viene deposto. Lo sostituisce proprio Brežnev, che ha avuto una diretta esperienza casaca. Intanto il dissenso comincia a organizzarsi in tutta l'URSS, soprattutto a Mosca, e rifluisce negli ambienti russi in Kazakhstan.

I rapporti dell'URSS con la Cina (che era diventata comunista nel 1949) avevano cominciato a logorarsi nel 1963. Nel 1969, porteranno addirittura a scontri armati sull'Ussuri. I cinesi accusano ufficialmente l'URSS di "comportarsi come un nuovo zar in Asia centrale". I casachi, più di 1.000.000 dei quali vive in Cina, sono una delle poste della diatriba. Una delegazione di un fantomatico Fronte di Liberazione Casaco viene ospitata a Ürümqi, capitale del Turkestan cinese (la vecchia Serindia). I diritti nazionali dei casachi vengono comunque, grazie alla Cina, portati all'attenzione internazionale. Va detto che i casachi hanno una loro prefettura autonoma (Ili) e due contee autonome (Barkol e Mori) nella regione autonoma cinese di Xinjiang Uygur e una contea autonoma (Aqsay) nella provincia di Gansu. I cinesi avevano riconosciuto i loro casachi come minoranza nazionale, adottando per la loro lingua l'alfabeto cirillico usato in URSS. In occasione della rottura con l'URSS ripristinano paradossalmente l'alfabeto arabo per notare il casaco di Cina.

Pochi numeri di un *samizdat* casaco, ricalcato su analoghi modelli russi, "Korunmak" (Difesa) vengono diffusi ad

Almatü. Agitano la problematica dei diritti umani in URSS e di quelli nazionali nelle repubbliche federate. Un'attenzione particolare vi viene ovviamente dedicata alla Kazakhstan. Il PCUS locale, preso tra il fuoco cinese e quello del dissenso interno, ripubblica allora, sul quotidiano ufficiale, proprio il 5 novembre 1969, anniversario della nascita di Lenin, la dichiarazione dei bolscevichi diretta ai lavoratori e alle nazioni musulmane nel novembre del 1917, nella quale gli stessi sono incitati a "costruire liberamente la loro vita nazionale".

Il censimento del 1970 mostra un piccolo calo percentuale dei residenti russi che passano dal 42,7% al 42,4%. I casachi, grazie alla loro maggiore prolificità, sono invece saliti dal 30% al 32,6%. Un altro elemento confortante è che gli ucraini sono calati dell'1% e i tedeschi dello 0,5%. L'economia casaca mostra però chiari segni di crisi. L'URSS non ha, ad esempio, più bisogno di incrementare la propria produzione di carbone e lo sfruttamento delle miniere casache rallenta notevolmente. Sono i guai delle economie centralizzate come quella sovietica, che non tengono conto degli equilibri regionali.

Alla guida della RSS e del PCUS casaco viene posto un vecchio amico indigeno di Brežnev, Dinmuhammad Kunaev, un erede delle antiche élites dell'Orda maggiore, con lo scopo di controllare la situazione politica e di prevenire ogni dissenso. Mentre garantisce la "tranquillità" del paese, Kunaev si pone mellifluamente alla testa di un "sindacato di protezione" degli interessi indigeni. Manipola le cifre della produzione, distrae parte delle risorse finanziarie trasferite dal "centro" alla RSS casaca (che sono il 20% del bilancio della RSS) per aiutarne l'economia, pratica il principio della "preferenza etnica" nell'assegnazione dei posti di lavoro e delle cariche burocratiche, protegge il "mercato parallelo" dei beni di consumo, dispensa pensioni e sussidi, non disdegna oscuri rapporti con la malavita locale. Grazie alla "mafia di Kunaev", i casachi riescono a vivere, sia pure male, al di sopra dei propri mezzi mentre i quadri indigeni del Partito si arricchiscono approfittando della corruzione diffusa. In compenso, non esiste alcuna opposizione politica minimamente organizzata. Nel 1979, la Kazakhstan rischia di vedere la propria provincia di Celinograd (così è stata ribattezzata Aqmol/Akmolinsk) trasformata in nuova RSSA per i tedeschi deportati da Stalin nel 1941, i quali non possono tornare nel medio Volga e vivono concentrati in questa provincia. Mosca li ha riabilitati e vorrebbe restituirgli un territorio nazionale. I casachi si ribellano e manifestano con vigore contro questo progetto. Nasce una opposizione popolare improvvisa e rabbiosa. Mosca si allarma e rinuncia al progetto.

Il censimento del 1979 registra un nuovo calo percentuale dei russi che passano dal 42,4% al 40,8%: sono, ora, 5.991.000. I casachi, in piena rimonta demografica, raggiungono il numero di 5.289.000. La crisi economica ha infatti interrotto il flusso migratorio dall'Europa dando così, paradossalmente, una mano agli indigeni.

Nel 1982 muore Brežnev, l'amico e il protettore di Kunaev. Dopo tre anni di interregno, Gorbačëv diventa il nuovo leader del PCUS. Vuole rimettere in sesto l'economia dell'URSS e si è accorto della mafia e della corruzione che caratterizzano le RSS dell'Asia centrale.

Il risorgimento casaco e l'avvento di Nazarbaev

Dopo aver epurato l'Urbecchia, i nuovi censori sovietici affrontano di petto la Kazakhstan. Kunaev assiste alla caduta programmata delle teste di amici e parenti senza battere ciglio. Non può però impedire l'arrivo del suo turno. Il 16 dicembre 1986, viene infatti rimosso e sostituito, alla guida del PCUS casaco, da un russo, Gennadij Kolbin. L'affronto all'onore nazionale appare, a molti casachi, intollerabile.

Il 17 dicembre, 10.000 persone, armate di bastoni e di spranghe di ferro, al grido di "la Kazakhstan ai casachi!", dànno la stura ai famosi "moti di Alma Ata", che durano due giorni e si concludono, secondo le cifre ufficiali, con due morti. Secondo fonti officiose, i morti sarebbero invece alcune centinaia. Ai moti partecipano molti funzionari di Partito, solidali con Kunaev, e quasi tutti gli studenti dell'università di Almatü.

Abbiamo visto come i casachi sfiorino, e da pochi anni, appena il 40% della popolazione della loro RSS. Rappresentano però l'80% degli iscritti all'università della capitale, che pure è una città prevalentemente russa. Gli studenti casachi sono scontenti per la mancanza di prospettive professionali e sono soprattutto indignati per la scarsa considerazione di cui godono la lingua e la cultura nazionali. In Kazakhstan, a causa della "colonizzazione" culturale e dell'altissimo numero dei residenti russi, il 62% degli indigeni è bilingue (è in grado cioè di usare tanto il casaco quanto il russo) mentre appena lo 0,9% dei russi, degli ucraini e dei tedeschi conosce il casaco. Ma, a causa della scuola, che privilegia sfacciatamente il russo, soltanto il 40% dei casachi, che pure parlano abitualmente la loro lingua, è in grado di scriverla correttamente. I casachi, poi, anche se sono riusciti a trasformarsi da pastori in contadini a prezzo di sacrifici che sappiamo enormi, non sono riusciti a trasformarsi in tecnici e in operai e intasano pertanto il terziario e la burocrazia. La divisione etnica appare, in Kazakhstan, anche una separazione socio-professionale.

Altre motivazioni che si aggiungono a quelle che hanno fomentato il risentimento casaco, sono quelle di tipo ecologico (l'inquinamento del lago di Aral e la preoccupazione per il poligono di Semipalatinsk dove avvengono tutti gli esperimenti nucleari sovietici) e quelle relative al sottosviluppo economico: il reddito nazionale medio della RSS è il 62% di quello sovietico, il salario medio raggiunge a malapena il 60%. Il tasso di incremento demografico è però del 35% mentre in Russia si aggira intorno al 7%. Ciò significa una disoccupazione progressiva e galoppante, aggravata dalla diminuzione costante degli investimenti (decisi, ovviamente, a Mosca): investimenti che aumentano invece costantemente nella parte europea dell'URSS, soprattutto in Russia.

Il risultato di questa situazione tragica sono stati i moti del 17 dicembre, che segnano vistosamente il risveglio di una opposizione nazionale in tutta l'Asia centrale e appaiono destinati a esservi "esportati". In Kazakhstan, dopo questo exploit, l'opposizione sembra invece acquietarsi. Anche se Kolbin non viene rimosso, il governo è affidato alla guida di un casaco assai intelligente, Nursultan Nazarbaev, che riesce a evitare con accortezza ogni ulteriore umiliazione del sentimento nazionale. Convince pazientemente Kolbin e Mosca della necessità di assecondare perlomeno alcune delle richieste che salgono dal paese. Prende infatti provvedimenti concreti a favore della lingua casaca, continua a garantire la "preferenza nazionale" nell'assegnazione dei posti di lavoro, asseconda lealmente Gorbačëv nella progressiva attuazione della *perestrojka* e nel ripristino accelerato di quote sempre più vaste di libertà sostanziali per i cittadini sovietici.

Nonostante si mormori che, pur essendo un altro discendente del vecchio notabilato dell'Orda maggiore, provenga dalla "mafia di Qaragandü", rivale tradizionale della "mafia di Almatü" cui apparteneva invece Kunaev, Nazarbaev conquista la fiducia di Gorbačëv. Ne diventa il delfino per tutta l'Asia centrale e, nel 1989, viene nominato capo del PCUS casaco al posto di Kolbin. Un indigeno torna così alla guida della Kazakhstan e il "padrone russo" imposto da Mosca tre anni prima se ne va. La soddisfazione è altissima in tutto il paese.

Il 1989 è un anno importante per la Kazakhstan. Approfittando della perestrojka, nasce tutta una serie di movimenti ispirati alla democrazia e all'affermazione dei diritti nazionali. Si tratta di Jeltoqsan ("Dicembre": è il mese dei moti di Almatü) che è, in pratica, il fronte popolare casaco; si tratta dell'associazione per l'affermazione della lingua nazionale Qazaq til (Lingua casaca) e di altri sodalizi per la difesa della cultura e della storia del paese quali Adilet (Giustizia) e Atameken (Patria). Il primo raggruppamento di opposizione a essere fondato è però quello, antinucleare ed ecologista, animato dal poeta Alžas Suleimanov, che nasce nel marzo con il nome di "Nevada Semipalatinsk", per significare il collegamento ideale con la lotta del movimento antinucleare americano.

Purtroppo, nel giugno del 1989, un preoccupato moto xenofobo sconvolge il paese. A Novy Uzen, sulla costa del Caspio, avvengono gravi incidenti tra casachi e "caucasici": si tratta di quei pochi ceceni, ingusci e caraciai che sono rimasti in Kazakhstan in quanto si sono trasformati in ottimi tecnici dell'industria petrolifera. Non rischiano di perdere il posto per il taglio della produzione imposto da Mosca, come accade invece agli autoctoni che occupano i ruoli più umili e quindi più facilmente eliminabili. Gli incidenti provocano tre morti e alcune centinaia di feriti.

Nazarbaev ha intanto lucidamente compreso come la regressione casaca derivi dalla cattiva conduzione della sua economia ma anche dai mille lacci burocratici che la impacciano, legandola alle esigenze prevalenti del "centro" moscovita. Sa però altrettanto bene come la Kazakhstan produca ancora il 34% del grano e il 20% del carbone sovietici. È, insomma, una potenza economica di tutto rispetto, almeno nel contesto sovietico. Ed è anche, fra le RSS, una delle più equilibrate in quanto al rapporto industria-agricoltura, con un sottosuolo per giunta ricchissimo. Rappresenta l'unico caso, almeno in Asia centrale, nel quale una reale indipendenza economica appare, in prospettiva, possibile. Nazarbaev sa però che questa indipendenza non può essere immediata, che la Kazakhstan vive ancora sui finanziamenti sovietici, che manca di tecnici e di esperti indigeni, che è necessario un lungo periodo di ordine e di disciplina per affrontare con successo la transizione. Ma sa anche che il popolo casaco si sente mortificato.

Il 22 settembre 1989, Nazarbaev fa dichiarare, dal soviet supremo repubblicano, il casaco "lingua di Stato". Riabilita anche, pubblicamente, gli esponenti nazionalcomunisti indigeni vittime delle purghe di Stalin, tra i quali Ryskulov e Baitarsunov.

Nazarbaev partecipa intanto, come consulente privilegiato, al progetto promosso da Gorbačëv per riformare l'assetto federale dell'URSS e impedirne così la possibile disgregazione concedendo maggiori poteri alle repubbliche federate. Allo stesso tempo, si impegna a salvaguardare, meglio a ripristinare, la sovranità della "sua" repubblica, in ciò ispirato anche dal comportamento della Russia di El'cin, che si è appena dichiarata "sovrana" nei confronti dell'URSS. Il 25 ottobre 1989, il soviet supremo casaco dichiara, appunto, la sovranità della Kazakhstan. Afferma la preminenza delle leggi casache su quelle federali e proibisce ogni esperimento nucleare nel poligono di Semipalatinsk.

Il 1989 si chiude in bellezza con i risultati del censimento. Grazie alla rimonta demografica, i casachi sono tornati a essere la prima nazionalità della "loro" repubblica: il 39,7% a fronte del 37,6% dei russi, del 5,8% dei tedeschi e del 5,4% di ucraini.

Preoccupati per la rimonta, allo stesso tempo "naturale" (l'altissimo numero delle nascite) e politico-culturale, degli indigeni, i residenti russi istituiscono i loro movimenti politici, alcuni dei quali puntano sulla "fraterna collaborazione" (naturalmente a guida russa) tra i due popoli, ma altri, come il Partito autonomista della Kazakhstan orientale, puntano invece sulla secessione e l'annessione alla RSFS russa. Si è creata del resto una divisione territoriale tra la Kazakhstan "russo-ucraino-tedesca", che comprende la parte settentrionale e quella orientale del paese, e la Kazakhstan "casaca", raccolta nelle parti occidentale e meridionale del paese medesimo. Anche la capitale Almatü, che con i suoi 1.200.000 abitanti è la seconda città dell'Asia centrale (subito dopo Taškent), è prevalentemente russa.

Il 25 marzo 1990, si svolgono le elezioni per il rinnovo del soviet supremo repubblicano. Si svolgono con le nuove regole "democratiche" volute da Gorbačëv ma in Kazakhstan vi partecipano soltanto i comunisti (che sono però divenuti sempre più autonomisti e "democratici"). Diversamente accade nelle repubbliche baltiche dove la vittoria dei Fronti popolari e la sconfitta del PCUS innescheranno una serie di secessioni le quali porteranno alla fine dell'URSS.

L'indipendenza

L'opposizione musulmana, che si è sviluppata in sordina, si coagula, nel 1990, nel movimento Alaš (e assumerà, nella primavera del 1991, il nome di Partito democratico islamico). Comunque, anche in campo religioso, la genialità politica di Nazarbaev trova modo di rifulgere: nel febbraio del 1990 viene infatti istituita, con tutti i crismi necessari, la quinta nazarat sovietica, quella di Almatü, competente per la Kazakhstan e con il casaco quale lingua ufficiale. I casachi si liberano così della dipendenza religiosa da Taškent e dagli usbecchi e si allontanano fisicamente dall'ondata dall'integralismo che sta montando anche in Asia centrale provenendo dall'Iran e dall'Afghanistan.

Nel settembre del 1990, l'illustre esule russo Aleksandr Solženicyn pubblica su un giornale di Mosca un articolo che diviene subito famoso: sostiene la necessità di lasciare libere di raggiungere l'indipendenza nazionale tutte le repubbliche dell'URSS ad esclusione della Russia, dell'Ucraina, della Bielorussia e della metà almeno della Kazakhstan, che dovrebbero invece formare uno Stato "russo". Questo articolo provoca una vibrante protesta da parte delle autorità casache e una serie di manifestazioni popolari contro il nuovo "imperialismo moscovita".

Quando Gorbačëv chiede a tutti i cittadini dell'URSS, col referendum del 17 marzo 1991, di appoggiare col loro voto la volontà di rinnovare l'Unione Sovietica concedendo una maggiore sovranità alle singole repubbliche federate, Nazarbaev fa aggiungere, sulle schede distribuite in Kazakhstan, un quesito relativo al mantenimento della sovranità nazionale appena dichiarata. I cittadini della RSS votano al 94% in favore del rinnovamento dell'URSS e del mantenimento della sovranità nazionale.

Contemporaneamente, nasce un partito indipendentista radicale, che propugna invece la secessione dell'URSS e prende il nome di Azat (Libertà). Intanto, il nuovo "progetto di unione" viene ancora rivisto e "migliorato". Viene deciso che verrà approvato ufficialmente il 20 agosto.

Il 19 agosto, avviene il colpo di Stato conservatore. Salta così l'approvazione prevista. Nazarbaev condanna pubblicamente il golpe ed esce dal PCUS. Il golpe fallisce dopo appena tre giorni. Fallisce a Mosca, dove era cominciato. El'cin, il presidente della Federazione russa, ne risulta quindi il vincitore. Comincia a diramare direttive e decreti, destinati a tutta l'URSS. Le repubbliche federate temono che la Russia, pur benemerita nell'occasione, voglia sostituire il proprio potere a quello dell'Unione Sovietica e, per cautelarsi, dichiarano tutte la loro indipendenza nell'arco di pochi giorni. Tutte ma non la

Kazakhstan: Nazarbaev è, come al solito, assai prudente. Sembra che gli basti la sovranità.

La prima riunione del soviet supremo dell'URSS del dopo golpe, che avviene il 26 agosto, è tempestosa. Nazarbaev dichiara in apertura che "è cominciata un'epoca nuova che ci separa ormai nettamente da quella precedente" e annuncia, a scanso di equivoci, che "la Kazakhstan non sarà più la sorella minore di nessuna altra repubblica". Il 30 agosto la Federazione russa e la Kazakhstan firmano un accordo che riconosce l'intangibilità dei confini esistenti. Il soviet supremo di Mosca vara un nuovo assetto istituzionale. Al vertice dell'URSS viene posto un Consiglio di Stato formato dai presidenti delle repubbliche federate. Il 6 settembre, durante la prima riunione del nuovo organismo, viene concessa l'indipendenza alla Lituania, alla Lettonia e all'Estonia. Viene anche decisa la preparazione di un nuovo progetto di confederazione tra le repubbliche superstiti, a maglie ancora più larghe del precedente e che preveda diverse modalità di associazione tra gli Stati membri,

L'8 settembre, Nazarbaev scioglie il PCUS casaco e fonda sulle sue ceneri il nuovo Partito socialista che ne diviene l'erede universale. Coinvolge Azat in una sorta di alleanza nazionale e indice, per il 1° dicembre, l'elezione diretta del presidente della repubblica quale capo supremo dello Stato. Chiude definitivamente il poligono di Semipalatinsk. Impedisce però, con una serie di cavilli legali, la partecipazione di candidati dell'opposizione alle elezioni del 1° dicembre, che vince, come candidato unico, col 98% dei suffragi. È, così, pronto a firmare l'adesione casaca alla nuova confederazione post-sovietica.

Ma l'Ucraina non ci sta. La defezione della seconda repubblica sovietica per numero di abitanti e per statura economica, affossa il progetto. El'cin, che è realista ma è soprattutto in rotta con Gorbačëv cui vuole togliere anche l'ultimo barlume di potere rimastogli, si accorda segretamente con gli ucraini. L'8 dicembre, la Federazione russa, l'Ucraina e la Bielorussia dichiarano estinta l'URSS e formano una specie di *commonwealth*, la CSI (Comunità di Stati indipendenti), aperto ad altri Stati.

Nazarbaev è preso in contropiede. Sa che il suo paese ha ancora bisogno della Russia per affrontare una transizione che si presenta lunga e difficile. Il 10 dicembre, toglie comunque gli aggettivi "socialista" e "sovietica" dalla denominazione della repubblica casaca. Il 13 dicembre, riunisce le altre quattro repubbliche centro-asiatiche e le convince a chiedere l'ingresso nella CSI a condizione che venga loro riconosciuto il ruolo di "membri fondatori".

Per presentarsi con le carte in regola all'appuntamento successivo, fa dichiarare in tutta fretta, il 16 dicembre, dal soviet supremo casaco (i cui membri hanno aderito in maggioranza al suo Partito socialista ma alcuni dei quali si sono invece iscritti a Azat e altri al Partito democratico islamico) l'indipendenza nazionale. Si accorda poi con El'cin e i presidenti delle altre due repubbliche slave. Il 21 dicembre, ad Almatü, viene così sottoscritto il trattato costitutivo della CSI fra le tre repubbliche slave promotrici della comunità, le sei repubbliche musulmane, l'Armenia e la Moldavia. L'azione di Nazarbaev ha avuto successo. Il 31 dicembre, la Kazakhstan diviene membro della CSGE e il 2 marzo 1992 dell'ONU.

Il Kazakhstan gestisce accortamente la propria indipendenza e mantiene buoni rapporti con gli altri Stati membri della CSI, soprattutto con la Russia, senza però mai abbassare la testa: sfrutta con abilità il fatto di essere una delle quattro "potenze" nucleari dell'ex URSS e sottoscrive un vantaggioso accordo per la distruzione degli ordigni presenti sul suo territorio affidando alla Russia questa incombenza e godendo poi di finanziamenti americani. Il 19 agosto firma un patto di sicurezza collettiva con la Federazione russa, l'Armenia, la Kyrgyzstan, l'Uzbekistan e la Tajikistan: il suo territorio verrà così difeso da una "forza congiunta" di 65.000 uomini. L'ala nazionalista estremista mostra però il suo malcontento per una politica ritenuta troppo acquiescente: lo fa con una grande manifestazione popolare che si svolge a Almatü il 17 giugno. Vuole una indipendenza completa e non desidera alcun accordo con la Russia. Rimprovera Nazarbaev di essere ancora un comunista, sia pure mascherato, e di comportarsi da dittatore. Nazarbaev limita allora, per decreto, le attività di

Azat e mette fuori legge tutti gli altri partiti. Prende le distanze tanto dall'integralismo islamico quanto dal nazionalismo russo dichiarando di vedere con favore un'alleanza di tutti i paesi turcofoni.

A causa del proprio islamismo "tiepido" e della propria "turchità" consapevole, la Kazakhstan stabilisce ottimi rapporti economici con la Turchia, da cui riceve aiuti finanziari consistenti. È anche la sola repubblica ex sovietica ad aprire con successo la propria economia alle imprese occidentali, forte delle enormi ricchezze del suo sottosuolo. Ha cominciato con il petrolio e il gas naturale, di cui è un produttore notevole, realizzando un volume di affari che è stato, nel 1992, di 40.000.000 di dollari: i suoi partner sono Chevron, BMB, British Gas, Elf, Agip. La sua agricoltura, ancora completamente statalizzata, ha registrato, nel 1992, un raccolto record.

Nazarbaev, diffidando delle riforme improvvisate e di una applicazione troppo "violenta" della democrazia e approfittando di una congiura economica e politica favorevole, è insomma riuscito, almeno per il momento, a garantire al suo paese una transizione dignitosa verso un nuovo assetto ancora tutto da realizzare.

Un accordo con la Mongolia ha intanto permesso il trasferimento in patria della minoranza casaca di quello Stato confinante: 130.000 persone, la maggioranza delle quali viveva nella provincia nazionale autonoma di Bayan Olgly. Se si riuscirà a fare altrettanto con il milione abbondante di casachi che vivono in Cina e discendono dai profughi del 1916 e del 1930-1932 (e se continuerà la tendenza alla crescita demografica degli indigeni e l'abbandono del paese da parte di un numero sempre crescente di residenti europei), la Kazakhstan potrà tornare, in tempo relativamente breve, casaca davvero. La maggioranza dei residenti tedeschi abbandona intanto il paese per la Siberia, il basso Volga e San Pietroburgo.

Il 23 gennaio 1993, Nazarbaev sottoscrive lo statuto della CSI, finalmente redatto e presentato agli Stati membri, dove si precisa la "sfera di azione comune" e anche questo suo atto contribuisce a rafforzare i rapporti con la Russia e le altre repubbliche centro-asiatiche. Cinque giorni dopo, fa però approvare dal parlamento una nuova Costituzione che riserva enormi poteri al presidente della repubblica e dichiara il casaco unica lingua ufficiale costringendo i residenti russi a impararlo.

Il 15 novembre vara la nuova moneta nazionale casaca, il *tenge*, riprendendo il nome della moneta tartara dei tempi dell'Orda d'oro.

Nel dicembre, Nazarbaev si accorda con Karimov, il leader dell'Uzbekistan, l'altra grande potenza dell'Asia centrale. I due paesi decidono di varare un progetto ambizioso che prevede la libera circolazione delle merci e dei capitali all'interno dei due paesi e una politica economica e finanziaria comuni. A questo accordo aderiscono la Kyrgyzstan, la Turkmenistan e la Tajikistan. Le repubbliche centro-asiatiche musulmane indipendenti cercano in questo modo di affermarsi nei confronti della Russia e dei paesi musulmani (Iran, Afghanistan, Pakistan) che le circondano e appaiono oltretutto in preda a un fondamentalismo islamico pericoloso.

L'8 marzo 1994 si svolgono le elezioni per il rinnovo del parlamento casaco. Appaiono largamente "manipolate" da Nazarbaev agli occhi degli osservatori della CSGE che lo stesso leader casaco è stato costretto a ospitare nell'occasione. I risultati confermano questa "manipolazione". I candidati del Partito socialista e di altre formazioni politiche addomesticate conquistano la maggioranza assoluta (i sei settimi) dei seggi e i due terzi dell'assemblea sono appannaggio dei candidati di nazionalità casaca quando i casachi rappresentano appena il 40% della popolazione della repubblica. Il carisma di Nazarbaev riesce tuttavia a legittimare di fronte alla maggioranza dell'opinione pubblica del suo paese questi risultati. Fonda anche il Congresso dell'unità popolare casaco nel quale fa conferire il Partito socialista.

L'abilità del leader casaco si rivela poi attraverso una sorta di sublime equilibrismo tra li Russia e la CSI da un lato e le potenze islamiche dall'altro: e perfino nei suoi rapporti con il "mondo occidentali" cui è legato da alcuni buoni accordi economici. Questo "terzo lato" è apparto evidente nel novembre 1994 quando, con una complessa operazione concordata, larga parte del materiale nucleare presente in Kazakhstan è stato segretamente trasportato, per via aerea, negli Stati Uniti di America per esservi distrutto. Precedentemente, il 29 marzo, aveva addirittura auspicato la sostituzione della CSI con una "confederazione eurasiatica" dotata di poteri più incisivi e aveva affittato alla Russia per venti anni la base spaziale di Bajkonur.

KYRGYZSTAN (KYRGYZSTAN)

Superficie Kmq 198.500

Popolazione Ab. 4 291.000 (1989) di cui 48% chirghisi, 26% russi, 12% usbecchi 3% ucraini, 2% tartari, 9% altri. Circa 200.000 chirghisi vivono in Tajikistan, in Uzbekistan e in altre repubbliche dell'Asia centrale. I chirghisi russi sono in tutto 2.200.000. Oltre 100.000 chirghisi vivono in Cina (nella regione autonoma turca del Sinkiang-Uiguria). In termini di antropologia fisica i chirghisi presentano tanto una componente mongolide quanto una componente europide, con netta prevalenza però della componente mongolide

Capitale Biškek, fino al 1926 Pišpek (646.000 ab.). Dal 1927 al 1991 è stata chiamata Frunze, in onore di Michail Vasil'evič Frunze (1885-1925), commissario del popolo per gli fffari militari e navali dell'URSS.

Lingua Il chirghiso (gruppo nordoccidentale della classe turca della famiglia altaica). Il 99% di coloro che si dichiarano di nazionalità chirghisa considera il chirghiso come la propria lingua materna. Il chirghiso si scrive con l'alfabeto cirillico modificato.

Religione Musulmana sunnita

Territorio Occupa le diramazioni occidentali del Tien-šan, vasto sistema montuoso dell'Asia centrale che giunge ad oriente fino al Sinkiang cinese e a sud si congiunge con i monti dell'Ala-tau. Si tratta di un territorio d'alta montagna, più della metà del quale è situata ad un'altezza media di 3000 m. Il Kyrgyzstan confina ad ovest con l'Uzbekistan e parte della Kazakhstan, a nord con la Kazakhstan, ad est con la Cina e a sud con la Tajikistan.

Alla ricerca di un territorio

La moderna nazione chirghisa è la più giovane tra le formazioni nazionali che hanno dato vita alle quindici repubbliche una volta sovietiche. Nasce soltanto tra la fine del XVII e l'inizio del XVIII secolo. E nasce dalla simbiosi di un popolo turco assai antico con un territorio per esso del tutto nuovo: il Tianšan occidentale, che si prolunga a ovest nelle catene dell'Alai e del Trasalai a nord delle quali si affacciano le valli della Fergana e sulle quali, a sud, incombe il massiccio del Pamir (la cui altezza media è di 4000 metri). Anche l'altezza media del Tianšan è però di tutto rispetto: 3000 metri.

Tra i popoli turchi dell'antichità a noi noti c'è anche quello chirghiso: il suo nome deriva da *kyr gyz* (quaranta tribù). È insediato nel bacino dell'alto Enisej, appena a occidente dell'Otüken, la patria originaria di tutti i turchi, in una vasta area che comprende parte della steppa siberiana e parte delle montagne dei Saiani e dell'Altai. I chirghisi si dedicano all'allevamento nomade e seminomade, alla caccia, alla pesca e alla raccolta dei prodotti della foresta. Sviluppano anche una certa attività agricola (la coltivazione dell'orzo) sfruttando un'antichissima quanto misteriosa rete di canali.

Nell'800, una delle *tokuz oghuz* (nove tribù) turche, quella degli uiguri, si impossessa dell'Otüken e vi istituisce un impero turco unitario.

Gli uiguri sono il più "colto" tra i popoli turchi di allora. Hanno adottato, per la loro lingua, l'alfabeto sogdiano, assai più moderno della primitiva scrittura runica usata allora dai turchi e molti di loro aderiscono al manicheismo, al cristianesimo nestoriano e al buddismo. I più rozzi chirghisi sembrano però non gradire questa supremazia. Nell'840 si ribellano e invado l'Otüken. Gli uiguri ne vengono scacciati e, nell'848, devono rifugiarsi in Cina. I chirghisi si insediano al loro posto e dirigono l'impero turco mantenendovi le forme culturali acquisite per merito degli uiguri. Nel 924, le avanguardie dei mongoli (i *kitay*) invadono a loro volta l'Otüken. I chirghisi, anch'essi scacciati, ritornano in massa nell'alto Enisej, da dove si suppone che una parte di loro non si sia mai mossa, mentre la “patria originaria” dei turchi si trasforma nell’Odierna Mongolia.

I chirghisi vengono coinvolti soltanto marginalmente dalla formazione dell’impero di Gengiz Khan quale avviene nel XIII secolo. Nell’Otüken, ormai diventato Mongolia *tout court*, così come si erano verificate continue lotte intestine tra turchi per la supremazia territoriale, se ne accendono di altrettali tra i diversi popoli mongoli. Il dominio iniziale degli oirati viene così ribaltato dai *khalkha* che, nel XV secolo, li respingono verso la steppa. Gli oirati, che i musulmani chiamano “calmucchi”, attraversano così le terre dell’alto Enisej, dove vengono affrontati e dispersi dai chirghisi. Si riversano allora nella grande steppa dove combattono memorabili battaglie contro i turchi casachi.

Intanto, nel 1606, i russi, che hanno conquistato, a partire dal 1581, gran parte della Siberia, scendono lungo lo Enisej e raggiungono il territorio chirghiso. I chirghisi gli si oppongono in armi, sotto il comando del loro khan Nemči, ma vengono irrimediabilmente sconfitti. Incapaci di vivere sotto una dominazione straniera, emigrano in massa, si suppone già nel 1610, verso la steppa che si estende attorno al lago Balkhaš, dove si insediano a stretto contatto con i casachi dell’Orda maggiore. Una cosa tuttavia è certa: a partire dal 1703 manca all’improvviso ogni notizia relativa ai chirghisi dell’Enisej. È la prova che se ne sono andati ormai tutti. I rapporti tra la nazionalità chirghisa e quella casaca, sulle sponde del Balkhaš, non permangono tuttavia idilliaci a lungo.

All’inizio, l’influenza dei casachi sui chirghisi appare ben accetta ed è culturalmente sensibile. È registrata soprattutto dalla lingua: la lingua chirghisa rischia, in pochi anni, di trasformarsi addirittura in un dialetto casaco. In seguito, però, i rapporti si deteriorano. I chirghisi si rifiutano di confluire nell’Orda maggiore e di pagare tributi al suo khan. I casachi, che non sono riusciti ad assorbirli, cominciano a molestarli. Verso la fine del secolo, i chirghisi si rimettono in marcia e scendono verso sud insediandosi nel Tianšan occidentale, scarsamente popolato da altri turchi (altaini e cacassi).

Paradossalmente, ritornano in contatto con i calmucchi,

che si sono insediati nel Tianšan orientale istituendovi, nel 1677, il loro regno di Zungaria. L'insediamento chirghiso in quella che sarà la loro patria definitiva, avviene rapidamente ed agevolmente. È segnato però da continue lotte contro i confinanti calmucchi, i quali sono ormai diventati i loro antagonisti nazionali.

Al riparo dal Tianšan

Nelle vallate e sulle pendici del Tianšan occidentale, si forma la moderna nazione chirghisa. Dal punto di vista della memoria storica, l'esperienza plurisecolare vissuta nella regione dell'alto Enisej viene completamente dimenticata: è come se i chirghisi non fossero mai stati stanziati in luoghi diversi da quello dove risiedono alla fine del XVII secolo. La loro grande poesia epica, che è bellissima e del tutto orale, è ambientata nel Tianšan e narra delle vicende interne e della lunga lotta contro i calmucchi. È comporta da "Manaš", una epopea sterminata e stupenda di 500.000 versi, chiamata "l'Iliade della steppa", da "Samyatey", chiamata "l'Odissea chirghisa", e dalla posteriore "Seytekh". Le tre epopee saranno raccolte e pubblicate soltanto negli anni trenta del XX secolo.

D'altro canto, il popolo chirghiso conserva la divisione in due "ali", la "destra" e la "sinistra", diffusa tra i mongoli ai tempi di Gengiz Khan e imposta ai popoli assoggettati quando i chirghisi non si erano ancora stabiliti nel Tianšan. Nasce invece, nel XVIII secolo e nel nuovo habitat etnico, l'istituzione tipica del *manap* (forse un nome proprio passato a indicare chi fa parte della classe dirigente indigena). I chirghisi, al contrario dei casachi, non sono divisi al loro interno nelle due classi ereditarie dell'"osso bianco" e dell'"osso nero". Allevatori anch'essi, praticano però la pastorizia "verticale", cioè la transumanza dalle vallate ai piedi dei monti, dove gli armenti passano la stagione invernale, ai pascoli d'alta montagna, occupati durante l'estate. Sul fondo valle sorgono i loro villaggi e si svolgono anche attività agricole di un certo rilievo. Inizia col tempo l'emigrazione di coltivatori chirghisi nella Fergana orientale mentre i pastori si espandono nel Pamir.

Il manap è l'allevatore del villaggio che possiede le mandrie più numerose. È il capo della comunità e i "sudditi" gli pagano un tributo in capi di bestiame. Assume la funzione di "saggio" e di "anziano". Molti manap sono a loro volta "vassalli" di un manap maggiore, che è alla testa di un gruppo di villaggi. Ma la casta dei manap non è ereditaria e non è chiusa: in teoria, tutti i chirghisi, incrementando il numero dei loro animali e un loro eventuale carisma, possono diventare manap.

Nel XVIII secolo, per l'influsso dei popoli limitrofi (usbecchi e tagicchi soprattutto) e per l'azione capillare svolta dalle confraternite sufi, i chirghisi si convertono in massa all'Islam. Ma la loro conversione è troppo rapida per non essere superficiale. In pratica, gli sciamani continuano a svolgere il loro ruolo di maghi popolari e la legge, amministrata dai manap e non dal "clero" musulmano, è il diritto indigeno consuetudinario, l'*adat*, e non la *šariah* islamica. La lingua chirghisa, che come abbiamo detto è stata radicalmente influenzata dal casaco ma mostra anche qualche superstite affinità col turco dei Saiani e dell'Altai, continua ad essere soltanto orale.

Nel 1753, sotto la spinta cinese, crolla il regno calmucco di Zungaria che, come sappiano, incorpora il Tianšan orientale. I cinesi estendono la loro sovranità anche sulla steppa dell'Orda maggiore casaca e sul Tianšan occidentale, ormai chirghiso. Ma si tratta di una sovranità puramente nominale. Tra il 1800 e il 1840, il khanato usbecco di Kokand estende la propria larvata sovranità al paese chirghiso.

L'impero russo, che a partire dal 1731 ha cominciato ad annettersi tutta la steppa casaca, penetra nel 1864 nella Fergana e, nel 1866, costringe il khan di Kokand a divenire suo vassallo. Sempre nel 1864, i russi raggiungono il Tianšan occidentale e lo annettono. Hanno però il torto di chiamare da tempo "chirghisi" i casachi. Devono trovare un nuovo nome per questi loro ancora più freschi sudditi: li chiamano allora "carachirghisi" (chirghisi neri: il nero è il colore delle tende di feltro da loro usate durante l'alpeggio).

Nel 1876, il khanato di Kokand viene annesso direttamente all'impero russo. Col suo territorio (compresa la steppa a sud del Balkhaš), col Tianšan occidentale e con altre province limitrofe sottratte alla sovranità indigena, i russi formano il governatorato militare del Turkestan.

Nell'ambito del governatorato, il paese chirghiso viene diviso amministrativamente tra la provincia della Fergana, popolata prevalentemente da usbecchi e da tagicchi, e quella della Semirecia (il Tianšan e la steppa a sud del Balkhaš), prevalentemente casaca. A parte un certo numero di chirghisi discesi da tempo nella Fergana dove sono diventati sedentari e si sono trasformati in agricoltori, nessun cambiamento sociale ed economico di rilievo avviene, al momento, nel paese chirghiso a eccezione dell'insediamento, del resto modesto, di residenti russi che si stabiliscono nei villaggi di fondo valle cominciando a trasformarli in città: il villaggio da loro preferito è Biškek ("mestolo", "bastone") che i russi chiameranno Pišpek e diviene presto una città di impianto europeo. In essa nasce Mikhail Frunze, figlio di coloni ucraini e destinato a sostituire Trockij alla guida dell'Armata rossa.

Verso la fine del secolo, comunque dopo il 1890, un numero crescente di coloni russi e ucraini (e perfino una colonia tedesca) si stabilisce però in quella che potremo già chiamare Kyrgyzstan, dove, espropriati gli indigeni di molte terre dei fondi valle, impianta una serie di fattorie.

Tutta l'Asia centrale, comunque, è lasciata all'autogoverno degli indigeni, almeno per quanto riguarda gli affari interni. I russi costituiscono, al loro fianco, una comunità separata che ha le proprie chiese, i propri tribunale, le proprie case. L'Islam si fa, tra i chirghisi, sempre più partecipato. Alcuni chirghisi frequentano le scuole coraniche, che svolgono il loro insegnamento in ciagataico, in dari e in arabo. Le confraternite sufi si diffondono in mezzo a loro con grande zelo e energia.

Agli inizi del novecento, il movimento giadidista impianta le proprie scuole anche nel paese chirghiso, soprattutto nella Fergana. La lingua usata un queste scuole è il tartaro. Nel Tianšan, che è inserito nella Semirecia, accanto alle scuole giadidiste, sorgono alcune scuole casache, nelle quali la lingua di insegnamento è il casaco: anch'esse sono frequentate da alcuni studenti chirghisi. Come si vede, la prima alfabetizzazione di una modesta frangia di chirghisi avviene in idiomi che non sono il loro, anche se il 98% della popolazione non frequenta nessuna scuola e non ha bisogno di altra lingua se non di quella quotidiana.

La rivoluzione russa del 1905 segna l'inizio di una modestissima politicizzazione dei chirghisi, stimolata dagli insegnanti tartari delle scuole giadidiste. Questa "politicizzazione" investe soltanto i chirghisi della Fergana, soprattutto quelli che ormai vivono numerosi nelle città di Oš e di Jalalabad, o fanno gli agricoltori nelle vallate, a contatto con gli usbecchi. Quelli che vivono nel sud della Semirecia e continuano a svolgere le attività tradizionali, appaiono invece vicini alle posizioni del movimento nazionale casaco, al momento ancora del tutto informale.

La prima guerra mondiale segna l'improvvisa presa di coscienza collettiva di tutti i chirghisi. Non è, beninteso, la guerra in se stessa che scuote il paese, così lontano dal fronte, quanto il decreto dello zar del luglio 1916 che impone la mobilitazione di tutti i centro-asiatici. Anche i chirghisi, come gli altri turchestani e i casachi, in quanto sudditi "coloniali", erano stati infatti esentati dal servizio militare e assoggettati a una tassa sostitutiva.

La rivolta musulmana è immediata e vede la partecipazione convinta e numerosa dei chirghisi, che prendono parte a tutti i moti della Fergana, accanto agli usbecchi e ai tagicchi, e a quelli della Semirecia, accanto ai casachi. Quando i moti della Fergana, che sono violenti e sanguinosi, si esauriscono, i casachi e i chirghisi della Semirecia assaltano le fattorie russe e ne distruggono i campi e le scorte. Attorno al lago Issyk-Kul si svolge una vera e propria battaglia campale tra i ribelli chirghisi e casachi e l'esercito russo. Le perdite casaco-chirghise ammontano a 3000 morti e a un numero enorme di feriti. 300.000 casache e almeno 30.000 chirghisi si rifugiano allora in Cina, alla testa dei loro armenti.

Non si sono ancora spenti gli echi di questa battaglia, che lo zar si dimette. A Pietrogrado si insedia il governo provvisorio della duma. I musulmani russi cominciano a organizzarsi politicamente sotto la guida dei tartari di Kazan', profittando della fine dell'autocrazia.

Nascita della coscienza nazionale

La "rivoluzione d'ottobre" esautora il governo provvisorio della duma e lo sostituisce col soviet dei commissari del popolo. Il soviet rivolge subito un appello ai musulmani russi invitandoli "a costruire liberamente la loro vita nazionale sotto la protezione della rivoluzione". Al governo dei soviet aderisce, il 31 ottobre (13 novembre), la città di Taškent, che è il capoluogo del governatorato del Turkestan ed è in mano ai residenti russi, di sentimenti bolscevichi. Il soviet di Taškent esclude però di proposito la partecipazione dei musulmani contravvenendo alle disposizione di Lenin. Il partito giadidista dello Šura-i Islam (consiglio dell'Islam), si allea allora con le altre componenti islamiche del governatorato e forma il Milli Merkes (Centro nazionale). È un raggruppamento plurinazionale che comprende usbecchi, tagicchi, casachi e chirghisi. L'11 dicembre, un congresso convocato dal Milli Merkes chiede ufficialmente l'ingresso degli indigeni nel soviet di Taškent, che propone di condurre a mezzadria con i russi. Taškent rifiuta. Il 13 dicembre, anniversario della nascita di Maometto, viene allora proclamata la Repubblica autonoma del Turkestan, con Kokand come capitale. Lo stesso giorno, a Orenburg, il partito nazionalista casaco dell'Alaš-orda proclama la Repubblica autonoma casaca che assume l'amministrazione delle province della grande steppa a nord del Turkestan.

Il soviet di Taškent e la Repubblica autonoma turchestana entrano subito in conflitto. Il 6 febbraio 1918, i bolscevichi conquistano Kokand debellando la resistenza indigena con grande spargimento di sangue. La repubblica autonoma scompare. Nasce immediatamente il movimento di guerriglia musulmana dei *basmači*, diretto da militanti usbecchi, cui partecipano anche i chirghisi. I rapporti tra il governo bolscevico di Pietrogrado e l'Asia centrale si interrompono a causa della controrivoluzione, che ha tolto ai bolscevichi il controllo dell'area del Volga e degli Urali. Supportato da alcuni giadidisti dell'emirato di Bukhara e del khanato di Khiva (in lotta contro i regimi autoritari dei loro paesi), che si sono rifugiati a Taškent, e spronato da Lenin e da Stalin ad "aprire" agli indigeni, il soviet della capitale turchestana si trasforma, il 30 aprile 1918, in Repubblica sovietica autonoma (RSSA) del Turkestan. Coopta alcuni musulmani ma resta sostanzialmente in mano ai residenti russi.

La guerriglia dei basmači aumenta allora di intensità. Nell'agosto del 1919, conquista tre importanti città della Fergana: Andižan, che è usbecca, Oš e Jalalabad, che sono prevalentemente chirghise. In settembre, i bolscevichi riprenderanno le tre città ma saranno costretti a una vasta operazione di propaganda e di seduzione per circuire e per debellare i basmači. Offrono loro una amnistia e la promessa di incorporare nell'Armata rossa coloro che lo chiederanno.

Un quarto dei basmači passerà così, nel gennaio del 1920, dalla parte dei bolscevichi. I basmači più irriducibili si riorganizzeranno sulla base della nazionalità e del territorio. Il chirghiso Khal Khoja si porrà così alla testa di una formazione di connazionali che opererà tanto in Fergana quanto sui monti del Tianšan.

Nell'autunno del 1919, l'isolamento del Turkestan ha fine. Lenin invia subito a Taškent una commissione speciale diretta da Frunze, che rimprovera aspramente il comportamento dei bolscevichi locali nei confronti dei musulmani e consegna loro un messaggio di Lenin, assai duro in proposito. Alcuni intellettuali indigeni, di estrazione giadidista, convinti dal novo corso, si fanno allora bolscevichi. Appaiono così i primi comunisti chirghisi. Sono comunque pochissimi, perlomeno nei confronti dei comunisti usbecchi e casachi della Semirecia, che prendono in mano le redini del Turkestan, appoggiati da Lenin.

Il 20 giugno 1920, il comitato centrale del Partito comunista (bolscevico) di Russia formula infatti una risoluzione nella quale constata come il potere sovietico si trovi, nel Turkestan, sostanzialmente "nelle mani di un esiguo strato di comunisti russi affetti da psicologia colonialista" e si occupa specificamente dei casachi e dei chirghisi, le cui terre sono state soggette alla rapina coloniale compiuta dal precedente regime in maniera smaccata, diramando alcune disposizioni: "confiscare ai coloni russi tutti i terreni loro assegnati dall'ufficio zarista per l'emigrazione lasciandogli soltanto appezzamenti di dimensioni tali da consentire la coltivazione diretta. Attenersi, nell'assegnazione delle terre eccedenti ai contadini indigeni, al principio della parificazione con i contadini russi". I ritardi nell'applicazione di queste disposizioni impediscono però ai basmači di deporre le armi.

L'arrivo in Turkestan di Enver Pascià rinfocola la resistenza antibolscevica, compresa quella chirghisa. La morte del condottiero panturchista ottomano (agosto 1922) e l'inizio della riforma agraria in favore degli indigeni ridimensionano il fenomeno della resistenza armata musulmana. Quando, nel dicembre 1922, nasce l'URSS, la Repubblica socialista sovietica autonoma turchestana, inserita nella Repubblica socialista federativa sovietica russa (RSFSR), uno dei quattro firmatari dell'atto di unione, appare sostanzialmente pacificata. La "nuova politica economica", voluta da Lenin, lascia una certa autonomia ai contadini indigeni anche se salvaguarda i coloni russi sulla produttività delle cui terre si conta moltissimo. Anche la parallela riforma basata sul censimento degli allevatori e del bestiame, con conseguente ridistribuzione dello stesso, quale avverrà nel 1924, sarà accolta con un certo favore dai chirghisi.

Il potere sovietico stimola la coscienza nazionale dei chirghisi, quale si è timidamente sviluppata tanto all'interno delle organizzazioni turchestante del Partito quanto all'interno della guerriglia antisovietica. Trova l'adesione convinta di un manipolo di intellettuali locali. Nel 1923, escono i primi manuali in lingua chirghisa. Una lingua dall'immenso patrimonio letterario ma fino allora soltanto orale fa così i suoi primi esperimenti di scrittura.

Nel 1924, avviene una grande riforma "nazionale" in tutta l'Asia centrale, voluta dal regime sovietico, dopo una accurata preparazione. Le repubbliche formalmente indipendenti di Bukhara e di Coresmia (ex Khiva) vengono annesse alla

RSFSR e, contemporaneamente, la RSSA turchestana viene dissolta. Ciò accade in settembre. Il territorio così ottenuto viene razionalmente diviso tra le diverse nazionalità che lo abitano. Sono così istituite, già nell'ottobre, la RSSA usbecca, turkmena e tagicca. La provincia turchestana di Semirecia viene assegnata alla RSSA casaca ma la sua parte meridionale, formata dal Tianšan, nonché alcune valli della Fergana, sono istituite in Regione autonoma chirghisa. I casachi non sono più denominati ufficialmente chirghisi (e i chirghisi, carachirghisi). Ognuna delle due nazionalità riprende il proprio nome autoctono.

La lingua chirghisa viene, nello stesso 1924, codificata sulla base della parlata settentrionale, quella del suo capoluogo Biškek. Verrà notata con l'alfabeto arabo e diverrà l'idioma ufficiale della regione autonoma. Sotto l'impulso sovietico, si afferma definitivamente la coscienza di una identità propria da parte di tutti i chirghisi. Nel 1926, la regione autonoma viene promossa RSSA. Diviene parte della RSFSR senza più passare attraverso la mediazione casaca. La sua lingua, appena normalizzata, passa all'uso dell'alfabeto latino e l'alfabetizzazione dei chirghisi comincia nella loro lingua attraverso una rete capillare di scuole di Stato, associazioni, giornali, libri ed emittenti radio.

La RSSA chirghisa è un paese di 1.138.000 abitanti, 700.000 dei quali sono chirghisi. I russi sono il 12% della popolazione, gli usbecchi l'11%, gli ucraini il 7%, i tagicchi il 3%, i tedeschi poco più dell'1%. I chirghisi prendono però troppo sul serio la loro identità nazionale, appena riscoperta, e pretendono di dirigere da soli la vita del loro paese e di usare, a livello pubblico, soltanto la loro lingua. I più fanatici sono proprio i comunisti indigeni, che si fanno forti della parola d'ordine dell'"indigenizzazione", lanciata dal Partito in tutta l'URSS nel 1923. Nel 1925, Abdulkarim Sidik-uulu, che è alla testa del PC locale ed ha formato un gruppo nazionalcomunista noto come "i Trenta", chiede esplicitamente l'allontanamento dei residenti russi da ogni posto di responsabilità ricoperto nello Stato e nel Partito e l'obbligo dell'uso pubblico della sola lingua chirghisa.

Il gruppo dei Trenta viene allora disciolto per "nazionalismo borghese" e Sidik-uulu esiliato. Nel 1926, la repressione sovietica investe un'altra organizzazione di comunisti chirghisi, quella dell'Ur-tokmok, che raggruppa i contadini e gli allevatori poveri. Il gruppo viene ingiustamente accusato di opporsi alle riforme sociali e di volere addirittura ripristinare il potere dei manap. I suoi componenti sono processati e condannati. Nel 1930 viene decisa, anche in Kyrgyzstan, la collettivizzazione forzata dell'agricoltura e la sedentarizzazione, anch'essa forzata, dei nomadi. I chirghisi si oppongono. Molti di loro uccidono il proprio bestiame piuttosto che consegnarlo ai kolkhoz e ai sovkhoz. 10.000 chirghisi raccolgono le loro mandrie e passano il confine rifugiandosi in Cina.

Sidik-uulu, richiamato in patria, viene messo a dirigere l'ufficio della pianificazione statale e provvede a rendere più umana possibile la riforma. Già nel 1933, però, viene accusato di essere alla testa di un complotto per rovesciare il governo locale (e rendere, con l'aiuto della Cina, la Kyrgyzstan indipendente) e di nuovo perseguitato. Nel 1934, in analogia con quanto avviene nel resto dell'URSS, comincia il periodo del "grande terrore" staliniano. Il numero dei residenti russi aumenta considerevolmente: devono dirigere e "sviluppare" il paese. Stalin non si fida infatti dei chirghisi che si susseguono in questo periodo alla testa del governo locale: gli indigeni Abdrakamanov, Irakaev e Salikov vengono, l'uno dopo l'altro, accusati di tradimento e fucilati. Viene fucilato anche l'economista indigeno Urazbekov.

I quadri del PC chirghiso sono decimati e gli iscritti al Partito si riducono del 50%. Paradossalmente, proprio nel mezzo del "grande terrore" (1936), la RSSA viene trasformata in repubblica federata (RSS), membro in prima persona dell'URSS. Ciò dovrebbe servire a inorgoglire i chirghisi (e in parte raggiunge lo scopo) senza tuttavia rallentare la persecuzione contro i "nazionalisti borghesi". Ma l'opposizione non è diffusa soltanto tra i nazionalcomunisti. Nel 1936, viene scoperta una confraternita islamica clandestina, formatasi durante la messa al bando dell'Islam ufficiale avvenuta nel 1930: quella degli "išan chiomati", responsabili di numerosi sabotaggi e attentati. I suoi capi vengono arrestati e messi a morte. Il culmine della repressione avviene nel 1938, quando è fucilato il poeta Kazim Tinistan-uulu, il fondatore della letteratura chirghisa moderna nella nuova lingua coniata nel 1924 a cura del potere sovietico. Insieme a lui vengono giustiziati altri quattro scrittori affermati.

Mezzo secolo di trasformazioni

Il 1940 è un anno importante per la Kyrgyzstan. Vengono terminate alcune grandi opere pubbliche, quali l'escavazione del canale dei monti Gissak. Nuove terre possono essere cos' convertite all'agricoltura. Vi si pianta il cotone, quasi non bastasse quello prodotto nel resto dell'Asia centrale. Viene anche potenziato lo sfruttamento minerario. Il bacino carbonifero di Uzgen, il maggiore del paese, è ormai in piena attività. Tutto ciò significa l'arrivo in Kyrgyzstan di nuovi e sempre più numerosi residenti russi: tecnici, operai, contadini. Ciò incrementa, ovviamente, la "russificazione" del paese.

La lingua chirghisa è costretta, per legge, proprio nel 1940, a impiegare l'alfabeto cirillico. È anche sottoposta a un processo di "ibridazione": tutte le parole di origine araba, sulle quali si basa il lessico politico, vengono sostituite, sempre per legge, con calchi di analoghe parole russe.

Lo scoppio della seconda guerra mondiale provoca il richiamo alle armi di tutti i chirghisi in età di combattere. Naturalmente, questi soldati non brillano per fervore e disciplina militare. Molti si imboscano sui monte del Tianšan; molti, una volta al fronte, disertano o si dànno prigionieri. Per vincere la guerra, Stalin ritiene opportuno scendere a patti con i musulmani e istituire alcune direzioni spirituali islamiche, in analogia con il "trattamento" riservato alla Chiesa ortodossa, che si è segnalata, nonostante la persecuzione, per il suo acceso patriottismo durante l'ora del pericolo ed è stata pertanto "riabilitata". I chirghisi si trovano così, nel 1943, inseriti nel territorio della *nazarat* usbecca di Taškent. Alcune moschee vengono riaperte al culto.

Nel 1945, vinta finalmente la guerra "patriottica", Stalin

glorifica il popolo russo, il "più eminente" tra tutti i popoli dell'URSS, al quale soltanto si deve, secondo lui, la vittoria. Invita gli altri popoli sovietici a ispirarsi a questo esempio glorioso. La storia dell'Asia centrale viene riscritta in salsa russa. In essa, lo zar diventa addirittura un benefattore. Le epopee chirghise, appena trascritte e pubblicate, vengono invece proibite. La russificazione prende il galoppo.

La ricostruzione post-bellica porta all'industrializzazione dell'Asia centrale, che investe così anche la Kyrgyzstan. L'industrializzazione porta, a sua volta, a nuovi insediamenti russi. Nel 1953, muore Stalin. Il suo successore, Khruščëv, cambia politica. Ripristina una certa sovranità delle repubbliche federate. Ma ricomincia a perseguitare tutte le fedi religiose, quindi anche l'Islam. Nel 1956, al XX congresso del PCUS, Khruščëv denuncia la degenerazione del sistema sovietico dovuta ai crimini staliniani.

Il Partito e il governo chirghisi si rianimano. Ricominciano ad affermare i diritti nazionali del loro popolo. Nel 1958, lo studio del chirghiso viene reso obbligatorio anche nelle scuole russe della RSS, nelle quali comincia a venire insegnata anche la storia chirghisa. Uno dei paradossi del paese è che, mentre i chirghisi sono stati costretti a imparare il russo, i residenti russi ignorano tutto della terra che li ospita. Il peso, non soltanto qualitativo, dei residenti russi, è mostrato dal censimento del 1959: i russi, che nel 1926 costituivano il 12% della popolazione, ne sono diventati il 30,2%. Anche se gli ucraini sono passati dal 7% al 6,5%, i chirghisi, che erano il 67%, si sono ridotti al 40,5%. Il paese è stato, nella realtà, occupato. La sua capitale si chiama da qualche tempo Frunze, in onore del comandante bolscevico che vi è nato per caso.

Gli intellettuali chirghisi premono anche per la riabilitazione politica dei nazionalcomunisti perseguitati e uccisi da Stalin. Ciò provoca un nuovo giro di vite da parte delle stesse autorità chirghise e una ennesima epurazione per "nazionalismo borghese", proprio mentre il fenomeno del dissenso si estende in Russia e nella parte europea dell'URSS.

Nel 1964, Khruščëv viene messo da parte. Il suo successore, Brežnev, per garantirsi il consenso, affida a proconsoli indigeni fidati la conduzione delle repubbliche periferiche. In cambio della "tranquillità" politica e dell'acquiescenza alle sue direttive, chiude un occhio sui modi di questa conduzione. Il proconsole chirghiso di Brežnev è Turdakan Usulbaev, ai vertici del Partito fino dal 1960.

Senza avanzare troppe e fastidiose rivendicazioni nazionali, Usulbaev trasforma il PCUS locale in una struttura di protezione degli interessi dagli indigeni: distribuisce cariche e mansioni, pensioni e sussidi e applica il criterio della "preferenza etnica" nell'associazione dei posti di lavoro. Protegge perfino la malavita locale. Impedisce, comunque, che i germi del dissenso democratico che animano l'URSS entrino nel paese, rendendolo impermeabile a ogni eco esterna. Il 5 novembre 1969, Usulbaev fa però ripubblicare, sul quotidiano ufficiale chirghiso, "in simultanea" con quanto accade nelle altre quattro repubbliche centro-asiatiche, il messaggio di Lenin ai musulmani, datato 1918, nel quale si promette loro la "libera costruzione della propria vita nazionale".

La stagnazione economica ha intanto frenato l'immigrazione europea mentre la spinta demografica degli indigeni si rivela sempre più sensibile. I dati del censimento del 1970 dicono che i chirghisi sono il 43,8% della popolazione mentre i russi ne costituiscono il 29,2% e gli ucraini il 4,1%. Oltre tutto, il popolo chirghiso non è più, da tempo, un popolo di analfabeti. Quello che potremo chiamare il "genio letterario" della stirpe è tornato a manifestarsi con l'opera di alcuni grandi scrittori, tra i quali si è messo in luce definitiva, a livello internazionale, Čingiz Ajtmatov, che scrive in russo e in chirghiso. Il censimento del 1979 offre dati ancora più confortanti: i chirghisi sono ormai il 47% mentre i russi sono scesi al 25,9% e gli ucraini al 3,5%.

Nel 1982 muore Brežnev. A mosca ci si comincia ad accorgere della corruzione elevata a sistema in tutta l'Asia centrale. L'11 marzo 1985, Gorbačëv diviene il segretario generale del PCUS e intensifica la lotta alle "mafie" musulmane. Il 2 novembre, cade così Usulbaev e l'epurazione decima i vertici del Partito e del governo chirghisi. I chirghisi non si ribellano:

nemmeno protestano pubblicamente, anche se cominciano a covare un rancore sempre più sordo.

Le riforme di Gorbačëv non possono, tuttavia, non influenzare perlomeno gli intellettuali chirghisi. Ajtmatov denuncia l'inquinamento ecologico di tutta l'Asia centrale, che investe anche il paese chirghiso attentando alla sopravvivenza stessa del lago Issyk-Kul. L'Unione degli scrittori e quella degli studenti si impegnano in una intensa campagna in favore della lingua indigena. Nasce l'associazione *Kyrgyz til* ("Lingua chirghisa"), che raccoglie subito vasti consensi popolari e si dedica a una intensa attività di contestazione e di promozione. I suoi argomenti sono ritenuti validi dal soviet supremo della RSS che, il 23 settembre 1989, dichiara il chirghiso "lingua di Stato". I grandi poemi epici nazionali vengono "riabilitati", così come Sidik-uulu, Tinistan-uulu e tante altre vittime del terrore di Stalin. Tutti i chirghisi appaiono soddisfatti da queste riparazioni culturali.

Anche i risultati del censimento del 1989 appaiono loro di grande conforto: sono saliti al 53% della popolazione della RSS, mentre i russi sono calati al 21,5% e gli ucraini al 2,5%. Gli usbecchi sono il 13%: sono cresciuti anche loro.

Il 25 febbraio 1990, si svolgono in Kyrgyzstan le elezioni per il rinnovo del soviet supremo. Non esistendo ancora nel paese un movimento organizzato di opposizione, il nuovo parlamento chirghiso risulta composto di soli comunisti. Ma i comunisti chirghisi sono ormai diventati autonomisti convinti e surrogano le posizioni assunte dai fronti popolari nelle altre RSS dell'Unione Sovietica, senza per altro minacciare alcuna secessione, come fanno invece gli oppositori nelle altre repubbliche. Intanto, ispirandosi all'esempio sovietico, la minoranza chirghisa di Cina, che popola la prefettura autonoma di Kizilsu nella regione autonoma di Xinjiang Uygur, si ribella, nel marzo, alle autorità cinesi trainando le altre nazionalità turche della regione (uiguri e casachi) in un disperato tentativo di riconquistare una vera autonomia.

Il risveglio nazionale chirghiso i URSS, nei termini nuovi nei quali lo ha reso possibile la riforma gorbacioviana, appare, del resto, in piena evidenza proprio durante il 1990. Si innesta purtroppo su un sentimento primitivo di gelosia etnica, diretto soprattutto contro la minoranza usbecca del paese.

Il 4 giugno 1990, nella città chirghisa di Oš, prossima al confine usbecco, un terreno destinato alla costruzione di case di abitazione per la minoranza usbecca, è occupato da alcuni senzatetto chirghisi che vogliono costruirvi le loro case.

Gli usbecchi tentano subito di reimpossessarsi del terreno che le autorità chirghise hanno loro legittimamente assegnato. Nascono violenti disordini che si propagano a tutta la regione. Usbecchi e chirghisi si affrontano con le armi alla mano e migliaia di chirghisi a cavallo scendono dai monti del Tianšan per dare man forte ai loro connazionali.

Il bilancio di questa vera e propria guerra civile è impressionante. Dopo alcuni giorni di scontri e di caccia all'uomo, i morti sono già 186, i feriti almeno un migliaio e i danni ammontano a ottanta miliardi di lire. È necessario l'intervento delle truppe di sicurezza e la dichiarazione dello stato d'assedio in tutta la Kyrgyzstan occidentale per interrompere questa perversa catena. Il 7 giugno, mentre gli scontri sono ancora intensi, una grande manifestazione di studenti chirghisi ha luogo nella capitale Frunze. Gli studenti chiedono le dimissioni immediate delle autorità locali e libere elezioni per una nuova assemblea popolare che sostituisca il soviet supremo riprendendo il nome turco tradizionale di *kuraltay*. Danno addirittura un ultimatum di 72 ore alle autorità e minacciano un intervento armato. Lo stato d'assedio viene allora esteso alla capitale.

Sulle montagne si forma intanto un esercito di 15.000 chirghisi armati che tentano di avvicinarsi al confine e di invadere l'Uzbekistan. Le truppe sovietiche di sicurezza riescono con grande fatica a contenerlo e a disperderlo. Numerosi scontri a fuoco avvengono tuttavia lungo il confine. Mentre si forma, ad opera degli intellettuali e degli studenti, il Movimento democratico chirghiso, che è il primo vero partito di opposizione nazionale, si stabilisce una pace posticcia tra usbecchi e chirghisi, soprattutto per l'intervento del *mufti* di Taškent, usbecco, che officia in Kyrgyzstan un grande rito funebre per commemorare le vittime delle due parti. Si tenta di placare l'odio etnico con le pratiche del panislamismo.

Non sono tuttavia ancora terminati i quaranta giorni del lutto musulmano che, il 17 luglio, nuovi scontri si accendono nella regione di Oš e provocano altri quattro morti.

La sovranità e l'indipendenza

Il movimento democratico chirghiso intensifica intanto la sua agitazione. Si batte per l'introduzione di una reale democrazia, per il rispetto dei diritti civili e per l'affermazione dell'identità nazionale. Quindici dei 300 deputati del soviet supremo appena rieletto, fino a quel momento comunisti della più bell'acqua, passano clamorosamente nelle sue file. La legge sulla libertà di coscienza, promulgata a Mosca il 1° ottobre 1990, impedisce per fortuna il formarsi di una opposizione musulmana organizzata. L'Islam è, del resto, escluse le aree che insistono nella Fergana, assai meno partecipato in Kyrgyzstan (come del resto in Kazakhstan) che non nella fascia fertile, la cui conversione è, in effetti, di quasi un millennio più antica.

Il 12 dicembre, pressato dall'opposizione che è dilagata nel paese, il soviet supremo chirghiso abolisce la dizione di "socialista" e di "sovietica" che compare nella denominazione ufficiale della repubblica. Appena tre giorni dopo, il 15 dicembre, ne dichiara la sovranità affermando la preminenza delle sue leggi su quelle federali. Decide anche di trasformare la Kyrgyzstan in repubblica presidenziale ed elegge Askar Akaev, un fisico che lavora presso l'accademia delle scienze di Frunze, capo provvisorio della Stato. Akaev è un comunista liberale ed è impegnato nella politica di rinnovamento. La sua ascesa improvvisa pone fuori gioco il leader locale del Partito, Masalev, compromesso col passato nonostante la sua recente adesione all'autonomismo.

Mosca è sempre più preoccupata per i movimenti centrifughi che stanno dilaniando l'Unione sovietica. Il 27 dicembre, viene deciso di prospettare a tutti i cittadini sovietici l'opportunità di mantenere in piedi l'URSS, trasformando però profondamente i rapporti tra il "centro" e le singole repubbliche federate attraverso un nuovo "trattato di unione" che sostituisca quello, ormai obsoleto e inservibile, del 1922.

Il referendum si svolge il 17 marzo 1991. Il 94,5% dei chirghisi si pronuncia per il mantenimento dell'URSS, sia pure in una versione profondamente rinnovata. Il nuovo progetto di unione viene in seguito ancora "migliorato". La sua firma da parte delle RSS viene fissata per il 20 agosto.

Il 19 agosto, però, avviene il colpo di Stato dei comunisti conservatori. Il golpe è così maldestro che fallisce nel giro di appena tre giorni. El'cin, il presidente della Russia, appare il vincitore del braccio di forza che si è svolto a Mosca. Approfitta un po' troppo della sua vittoria e dà l'impressione di volersi sostituire a Gorbačëv: in effetti, la Federazione russa cerca di succedere *in toto* all'URSS ormai rantolante. Le altre repubbliche si allarmano e cominciano, l'una dopo l'altra, a dichiarare formalmente la loro indipendenza.

La prima riunione del soviet supremo dell'URSS che avviene dopo il golpe, il 26 agosto, è tempestosa. Akaev, a nome della Kyrgyzstan, dice con coraggiosa chiarezza: "Il sistema sovietico è ormai un anacronismo. Il testo del nuovo trattato di unione è inaccettabile: è un compromesso ormai incompatibile con l'onore delle repubbliche".

Il 31 agosto, il soviet supremo chirghiso dichiara così l'indipendenza della repubblica. È la prima repubblica dell'Asia centrale a farlo, contemporaneamente all'Uzbekistan. Akaev inizia a collaborare strettamente con il Movimento democratico. Frunze, la capitale, riprende orgogliosamente l'antico nome di Biškek. Sono ufficialmente, anche se platonicamente, rivendicati i territori usbecchi popolati da chirghisi (una minima porzione della Fergana con 180.000 abitanti) e la metà orientale dell'Alto Badakhšan tagicco (popolata da 70.000 chirghisi). Si dimentica però che più di 500.000 usbecchi risiedono in Kyrgyzstan dove popolano compattamente alcuni distretti di confine. E che la regione di Oš ospita anche una minoranza tagicca.

Akaev si mostra intransigente a proposito dei diritti nazionali della Kyrgyzstan. Allo stesso tempo, comprende di non avere gambe e polmoni sufficienti per correre da solo: i chirghisi hanno ancora bisogno del contesto sovietico, cui la loro economia appare strettamente legata. Akaev partecipa alla redazione di un nuovo progetto associativo, caparbiamente proposto da Gorbačëv, che prevede addirittura di sostituire l'URSS con una confederazione di Stati sovrani, né sovietici né socialisti, i cui membri possono scegliere in piena libertà i modi della loro associazione confederale.

La premessa all'entrata in vigore di questo trattato confederale è la firma di un trattato economico tra le repubbliche. Le repubbliche musulmane sottoscrivono tutte, il 18 settembre, il trattato. Un gruppo di repubbliche, guidato dall'Ucraina, si rifiuta di fare altrettanto. El'cin capisce che l'URSS è finita davvero e inizia trattative segrete con l'Ucraina e con la Bielorussia. Il 12 novembre, si tiene l'elezione popolare diretta del presidente della repubblica chirghisa. Akaev ottiene il 95% dei suffragi e diventa il capo ufficiale dello Stato chirghiso. L'8 dicembre, le tre repubbliche slave rompono ogni indugio e dichiarano che "l'URSS ha cessato di esistere quale soggetto della legge internazionale e come realtà geopolitica".

Il progetto della confederazione di Stati sovrani va così in fumo. Nasce al suo posto una Comunità di Stati Indipendenti (CSI), che è però soltanto una specie di *commonwealth* britannico, privo di centro comune, inventato lì per lì dalle tre repubbliche slave per gestire il periodo di una transizione complessa. Il 21 dicembre, a Alma Ata, anche le repubbliche musulmane, preoccupate per una improvvisa solitudine, aderiscono alla nuova Comunità ottenendo lo *status* di membri fondatori.

Nonostante il caos che regna sovrano su tutto il territorio post-sovietico, Akaev conduce con grande intelligenza la fase della transizione. Il 31 gennaio 1992, la Kyrgyzstan viene ammessa alla CSCE e il 2 marzo diventa membro dell'ONU. Il 15 maggio, aderisce al trattato di "sicurezza collettiva" stipulato tra la Federazione russa, l'Armenia e le cinque repubbliche musulmane dell'Asia centrale, che prevede la presenza in Kyrgyzstan di forze armate comuni (10.000 uomini). Accordi economici con la Turchia, particolarmente vantaggiosi, lo aiutano a mitigare la situazione del paese, certamente assai disagiata. Il 2 dicembre, la Kyrgyzstan aderisce all'Organizzazione della Conferenza islamica internazionale.

Al contrario di quanto accade negli altri paesi centro-asiatici, Akaev riesce a mantenere ottimi rapporti con la potenziale opposizione interna che, in assenza di un movimento islamico organizzato, è costituita dal solo Movimento democratico, del resto assai ragionevole e anch'esso timoroso della possibile avanzata dell'integralismo musulmano, che ha investito in pieno la vicina Tajikistan. Il parere di Akaev in proposito è, del resto, assai lucido: "Abbiamo sofferto troppo a causa del regime comunista – e l'ideologia comunista era anche una religione – per chiudere gli occhi davanti al fondamentalismo islamico". Allo stesso tempo riconosce l'importanza dell'Islam quale base per la ricostruzione morale e culturale della Kyrgyzstan.

Riconosce addirittura i meriti del regime sovietico che ha dato, negli anni venti, una coscienza nazionale moderna al popolo chirghiso, anche se ha poi represso questa coscienza senza tuttavia riuscire ad estinguerla. Approva pertanto di buon grado lo statuto della CSI, presentato agli Stati membri il 21 gennaio 1993, che cerca di rendere meno evanescenti i legami tra le repubbliche ex sovietiche stabilendo una sfera di azione comune pur nel rispetto delle singole sovranità. Una prova della sovranità chirghisa è l'emissione della nuova moneta nazionale, il *som*, che sostituisce il rublo il 10 maggio 1993.

Akaev appare dotato di un vero e proprio carisma ed è amato dal popolo chirghiso. Il 7 luglio ritiene maturi i tempi e fonda il Partito socialdemocratico. La sua condotta pubblica, asciutta e riservata, gli impedisce comunque di essere sospettato di protagonismo. La sua sorveglianza sulla cosa pubblica è attenta. Nel dicembre destituisce il capo del governo e alcuni ministri rei di corruzione. Enuncia subito la sua volontà di una riforma economica basata sulla lotta all'inflazione, sull'avvio delle privatizzazioni e sulla creazione di un moderno sistema bancario, improntata però a una cautela operativa tale da garantire il successo. Decide di sottoporre questo suo programma, con l'attivazione del quale dichiara di volere fare della Kyrgyzstan "la Svizzera dell'Asia centrale", a referendum popolare.

Il 30 gennaio 1994, il 96,7% dei chirghisi approva il programma economico liberista di Akaev (il 95,6% degli aventi diritto si è recato alle urne e l'esito del referendum appare pertanto un plebiscito). Sembra anche che il leader chirghiso stia riuscendo a dotare il suo paese di istituzioni e di personale amministrativo efficienti, premessa indispensabile al decollo auspicato. Un referendum stabilisce l'introduzione di un parlamento bicamerale. Nel febbraio, la Kyrgyzstan aderisce all'accordo sottoscritto da Kazakhstan e Uzbekistan per dare vita a politiche coordinate in materia creditizia e finanziaria, economica e produttiva: una sorta di mercato comune che investa tutta l'Asia centrale ex sovietica.

TAJIKISTAN (TOJIKISTON)

Superficie Kmq 143.100 (compresi i kmq 63.700 della regione autonoma dell'Alto Badakshan)

Popolazione Ab. 5.112.000 (1989, compresi i 1 49.000 ab. della regione autonoma detl'Alto Badahsan) di cui 60% tagicchi, 23% usbecchi, 12% russi, 3% tartari, 2% altri. Circa 700.000 tagicchi vivono nelle altre repubbliche sovietiche detl'Asia centrate, soprattutto in Uzbekistan (nelle città di Samarcanda, Buhara e Circik e nelle vallate di Fergana e dello Zerafèan). l tagicchi sovietici sono in tutto 3.600.000. Oltre 2.500.000 tagicchi vivono in Afghanistah, di fa dal confine della RSS Tagicca. l tagicchi sono in maggioranza di razza europide con piccole componenti mongolidi.

Capitale Dušambe (596.000 ab.)

Lingua II tagicco (gruppo occidentale della classe iranica della famiglia indeuropea), una delle due forme moderne del neo-persiano (l'altra è l'iraniano). Il 98% di coloro che si dichiarano di nazionalità tagicca considera il tagicco come propria lingua materna. Il tagicco si scrive con l'alfabeto cirillico modificato.

Religione Musulmana sunnita

Territorio È prevalentemente montuoso in quanto si estende su quasi tutto il sistema del Transalai e su parte di quello dell'Alai. inglobando una vasta porzione del Pamir. l suoi confini non sono però comprensibili in termini di geografia fisica ma soltanto in base a criteri etnici. Il Tajikistan si incunea infatti a nord in territorio usbecco e comprende parte della conca di Fergana. Il suo confine meridionale con l'Afghanistan fu stabilito nel 1 895 da una commissione mista anglo-russa che lo fissò lungo il fiume Pangi (corso superiore dell'Amu-Darja) lasciando cosi sotto la sovranità afgana più della meta del territorio tagicco. Il Tajikistan confina ad ovest e a nord con l'Uzbekistan, ad est con la Kyrgyzstan e la Cina (Sinkiang-Uiguria) e a sud con l'Afghanistan.

L'Iran esterno

La nazione tagicca è, senza dubbio, la più antica tra quelle oggi insediate nell'Asia centrale. Appare, in molti sensi, la continuatrice del popolamento storico di questa vasta regione, il quale risale perlomeno al secondo millennio a.C. e comprendeva allevatori nomadi della steppa (sciiti, sarmati, alani, massageti, saci) e coltivatori sedentari della zona irrigua (principalmente sogdiani, battriani e coresmi), tutti parlanti lingue iraniche orientali. Oggi, la nazione tagicca appare un residuo di questo popolamento ed è, per di più, concentrata su una piccolissima parte dell'immenso territorio di una volta.

Nella fascia delle oasi che corre a sud della steppa, approfittando della presenza dei grandi fiumi (Omu-Daryo, Sir-Daryo, Zarafšon, Murghab, Tarim, Čirčik) e di una antichissima rete di canali che ne sfrutta razionalmente le acque (un vero miracolo di ingegneria idraulica), era stata ricavata nel tempo un'area fertilissima che aveva permesso lo sviluppo intensivo delle coltivazioni e il sorgere di una vita culturale e mercantile avanzata che aveva il suo corollario nella fondazione e nella crescita di numerosi centri urbani. È proprio attraverso questa fascia fertile che passa, dal III secolo a.C., la via della seta, l'unico itinerario mercantile per via di terra che colleghi stabilmente l'Oriente all'Occidente del mondo di allora, cioè la Cina al Mediterraneo, e che venne "istituzionalizzata" nel I secolo. Sulla via della seta sorgeva la città di Maracanda, che muterò poi il suo nome in Samarcanda. È questa l'area abitata dagli antenati dei moderni tagicchi.

Nella steppa eurasiatica (che va dallo Enisej ai Carpazi), a partire dai IV secolo, alcuni popoli nomadi di lingua altaica, insediati oltre lo Enisej, soprattutto turchi ma anche mongoli, cominciarono a scacciarne i nomadi iranici e a sostituirsi rapidamente ad essi. Nel VI secolo, questi invasori iniziarono la loro discesa nella fascia fertile, dove alcuni di loro (per molti secoli, comunque, assai pochi) si insediarono al fianco degli iranici sedentari.

La fascia fertile aveva fatto parte, dal V secolo a.C., dell'impero degli achemenidi formando al suo interno le satrapie della Margiana (bacino del Murghab), della Battriana (alto Omu-daryo), della Sogdiana (Zarafšon) e della Coresmia (basso Omu-daryo). Alla Sogdiana apparteneva anche il bacino dell'alto Sir-daryo (Sir-darya) cioè la Ferghona (Fergana) ed era collegata la Serindia (bacino del Tarim).

Nel IV secolo a.C., queste satrapie vennero conquistate, assieme a tutto il territorio achemenide, da Alessandro Magno, che vi fondò numerose città. Alla sua morte, vi sorsero alcuni staterelli ellenistici, presto assorbiti nell'impero seleucide. All'interno dell'impero seleucide si formò il regno di Battriana, uno Stato greco-iranico che divenne indipendente nel 250 a.C. raccogliendo anche la Sogdiana. La Battriana, la cui capitale era Bactra (oggi Balkh), fu un grande Stato mercantile, il mediatore privilegiato tra Oriente e Occidente e il detentore della parte centrale dell'itinerario della seta. La sua lingua ufficiale fu il greco e la religione più diffusa sul suo territorio il buddismo.

Nel II secolo a.C., i parti, un popolo iranico occidentale affine ai persiani, si impossessarono di gran parte del dominio seleucide dando vita a un nuovo impero iranico sotto la dinastia degli arsacidi. La parte più occidentale della fascia fertile (la Coresmia) rimase indipendente mentre quella più orientale (la Serindia) fu conquistata nel I secolo dai cinesi. Sempre nel I secolo, la Battriana e la Sogdiana, con una parte dell'India, dettero vita all'impero dei Grandi Kušana, la cui lingua ufficiale fu il battriano, scritto in caratteri greci.

Nel 224, una dinastia persiana, quella dei sassanidi, si sostituì agli arsacidi istituendo un impero teocratico la cui casta sacerdotale impose il mazdeismo (o zoroastrismo) quale religione di Stato e il cui idioma ufficiale divenne il cosiddetto "medio-persiano", una lingua iranica occidentale basata sul dialetto della Perside (Pars). I sassanidi distrussero l'impero dei Grandi Kušana: la Battriana e la Sogdiana divennero così province del nuovo impero persiano.

La Sogdiana ebbe il compito di contenere la spinta dei nomadi quale proveniva dalla grande steppa: un compito che assolse benissimo. La sua superiorità culturale impose addirittura il sogdiano (simile al battriano) come lingua franca in tutta l'Asia centrale. Questa lingua dette addirittura il proprio alfabeto ai popoli turchi. La Sogdiana divenne anche il rifugio dei manichei, perseguitati dai sassanidi, e godette, in quanto marca di confine, di una vasta autonomia. Il manicheismo, e anche il cristianesimo nestoriano, si diffusero, partendo dalla Sogdiana, tra i popoli turchi della steppa: nella grande steppa a nord della fascia delle oasi, i turchi avevano ormai sostituito gli iranici nomadi.

Nel 440 la fascia delle oasi venne invasa e conquistata dagli "unni bianchi", chiamati anche eftaliti: erano nomadi di lingua altaica ma non sappiamo se fossero turchi, mongoli, tungusi oppure una miscela di tutti questi. Un popolo sicuramente turco fu quello dei *türük*, che si insediò ai margini della fascia fertile. Si alleò con i sassanidi e questa alleanza strinse gli unni bianchi in una morsa fatale fino a stritolarli.

Eccoci dunque al VI secolo. A vittoria ottenuta, ai türük va la Sogdiana, dove sorgono le città di Samarqand (Samarcanda) e di Bukhoro (Bukhara) e ai persiani la Battriana. Nel 657, sono i cinesi a invadere la Sogdiana e a scacciarne i türük.

Intanto, gli arabi, che hanno sconfitto l'ultimo imperatore sassanide Yazdegerd III a Nehawend nel 642 e hanno così ottenuto via libera in Persia, giungono nel 652 in Battriana. Attraversano l'Omu-daryo mezzo secolo dopo e, nel 710, conquistano Samarcanda e Bukhoro. Si impossessano poi della Coresmia. Nel 751, battono i cinesi a Talas e conquistano anche la Serindia. Un corollario della loro conquista è la conversione di massa della popolazione della fascia fertile all'Islam.

La conversione linguistica

Nell'874, all'interno del califfato arabo, si forma, nella fascia delle oasi, un regno, con capitale Bukhoro, a opera di una dinastia locale, quella dei samanidi, una famiglia principesca iranica convertitasi all'islam. Governatori della Sogdiana e della Ferghona, vengono riconosciuti sovrani del califfo ed estendono rapidamente il loro dominio dai confini dell'India fino alle porte di Baghdad. Lo Stato samanide conquista così una sorta di egemonia culturale nell'ambito dell'Islam orientale cui darà presto una nuova lingua. Proprio durante il IX secolo, la popolazione della fascia delle oasi aveva infatti abbandonato l'uso del sogdiano e del battriano ed era passata a quello dell'iranico occidentale: il lungo periodo trascorso all'interno dell'impero sassanide aveva imposto lentamente questo mutamento nell'idioma di tutti i giorni degli abitanti della fascia fertile. In realtà non si trattava però dell'accettazione pura e semplice del medio-persiano o *parsik* quanto della formazione di una lingua in qualche modo nuova (il neo-persiano) la cui base era senza dubbio il medio-persiano ma nella quale, oltre ad alcune forme arabe, erano calati modi, parole e costrutti propri delle lingue indigene della fascia fertile.

Nel 977, Alp Tegin, uno schivo turco del sovrano samanide che aveva fatto carriera alla corte di Bukhoro fino a diventare il comandante dell'esercito meridionale del regno, si ammutina. Fonda a Ghazni un proprio regno indipendente che estende la propria sovranità sulla Battriana e sulla Coresmia e viene ufficialmente riconosciuto dal califfo. Nasce la dinastia ghaznavide che si iranizza completamente. La Sogdiana e la Fergana restano ai samanidi. La versione alta, letteraria e amministrativa insieme, del neo-persiano viene così elaborata presso le corti di Bukhoro e di Ghazni. Prende il nome di *farsi-ye dari* ("persiano di corte") spesso abbreviato in *dari* e diviene così autorevole che rifluisce subito a ovest, nella Persia tradizionale, sostituendovi il parsik. È scritta, ovviamente, in caratteri arabi ed è ancora una forma dell'iranico occidentale pur apparendo ibridata in modo massiccio dagli idiomi iranici orientali. Diventa anche una lingua parlata dal popolo: soltanto in una valle sperduta dell'alto Sir-daryo (oggi nella repubblica tagicca) resiste infatti il vecchio sogdiano, usato tuttora da un migliaio di persone conosciute come "iagnobi".

Coloro che in Asia centrale parlavano il sogdiano e il battriano e sono passati all'uso del dari prendono presto il nome di "tagicchi", che sembra derivare da quello di una piccola tribù araba, i tagi, insediata nella fascia fertile al momento della conquista e punta di lancia dell'islamizzazione. Si può, a questo punto, sostenere che la nazione tagicca e quella persiana coincidano a causa della rivoluzione linguistica. Vedremo in seguito che questa coincidenza non durerà a lungo. Mentre il dari resta la lingua letteraria comune, le parlate popolari di persiani e tagicchi sono destinate, col tempo, a divergere. Nasce, comunque, una comune cultura neo-persiana di cui fanno fede l'architettura e la letteratura dell'epoca.

Proprio alla corte di Bukhoro emergono alcuni grandi poeti in dari quali Rudaki e Daqiqi. Alla corte di Ghazni si forma invece Firdusi (in realtà Firdausi, "il paradisiaco": con questo nome è conosciuto il tagicco Abdul Qazim). Si tratta degli iniziatori della grande letteratura neo-persiana. Sempre in dari scriveranno in seguito altri grandi poeti, questa volta originari della Persia tradizionale: Omar Khaiyam, Saadi, Rumi, Hafiz, Nizami, Jami, tanto per indicare i maggiori.

Firdusi compone l'epopea nazionale iranica "*Ša-nameh*" ("Il libro dei re"). In questo vasto poema (fine del X - inizio dell'XI secolo) prende corpo la distinzione tra ciò che potremmo chiamare l'"Iran esterno" (l'area iranica dell'Asia centrale). I due paesi nascono, secondo Firdusi, dalla divisione territoriale effettuata dal progenitore mitico della stirpe, Feridun, in favore dei suoi due figli, Iraj e Tur, e assumono, nel poema di Firdusi, il nome di *Iran* e di *Turan*. Sempre in questo poema, accade che il cattivo Tur uccida Iraj e tenti di assorbire, con la frode e la violenza, l'Iran nel Turan.

A questo punto si introducono gli arabi, cattivi lettori di Firdusi, i quali credono che il nome "Turan" derivi, anziché da Tur, da quello dei "turchi". I turchi stessi cadranno in questa trappola terminologica. Si creerà così, molti secoli dopo, la teoria politica dell'antagonismo etnico tra turchi (Turan) e iranici (Iran). Questo antagonismo, nomi a parte, è pienamente giustificato dalla storia dell'Asia centrale dove, a partire dal IV secolo, turchi e iranici si sono affrontati in scontri memorabili. Perduta la grande steppa, gli iranici sono stati incalzati, come abbiamo visto, perfino nella fascia fertile. E continueranno a esserlo a lungo.

Nel 985, una nuova tribù turca (i selgiuchidi) si insedia infatti a nord del basso Sir-daryo. Nel 999, un'altra tribù turca (i caracanidi) invade la Sogdiana. Nel 1005, scaccia da Bukhoro l'ultimo sovrano samanide. Nel 1040, i selgiuchidi invadono la Coresmia e sconfiggono l'esercito ghasnavide. Crolla il regno di Ghazni e ai selgiuchidi si aprono le porte dell'impero califfale. In seguito, i selgiuchidi si sostituiranno in tutta la regione ai caracanidi, anche se le loro vicende si svolgeranno prevalentemente fuori dall'Asia centrale. Comunque, per quello che ci interessa, va rilevato che un certo numero di turchi si insedia nella fascia delle oasi e comincia a insidiare il predominio della popolazione tagicca usando e diffondendo la propria lingua. Nel XIII secolo, le due estremità della fascia fertile, la Coresmia a occidente e la Serindia a oriente, sono ormai completamente turchizzate. Sogdiana e Battriana, dove gli autoctoni sono invece ancora la grande maggioranza della popolazione, subiranno altre invasioni significative.

Una nuova ondata di residenti turchi si insedia nella fascia fertile durante l'invasione e la conquista tartara. Nel 1228, a Čaghatay, figlio minore di Gengiz Khan, toccano in eredità la Sogdiana e la Battriana con la Fergana, la Serindia e un po' di steppa per contorno. La capitale di questo regno tartaro è Bukhoro. Dalla lingua parlata dai tartari (turchi e mongoli turchizzati), che si impregna profondamente di dari, nasce un nuovo idioma turco, il "ciagataico", che convive col dari in tutta la regione, compresa la Coresmia che è invece soggetta ad altri tartari, quelli dell'Orda d'oro. La componente turca, che detiene il potere politico, assorbe rapidamente, attraverso il filtro della comune fede musulmana, la pre-esistente cultura iranica, indubbiamente più prestigiosa e avanzata, e lascia addirittura ai tagicchi la conduzione amministrativa dello Stato. Grazie all'Islam, il cuore della fascia fertile vive così una propria dimensione binazionale che si rivela tutt'altro che traumatica. Si forma, nella città, una nuova classe di artigiani e di mercanti i cui componenti assumono il nome di *sarti* e comprende indistintamente turchi e iranici, perfettamente bilingui.

In Sogdiana, nei pressi di Samarcanda, nasce, nel 1336, un turco di nome Timur (noto in Occidente come Tamerlano, da Timur Lang, "Timur lo zoppo"), che si mette in testa di ripristinare l'impero di Gengiz Khan e, dopo essersi fatto incoronare "re di Battriana", si lancia alla "conquista del mondo". Ottiene un successo innegabile. Samarcanda diventa la capitale del suo impero e si arricchisce di monumenti e di prestigio politico e intellettuale. Morto Tamerlano e disfatto il suo impero, Samarcanda continua ad abbellirsi e ad esercitare il proprio magistero culturale con Ulugh Beg, il nipote di Tamerlano. Nonostante lo *status* culturale del dari, ancora non preminente, il ciagataico approfitta di questo periodo per crescere di statura.

Nel 1500, un ramo dei tartari dell'Orda d'oro, che assume il nome etnico di "usbecco" (il nome del suo condottiero è Özbek), invade la fascia fertile e conquista la Coresmia, Bukhoro e Samarcanda. Nel 1503, conquista anche la Fergana. Nasce così l'"impero usbecco", che fissa la propria capitale a Samarcanda.

Gli usbecchi si insediano nella fascia fertile, assumono il ciagataico come lingua di cultura e fungono da catalizzatori della componente turca. Da questo momento, tutti i turchi insediatisi a più riprese nelle oasi e nella steppa immediatamente circostante si riconoscono come usbecchi anche se i veri usbecchi sono, al loro interno, una minoranza.

Contemporaneamente all'impero usbeco, rinasce, nella Persia etnica, l'impero persiano, ad opera di una dinastia paradossalmente di origine turca, i safavidi, che si ispirano scopertamente ai sassanidi. Non potendo ripristinare lo zoroastrismo, scelgono l'Islam sciita come religione di Stato. I safavidi si trovano incastrati tra due Stati turchi che professano entrambi l'Islam sunnita: gli usbecchi a oriente e gli ottomani a occidente. Li attaccano entrambi. Gli usbecchi vengono pesantemente sconfitti a Merv nel 1510. Gli ottomani, a loro volta, sconfiggono i safavidi a Čaldiran, all'altro capo della Persia, quattro anni dopo. Questa sconfitta ridà fiato agli usbecchi.

Nel 1528, i persiani invadono di nuovo la fascia fertile dell'Asia centrale, battono ancora gli usbecchi e inseriscono la Battriana e la Sogdiana nel loro impero. La componente iranica sembra avere, dopo secoli, di nuovo la supremazia nella regione. Nel 1557, scatta però la riscossa usbecca che riconquista Bukhoro e, l'anno dopo, Samarcanda e una parte della Battriana.

Nel 1559, la capitale usbecca è trasferita a Bukhoro. Il numero dei tagicchi che si usbecchizzano ricomincia a crescere.

L'egemonia usbecca

Lo Stato creato dagli usbecchi nel XVI secolo è destinato a frantumarsi, anche se non su base etnica. Nel 1620, la Coresmia si rende indipendente col nome di khanato di Khiva. Nel 1710, è la volta della Fergana a dichiarare la propria indipendenza: nasce così il khanato di Kokand, nel cui territorio ci sono ancora tagicchi anche se gli usbecchi costituiscono ormai la maggioranza della popolazione. Ciò che resta dell'"impero usbecco" diventa così il khanato (dal 1785, emirato (di Bukhoro. In questa porzione del loro antico territorio vive la maggioranza dei tagicchi, sia pure circondata da usbecchi: a Bukhoro, a Samarcanda, nella Battriana orientale e, compattamente, nella regione montuosa dell'Alai, del Transalai e di parte del Pamir. In questa regione, la cui altezza media è di 4000 metri, si eleva una vetta che raggiunge i 7127 metri.

I "tagicchi di montagna" differiscono, in quanto a cultura materiale e a struttura sociale, dai tagicchi della pianura e delle città: sono contadini e allevatori seminomadi, caratterizzati ancora da legami tribali e, isolati nelle loro montagne, sono in parte sfuggiti a influssi esterni altrove determinanti. Aderiscono all'Islam con trasporto e tanto la loro cultura quanto la loro struttura sociale appaiono rozze e arcaiche nei confronti di quelle della pianura.

I tagicchi delle città e della pianura, pur parlando la stessa lingua quotidiana dei loro connazionali montanari, sono diversi. Sono, addirittura, la popolazione più "raffinata" dell'intera Asia centrale. Mercanti, artigiani e contadini in numero ancora maggiore degli usbecchi, formano il nerbo della burocrazia statale e del "clero" islamico degli Stati usbecchi (e le loro élites conoscono, altrettanto bene, il dari e il ciagataico e magari l'arabo).

Nel 1740, i persiani (il cui scià è ora Nadir: la dinastia safavide si è estinta) attaccano di nuovo la fascia fertile e occupano i khanati di Khiva e di Bukhoro. La loro conquista dura comunque poco. Nel 1747, il luogotenente dello scià, Ahmad Khan, approfitta della morte di Nadir per sottrarre all'impero tutto il suo territorio orientale. Nasce un nuovo "emirato" che prende il nome di Afghanistan, del quale i pathani costituiscono la maggioranza.

I pathani sono un popolo che parla una lingua iranica del gruppo orientale, simile al sogdiano e al battriano di una volta. Originari dei monti Suleimani, ai confini tra la Persia storica e l'India (oggi nel cuore del Pakistan), hanno cominciato, nell'XI secolo, a spostarsi sempre più a nord e a ovest. Ahmad Khan appartiene proprio alla tribù pathana dei durrani. I pathani divengono così la nazionalità egemone del nuovo Stato ma, privi di idioma scritto, assumono il dari quale lingua amministrativa.

Approfittando della scissione dell'impero persiano, Khiva e Bukhoro ritornano indipendenti ma Bukhoro appare territorialmente mutilata: più della metà della sua popolazione, in parte usbecca ma soprattutto tagicca, quella che popola le vallate orientali della Battriana fino ad arrampicarsi sulle pendici dello Hindukuš, è ormai inserita nell'Afghanistan. I tagicchi che restano negli stati di Bukhoro e di Kokand continuano, dal canto loro, a subire la supremazia politica usbecca: fortunatamente, il prestigio del dari ne impedisce una completa turchizzazione (il dari è infatti la lingua ufficiale di Bukhoro, oltre che della Persia e dell'Afghanistan).

I russi, dopo avere conquistato la grande steppa, si affacciano, a partire dal 1839, nella fascia delle oasi. Nel 1868, il khan di Kokand diviene loro vassallo. Nel 1868, sottraggono Samarcanda e il suo territorio all'emiro di Bukhoro, che diviene anch'esso vassallo dello zar. Nel 1873, è la volta del khan di Khiva ad accettare il protettorato russo. Nel 1876, i russi si annettono il khanato di Kokand, la cui popolazione aveva appena cacciato il khan. Istituiscono, quell'anno stesso, il governatorato del Turkestan ("paese turco" in dari) che è un loro territorio coloniale, dove agli indigeni viene lasciato un certo autogoverno. Il capoluogo del governatorato è Toškent (Taškent), antica città sulla via della seta.

I tagicchi di Samarcanda e della Fergana diventano sudditi dello zar, insieme a un congruo numero di usbecchi, di casachi e di chirghisi (che sono turchi). Subiscono così l'affronto terminologico di essere considerati "turchestani", quindi turchi, quando sono invece iranici. La loro maggioranza resta per fortuna entro le frontiere dell'emirato di Bukhoro, che è sì un protettorato russo ma che conserva, almeno formalmente, la propria indipendenza. Va ricordato, a questo punto, che da alcuni secoli il grande commercio della fascia fertile era gestito da mercanti tartari, provenienti, a diverse riprese, da Kazan', sul medio Volga. Questi tartari propagandano in tutta l'Asia centrale, verso la fine del XIX secolo, il giadidismo. Un corollario del giadidismo è il panturchismo, cioè il riconoscimento di una identità di base di tutti i popoli turchi e il conseguente disegno politico di unificarli in uno Stato comune.

Anche se i tagicchi delle città e della pianura frequentano, al pari degli usbecchi, le scuole giadidiste, appare sempre più chiaro il loro rifiuto spontaneo del panturchismo: non si sentono turchi e non vogliono rinunciare alla loro identità.

L'Islam assume in quegli anni, nella montagna tagicca, un carattere rigorista. Alcuni pellegrini, di ritorno dalla Mecca, vi impiantano infatti il wahabismo, che è un movimento tradizionalista ancorato alla lettera del Corano: integralista come quello delle confraternite sufi ma, al contrario di queste, del tutto alieno da ogni slancio mistico.

Nel 1895, una commissione mista anglo-russa stabilisce definitivamente il confine tra il protettorato di Bukhoro e l'Afghanistan lungo l'alto corso dell'Omu-daryo (il Panji). I tagicchi della Battriana sono così separati per sempre dai loro connazionali che vivono a nord del fiume. Nel 1893, tuttavia, i britannici avevano spaccato in due anche il territorio etnico pathano dividendolo tra il vice-reame dell'India e l'Afghanistan; riducendo quindi, a oriente, il territorio dell'emirato.

Nel 1900, la Russia si annette il Pamir occidentale, in parte tagicco ma abitato anche da chirghisi e da una sequela di piccoli popoli (complessivamente detti "pamiriani") che parlano ancora lingue iraniche orientali: sciugni, rusciani, sariculi, orosci, cufi, vachi, bartangi e iasgulami. Sono sciiti, della confessione ismailita (o settimana). I persiani sono sciiti della confessione, invece, duodecimana.

I tagicchi bukharioti sviluppano una sorta di patriottismo lealista che, innestato sul loro acceso islamismo, li rende campioni dell'"oscurantismo" e del conservatorismo politico e avversari acerrimi del laicismo panturchista di alcuni settori della popolazione usbecca, al quale si oppongono anche i tagicchi turkestani. Quanto però, nel 1916, in piena guerra mondiale, il governo russo decide di richiamare alle armi, come ausiliari, gli indigeni dell'Asia centrale, esentati dal servizio militare e costretti a pagare una tassa per questa esenzione, anche i tagicchi residenti nel governatorato del Turkestan si ribellano, così come gli usbecchi, i casachi e i chirghisi. A Khojent, città prevalentemente tagicca della Fergana, i musulmani danno luogo a moti sanguinosi.

Sia pure in una posizione subordinata rispetto agli usbecchi, i tagicchi partecipano alle vicende che scuotono il governatorato del Turkestan e l'emirato di Bukhoro in seguito alle due rivoluzioni russe del 1917. Nel Turkestan, si oppongono al soviet di Toškent e partecipano al *Milli Merkes* (Centro nazionale), egemonizzato dagli usbecchi e dai casachi ma anche "unione sacra" di tutti i musulmani, e all'effimera repubblica autonoma musulmana di Kokand.

A Bukhoro, dove l'élite usbecca milita nel partito giadidista e panturchista della "Giovane Bukhoro", non appoggiano però le richieste di questo partito. La rivoluzione russa di febbraio aveva stimolato la "Giovane Bukhoro" a chiedere un regime costituzionale. L'emiro, impressionato dagli eventi russi, aveva promesso solennemente, il 18 marzo 1917, una Costituzione e aveva esiliato i ministri più reazionari. Il clero islamico e i proprietari terrieri avevano però sollevato la popolazione additando i "giovani bukharioti" come "senza Dio" e scatenando contro di loro un furore di massa. Ne erano nati incidenti e massacri e l'emiro aveva ritirato la sua promessa. Molti tagicchi militano, nell'occasione, tra i sostenitori dell'emiro,

Dopo la rivoluzione di ottobre, i profughi politici bukharioti (che sono usbecchi) si recano presso il soviet di Toškent, dove ricevono un ascolto interessato.

La difficile identità tagicca

Il 6 febbraio 1918, le guardie rosse del soviet di Toškent attaccano Kokand e, dopo una serie di scontri sanguinosi, la conquistano. Il governo indigeno fugge e la repubblica autonoma musulmana viene liquidata. Le guardie rosse, ottenuta questa prima vittoria, invadono, ai primi di marzo, il territorio dell'emirato di Bukhoro, assieme ai profughi della "Giovane Bukhoro" rifugiati a Toškent. La reazione delle truppe bukhariote all'attacco bolscevico si rivela assai più decisa di quanto era stato preventivato. I bolscevichi si ritirano con le pive nel sacco e firmano, il 25 marzo, un trattato di pace col quale riconoscono la piena indipendenza di Bukhoro.

La collaborazione sfortunata con la "Giovane Bukhoro" convince tuttavia i comunisti russi del Turkestan che è possibile l'alleanza con una parte almeno degli indigeni. Il 30 aprile è così proclamata dai bolscevichi la Repubblica sovietica autonoma turchestana, federata con la Russia. Un modesto numero di indigeni viene cooptato nel governo di Toškent. Intanto, nella Fergana, numerosi combattenti del piccolo esercito di Kokand, sfuggiti al massacro al momento della conquista della città, formano raggruppamenti guerriglieri destinati a diffondersi a macchia d'olio in tutto il Turkestan: sono i famosi *basmači*. I leader guerriglieri, i *kurbaši*, sono tutti usbecchi ma reclutano nelle loro bande anche numerosi tagicchi e chirghisi.

Nel gennaio del 1919, i basmači sono ormai 20.000, divisi in almeno 40 bande e controllano tutta la campagna della Fergana. In agosto conquistano tre importanti città che tengono fino a settembre. Intanto, ripristinate nell'autunno del 1919 le comunicazioni tra la Russia e l'Asia centrale, lungamente interrotte a causa della presenza dell'armata controrivoluzionaria nell'area Volga-Ural e in Siberia, una delegazione inviata da Lenin e guidata da Frunze giunge nel Turkestan. Gli ordini di Lenin sono perentori: i bolscevichi si sono comportati da imperialisti russi alienandosi le simpatie degli indigeni e devono lasciare il potere ai musulmani progressisti.

I giadidisti vengono cooptati in massa nel Partito ed assumono la direzione del Turkestan sovietico. Il leader dei comunisti turchestani è ora un panturchista casaco, Turar Ryskulov, che cambia addirittura, nel gennaio del 1920, anche se per pochi mesi, il nome del Turkestan in quello di "Turchia" tout court e si mette a perseguitare l'Islam: si capisce come i tagicchi divengano oppositori del nuovo regime e incrementino considerevolmente le formazioni dei basmači.

Intanto, i giadidisti della Giovane Bukhoro, d'accordo con i bolscevichi, insorgono, uccidono il khan e trasformano il khanato in repubblica popolare sovietica che riprende il nome storico di Coresmia. Per non essere da meno, la Giovane Bukhoro, che si è riorganizzata, scatena alla fine di agosto una nuova insurrezione, ancora una volta pilotata da Toškent. Il 2 settembre, le truppe di Toškent, accorse in aiuto agli insorti, conquistano Bukhoro e la consegnano ai ribelli. L'usbecco Khodžaev vi proclama la Repubblica sovietica popolare. L'emiro Said Alim fugge in Afghanistan. La montagna tagicca insorge in suo favore e un capo-tribù locale, Ibrahim Bek, si pone alla testa di un vigoroso movimento partigiano lealista. Said Alim lo nomina comandante dell'esercito bukhariota.

L'Afghanistan, dopo tre guerre sfortunate contro i britannici, si era, nel 1880, rassegnato a un ruolo di Stato-cuscinetto tra le zone d'influenza russa e britannica nella regione, sotto il protettorato del Regno Unito che lo considera, dal 1838, un nodo fondamentale di comunicazioni tra l'altopiano iranico (e quindi il Medio oriente), l'Asia centrale (e pertanto la Russia e la Cina) e il subcontinente indiano. Nel 1919, l'emiro afghano Amanullah si era però ribellato ai suoi protettori, aveva assunto il titolo di re ed aveva iniziato una sorta di modernizzazione del suo paese svolgendo anche una politica estera autonoma basata sull'equidistanza tra Russia e Gran Bretagna e sull'alleanza con l'emiro di Bukhoro a salvaguardia dell'indipendenza della regione. Aveva anche promosso la scrittura della lingua pathana (il *pašto*) dichiarandola seconda lingua ufficiale del paese accanto al dari.

Un trattato tra la Russia sovietica e la Repubblica di Bukhoro viene firmato il 4 marzo 1921, con l'Afghanistan quale garante internazionale. Questo trattato prevede, da un lato, la piena indipendenza bukhariota e il passaggio allo Stato indigeno di tutte le proprietà private dei cittadini russi esistenti sul suo territorio: ma, dall'altro, stabilisce il passaggio attraverso lo stato sovietico di tutto il commercio estero bukhariota, affida la rappresentanza diplomatica del paese alla Russia, include il territorio bukhariota nello spazio doganale sovietico e consente la presenza di guarnigioni bolsceviche nell'intero paese.

I rapporti tra i nuovi dirigenti bukharioti e i bolscevichi russi si deteriorano presto. La presenza di truppe straniere irrita la popolazione e il laccio commerciale imposto dal trattato condiziona pesantemente l'economia del paese riducendo di tre quarti la produzione del cotone, la cui vendita all'estero è la maggiore fonte di entrata del bilancio bukhariota. La Giovane Bukhoro si scinde. Il suo leader Khodžaev e la sinistra giadidista mantengono i loro tradizionali rapporti di amicizia e di collaborazione con i bolscevichi cercando di mitigarne le pretese ma la maggioranza dei militanti si sposta su posizioni anticomuniste e nazionaliste.

I nazionalisti vogliono unire Bukhoro con la repubblica sovietica popolare di Coresmia e con la repubblica socialista sovietica autonoma del Turkestan in un nuovo Stato turco indipendente dell'Asia centrale. Anche la sinistra giadidista di Khodžaev, che dà vita al Partito comunista di Bukhoro, è accesamente panturchista e sogna anch'essa un Turkestan unito purché socialista. Si può comprendere come tutto ciò seduca gli intellettuali usbecchi ma respinga quelli tagicchi i quali guardano semmai alla Persia e all'Afghanistan, cui sono etnicamente vicini. Nasce così un piccolo gruppo di intellettuali paniranisti, che si ispirano a Reza Khan, il generale persiano che ha appena preso il potere a Tehran e ha cominciato a teorizzare l'unione di tutti i popoli iranici in un Grande Iran indipendente. Molti tagicchi non politicizzati fuggono sia il bolscevismo sia il panturchismo rifugiandosi in Afghanistan.

I tagicchi montanari sono dal canto loro compattamente schierati con Ibrahim Bek e l'emiro spodestato e controllano tutto il Badakhson (Alai, Transalai e Pamir).

Nell'ottobre del 1921, giunge a Bukhoro Enver Pascià, il leader panturchista ottomano fuggito dal suo paese al momento della sconfitta e che si è appena presentato a Lenin proponendogli un'alleanza anti-imperialista. Lenin confida nel suo aiuto per convincere i basmači a deporre le armi. Appena giunta a Bukhoro, Enver bacia la terra sulla quale ha appena porto i piedi: è convinto di essere giunto nel cuore della patria turca originaria dalla quale gli antenati degli ottomani sono partiti per raggiungere l'Anatolia sette secoli prima. Ignora di trovarsi invece in una antichissima città iranica. Si può comprendere allora tutto il risentimento dei tagicchi.

Enver tradisce subito la fiducia di Lenin. Si allontana dalla città a cavallo e raggiunge gli accampamenti basmači. Si accorda anche con Ibrahim Bek e l'emiro di Bukhoro nel nome dell'anticomunismo (anche se persegue in realtà il suo pertinace disegno panturchista). Affronta con decisione l'Armata rossa e la sconfigge più volte.

Nel maggio, ha ormai "liberato" quasi tutta la fascia delle oasi, escluse le maggiori città, dove però agiscono in suo favore consistenti quinte colonne. I bolscevichi, sull'orlo della disfatta, riescono ad attirarlo, l'8 agosto, in una misteriosa imboscata e ad ucciderlo. Il fronte guerrigliero, privo della sua guida, si sfalda. I dignitari islamici di Bukhoro, stanchi della guerra civile e corteggiati dall'abile Khodžaev, che ha inaugurato un atteggiamento liberale nei loro confronti, lanciano un appello alla pace che trova un'eco assai favorevole nella popolazione stremata. La "nuova politica economica" (NEP) instaurata da Lenin, concede nuove *chances* economiche agli indigeni. I basmači, anche se continueranno a combattere "in ordine sparso" fino al 1926, sono ormai battuti.

L'Armata rossa riceve intanto cospicui rinforzi. Ibrahim Bek si rifugia in Afghanistan. Approfittando del momento politico favorevole e sedotti dal nuovo atteggiamento sovietico, un certo numero di tagicchi raggiunge le file delle organizzazioni locali del Partito comunista bukhariota, al cui interno l'ideologia panturchista viene sostituita da un più razionale rispetto per il principio di nazionalità e si riconoscono sia i diritti della nazionalità usbecca sia quelli della nazionalità tagicca.

Nel 1922, nasce l'URSS. La RSSA turchestana ne fa parte in quanto è a sua volta parte della Repubblica socialista federativa sovietica di Russia. Coresmia e Bukhoro ne restano invece formalmente fuori in quanto mantengono la loro indipendenza nominale. Si tratta però di formazioni statuali plurinazionali, retaggio di eventi dinastici superati ormai dalla nuova situazione politica e in contrasto con l'applicazione conseguente del principio di nazionalità, che è il cavallo di battaglia del regime sovietico: ad ogni nazione il suo territorio e la sua lingua.

Dopo un periodo di studio, cui partecipano gli esponenti comunisti indigeni, Mosca decide di scogliere le tre formazioni statuali esistenti (settembre 1924). Nello spazio di un mese vengono istituite, sul loro territorio, tre nuove repubbliche socialiste sovietiche autonome (Uzbekistan, Turkmenistan e Tajikistan) e due regioni autonome (Caracalpacchia e Kyrgyzstan). Le zone dell'ex Repubblica socialista sovietica autonoma (RSSA) del Turkestan abituate prevalentemente da casachi vengono assegnate alla RSSA casaca, che esiste fino dall'agosto del 1920.

Ai tagicchi vengono così assegnati un territorio e uno Stato nazionali, formati da una piccola parte del Turkestan (il distretto di Khojent, nella Fergana), dalla parte orientale (la montagna) di Bukhoro e dal Pamir occidentale, che è la continuazione della montagna tagicca.

Una coscienza nazionale moderna

Il nuovo Stato nazionale tagicco deve purtroppo rinunciare alla città di Bukhoro e di Samarcanda, che sono le culle della civiltà iranica centro-asiatica e sono ancora prevalentemente abitate da tagicchi. Sorgono all'interno di un territorio ormai compattamente usbecco e sono lontane da quello a maggioranza invece tagicca (all'interno del quale resta comunque una cospicua minoranza usbecca). Samarcanda diviene addirittura la capitale dell'Uzbekistan.

Un gruppo di intellettuali tagicchi abbandona Samarcanda e Bukhoro e raggiunge il suo nuovo territorio nazionale per dare il proprio contributo alla "crescita" della nazione. La città principale della nova Tajikistan è Khojent, nella Fergana, che viene ribattezzata Leninobod (Leninabad). È però eccentrica rispetto al territorio tagicco, tutto spostato verso le montagne. Viene così deciso di portare la capitale a Dušambe, un villaggio dove si svolge, il lunedì di ogni settimana, un mercato tradizionale (Dušambe significa, appunto, "lunedì"), che diventerà in breve tempo una vera città. La nuova élite politica indigena proviene comunque da Khojent.

L'élite intellettuale tagicca, ormai comunista, si impegna intanto freneticamente nella costruzione dell'identità nazionale. Il primo problema da risolvere è quello di dotare la nazione di una lingua in grado di affrontare la vita moderna. A dire il vero, questa lingua esiste già ed è il dari. Ma è una lingua letteraria, arcaica, per molti versi fossile. Ed è poco conosciuta, nella sua forma colta, dai tagicchi montanari, che sono il nucleo compatto attorno al quale dovrà svilupparsi la repubblica e sono ancora, nella loro grande maggioranza, analfabeti.

Lo scrittore Sadriddin Ayni, noto ed apprezzato in tutta l'Asia centrale, che p diventato comunista ed ha lasciato Bukhoro per trasferirsi nella nuova patria, è il leader della riconquista linguistica tagicca. Come tutti gli intellettuali bukharioti è perfettamente bilingue: ha addirittura esordito scrivendo in ciagataico, per poi passare al dari, rivelando un talento magistrale in entrambe le lingue. Ritiene tuttavia il dari una sopravvivenza feudale, il simbolo di un recente passato di arretratezza. La nuova Tajikistan socialista deve essere, secondo lui, costruita nel "linguaggio del popolo".

Con intenti del tutto opporti, anche Reza Khan, che nel 1925 è diventato scià di Persia, rinuncia al dari e promuove la formazione di un persiano più aderente alla realtà quotidiana del suo paese.

Mentre i tagicchi, nella loro riforma linguistica, ricercano la propria specificità, i persiani ricercano invece uno strumento che serva anche all'ideologia paniranista. Si accaniscono contro l'inquinamento che l'arabo, complice l'Islam, ha prodotto nella loro lingua nazionale e si sforzano di ripristinarne la "purezza" originaria attingendo a un patrimonio comune a tutti i popoli iranici.

Il cenacolo di Ayni sceglie, quale base per il nuovo tagicco, i dialetti popolari di Samarcanda e di Bukhoro, assai più comprensibili del dari anche ai tagicchi montanari, ai cui dialetti riserva tuttavia una certa considerazione sforzandosi di inserirne alcune peculiarità nella struttura comune. La nuova lingua verrà messa definitivamente a punto nel 1930 e sarà perfettamente comprensibile anche nella Tajikistan afghana. Si pone tuttavia, subito, il problema dell'alfabeto nel quale dovrà essere scritta. Per il momento, si continuano a impiegare i caratteri arabi, tradizionali ma inadatti alle lingue iraniche.

Nel 1925, l'Uzbekistan viene promosso repubblica federata, membro in prima persona dell'URSS. La RSSA tagicca viene scorporata dalla RSFS russa e incorporata nella RSS usbecca. Mantiene la propria autonomia ma si trova in qualche modo a dover dipendere da una nazionalità dalla quale si era scissa per salvaguardare la propria identità, pur lasciandole ostaggi dolorosi. Nel 1926, la Tajikistan conta 827.500 abitanti, di cui soltanto il 75% è tagicco. Gli usbecchi sono il 21% e i russi il 2,5%.

A Dušambe si continua caparbiamente a dedicarsi al problema della lingua. Nel 1927 viene istituita una commissione i studio per l'introduzione dell'alfabeto latino. Dal 1928 al 1930 si useranno tanto l'alfabeto arabo quanto quello latino.

Nel 1928, intanto, era cominciata una campagna antireligiosa in grande stile. Le scuole coraniche erano state soppresse, così come i tribunali islamici, e le terre di proprietà ecclesiastica requisite, come era accaduto tre anni prima a quelle di proprietà privata, e assegnate anch'esse ai contadini. La campagna antireligiosa suscita, in molti luoghi, il furore popolare. Ma le autorità appaiono inflessibili. Nel 1929, Ibrahim Bek, alla testa di 600 uomini, torna dall'Afghanistan sulla montagna tagicca e riattizza la guerriglia antisovietica. Una vasta epurazione sconvolge intanto l'apparato comunista tagicco, che si è opposto ai provvedimenti antireligiosi, ritenendoli intempestivi e antipopolari.

Sempre nel 1929, in Afghanistan, i dignitari dell'Islam costringono re Amanullah, reo di troppo "modernismo", a dimettersi. Un avventuriero tagicco, Baka-ye Saqqo, prende in mano il potere. Ma i pathani non vogliono abbandonare le redini del paese a un esponente della minoranza. Conservatori e progressisti si accordano tra loro e esprimono un nuovo sovrano, naturalmente pathano. Il breve sogno tagicco afghano finisce dopo pochi mesi.

Il Tajikistan sovietica viene, sempre nel 1929, promossa da RSSA a RSS, come era successo quattro anni prima all'Uzbekistan. Lo *status* nazionale dei tagicchi è così accresciuto. Cambiano subito il nome della loro capitale, Dušambe, in quello di Stalinobod (Stalinabad) per mostrare la loro gratitudine. Viene istituita la regione autonoma dell'Alto Badakhšon, dove confluiscono, accanto ai residenti tagicchi, la minoranza chirghisa, dotata di autonomia linguistica, e la popolazione "pamiriana" (le cui lingue non vengono però riconosciute e dovrà quindi usare il tagicco).

Nel 1930, l'alfabeto latino diventa obbligatorio. Il nuovo tagicco è ormai del tutto codificato e può divenire operante. Sarà il poderoso strumento di alfabetizzazione di un intero popolo. Nel 1914, in tutto il territorio poi assegnato allo Stato tagicco, esistevano appena 10 scuole coraniche, con 500 studenti, le cui lingue di insegnamento erano l'arabo e il dari. Nel 1930, le scuole tagicche, di ogni ordine e grado, sono già 2000. Sono frequentate da 500.000 studenti e insegnano in tagicco. Giornali, libri, stazioni radio diffondono la nuova lingua nazionale della Repubblica anche fuori dal suo territorio.

Purtroppo, sempre nel 1930, Stalin decide la collettivizzazione forzata dell'agricoltura in tutta l'Unione Sovietica. I contadini e gli allevatori tagicchi sono costretti ad aderire ai *kolkhoz* e ai *sovkhoz* e non gradiscono questa decisione improvvisa che li priva di una proprietà recente e, tutto sommato, appagante. Non gradiscono nemmeno la conversione di molti dei loro campi alla monocultura del cotone. Accadono disordini e consistenti esodi verso l'Afghanistan. Una nuova epurazione allontana dal Partito quei quadri indigeni che hanno reputato, ancora una volta, prematuro il provvedimento di Mosca. Un certo numero di russi si insedia nel paese per dirigere la collettivizzazione e controllarne la vita politica.

Nel 1934, la politica del "grande terrore" staliniano investe anche la RSS tagicca. L'Islam viene perseguitato e tutta la classe dirigente indigena liquidata per "nazionalismo borghese". Mentre gli iscritti al Partito comunista si riducono a un quarto, tanto il governo quanto il Partito stesso vengono affidati ai residenti russi. Anche gli intellettuali indigeni subiscono persecuzioni. Intanto, nel 1935, Reza Pahlevi cambia nome alla Persia (*Pars*, *Fars*) che diventa "Iran": la patria di tutti gli iranici. Guarda ai tagicchi e agli afghani e offre loro un sogno unitario. Mosca si allarma. Nel 1936, la lingua tagicca viene "epurata" da arabismi e arcaismi, sostituiti con parole russe: il 10% dell'intero lessico viene rinnovato dall'alto e si differenzia così sempre più dal persiano, che ora si chiama "iraniano". È uno dei modi scelti per la russificazione del paese: nel 1940, ad esempio, viene inaugurato il gigantesco complesso idroelettrico del Vaqš.

Il comportamento dei tagicchi durante la seconda guerra mondiale è quello di tutti i popoli dell'Asia centrale: renitenza alla leva, scarsa combattività, diserzioni. Stalin legalizza, nel 1943, l'Islam. Ha bisogno anche dei musulmani per vincere una guerra che sta perdendo. Il Tajikistan passa così sotto la giurisdizione religiosa del mufti di Toškent, che è usbecco.

All'ombra del fratello maggiore

Vinta la guerra, sia pure a prezzo di sacrifici enormi, sopportati soprattutto dal popolo russo, che assume così il ruolo ufficiale di "guida" dell'URSS, la russificazione compie passi da gigante anche in Tajikistan contando sulla complicità di un ceto politico indigeno intimorito e acquiescente. La RSS viene industrializzata a partire dal 1945, nell'ambito del nuovo piano quinquennale, e ciò significa l'arrivo di dirigenti, di quadri e di tecnici russi (spesso anche di manodopera).

Nel 1947, l'India ottiene l'indipendenza. Ne nascono due Stati, il Bharat (Unione indiana) e il Pakistan, che raccoglie i territori prevalentemente musulmani. L'Afghanistan punta le proprie carte sulla riunificazione del territorio pathano: la provincia indiana della Frontiera di nord-ovest è infatti popolata da pathani. Viene lanciata la parola d'ordine della nascita di un Paštunistan (o Pakhtunistan) autonomo e di una sua federazione con l'Afghanistan. Ma le autorità britanniche e i musulmani indiani ignorano il problema. L'atteggiamento nazionalista dell'Afghanistan è comunque strano: pensa a riunire in un solo Stato tutti i pathani ma non pensa alle sue minoranze interne (soprattutto tagicchi ma anche usbecchi, balocci e turkmeni) per i quali si pongono analoghi problemi di unità nazionale.

Nasce comunque, nell'ex India britannica, il nuovo Stato musulmano, su base multinazionale, del Pakistan. Il suo nome significa "paese (*istan*) del PAK". E c'è chi sostiene che questo PAK altro non sia che una parola formata dalle iniziali di Panjab Afghanistan Kašmir. Il Pakistan, lungi dal concedere i suoi pathani al paese vicino, sembra così volere, addirittura fino dal proprio nome, rivendicare la sovranità sull'intero Afghanistan. I rapporti tra i due paesi divengono tempestosi e questa crisi politica durerà fino agli anni settanta.

Nel 1953, muore Stalin. Il suo successore, Khruščëv, allenta la morsa della centralizzazione, soprattutto in campo economico. Nel 1956, al XX congresso del PCUS, denuncia i crimini staliniani e il "culto della personalità". Ripristina la "legalità socialista" concedendo qualche libertà personale ai cittadini sovietici ma riattizza la propaganda antireligiosa sia pure utilizzando l'arma della persuasione anziché quella della violenza. Il risultato è che molte delle poche moschee riaperte da Stalin nel 1943 vengono di nuovo chiuse e ciò scontenta la popolazione tagicca, che è ancora profondamente religiosa. Il censimento del 1959 ci dice che la popolazione della RSS tagicca è così composta: tagicchi 53,1% (erano il 75% nel 1926); russi 13,3% (erano appena il 2,5%); usbecchi 23% (erano il 21%).

Nel 1961, la capitale tagicca rinuncia al nome di Stalinobod e riprende quello di Dušambe. Nel 1964, Khruščëv viene "dimesso". Il suo successore, Brežnev, attua una nuova centralizzazione dello Stato ma raffredda la persecuzione antimusulmana. Assai preoccupato per la gestione del consenso, affida il potere locale nelle repubbliche periferiche a proconsoli indigeni che ritiene fidati. I suoi uomini in Tajikistan, provenienti al solito da Khojent, gli garantiscano la pedissequa applicazione delle direttive di Mosca al paese ma, nello stesso tempo, danno vita a una rete mafiosa, basata sulla gestione di un mercato parallelo dei beni di consumo, sulla protezione della malavita organizzata e sulla preferenza agli indigeni nella concessione dei posti di lavoro, delle cariche pubbliche, delle pensioni e dei sussidi. Si comportano, insomma, nello stesso modo col quali si comportano i leader di tutta l'Asia centrale.

La popolazione tagicca è ormai connivente con il potere locale in quanto questo potere difende i suoi interessi. Mosca, grata per l'opera di contenimento di un eventuale dissenso, chiude entrambi gli occhi sulla conduzione interna del paese. I proconsoli indigeni capiscono, tuttavia, che qualcosa va comunque concesso ai possibili umori antigovernativi della popolazione. Questo qualcosa può addirittura essere utile nei confronti di Mosca quale anticipazione di un ricatto sempre possibile che potrebbe rovesciare all'improvviso la pace sociale.

Il 5 novembre 1969, anniversario della nascita di Lenin, i quotidiani ufficiali delle cinque repubbliche centro-asiatiche, ripubblicano in contemporanea il messaggio di Lenin, datato 1919, col quale si invitano i popoli musulmani a costruire "liberamente", sotto la protezione della rivoluzione vittoriosa, "la loro vita nazionale". I rapporti tra le varie nazionalità centro-asiatiche non sono però idilliaci. Nel maggio del 1969, ad esempio, i tagicchi di Samarcanda e di Bukhoro protestano pubblicamente contro le autorità usbecche che, nei documenti di identità, cercano di farli passare per usbecchi. Il censimento del 1970 mostra una crescita della componente tagicca della RSS che passa dal 53,1% al 56,1%. I russi scendono dal 13,3% all'11,9%. Gli usbecchi conservano il loro 23%.

Nonostante il loro maggiore peso quantitativo, i tagicchi, o perlomeno una parte di loro, cominciano a sentirsi sempre meno tutelati e hanno la netta sensazione che i loro diritti nazionali vengano sistematicamente calpestati. La stampa cinese informa il mondo di una manifestazione svoltasi nel maggio del 1978 a Dušambe, alla quale partecipano 14.000 persone e durante la quale si chiede il rispetto di questi diritti.

Nel quadro della nuova politica estera sovietica, le repubbliche musulmane giocano però un ruolo chiave: devono fungere da esempio di libertà e di pacifica convivenza interna, da sbandierare nei confronti dei paesi islamici del terzo mondo. Dal 1970 al 1978, otto importanti congressi musulmani internazionali vengono tenuti a Toškent e riscuotono grande successo e attenzione. L'invasione sovietica dell'Afghanistan fa cessare bruscamente questi promettenti rapporti. Vediamo meglio come sono andate le cose.

L'Afghanistan aveva, a partire dagli anni cinquanta, giocato un ruolo intelligente in campo internazionale, approfittando della divisione del mondo in due poli contrapposti. Schierandosi con i paesi non allineati e beneficiando della propria posizione strategica, era riuscito a ottenere il massimo dei vantaggi e dell'assistenza economica e tecnologica da entrambi i contendenti. Aveva però, allo stesso tempo, scatenato le proprie contraddizione interne fra occidentalisti e tradizionalisti, fra filosovietici e filo-americani, tra pathani e tagicchi. Alla divisione tradizionale in clan, tribù ed etnie se ne era affiancata un'altra basata sulla formazione di partiti politici.

Nel 1965 era stato fondato il Partito democratico del popolo afghano (PDPA), di sinistra e larvatamente filo-sovietico. Nel 1967, tuttavia, questo partito si era scisso in due correnti rivali: *Khalq* ("Popolo") e *Parčam* ("Bandiera"). Khalq, più radicale, era l'espressione dei pathani, l'etnia dominante. Parčam, più moderata, era l'espressione della nazionalità tagicca.

Nel 1978, con un colpo di Stato militare, il PDPA prende il potere. Nel settembre del 1979, la corrente khalq estromette l'ala moderata e si impegna in una rivoluzione verbale che provoca la reazione di gran parte della popolazione e del "clero" islamico. Il suo leader, Amin, viene assassinato nel dicembre. La situazione si fa così pericolosa che l'URSS interviene col suo esercito per salvare un regime amico ormai traballante. Il 28 dicembre 1979, le truppe sovietiche entrano in Afghanistan, dove il potere è assunto dal tagicco Babrak Karmal, il leader di Parčam.

La reazione del mondo occidentale e del terzo mondo (con i paesi musulmani in prima fila) a questa invasione è una sdegnata e unanime condanna. Anche nel paese invaso, le cose non si mettono affatto bene. Nasce infatti un movimento guerrigliero di massa, appoggiato dai paesi musulmani e da quelli occidentali, che trova nel Pakistan i suoi santuari. Le diatribe a proposito del Paštunistan vengono dimenticate. La guerriglia afghana si batte nel nome dell'Islam e non in quello delle nazioni che compongono lo Stato invaso. Tuttavia, queste nazioni ci sono e, nonostante l'Islam, si organizzano autonomamente.

La componente pathana (il 55% della popolazione) si riconosce nelle formazioni dello Hezb-i Islami (Partito islamico), comandate da Gulbuddin Hekmatyar, le più integraliste ed esaltate. I tagicchi (20% della popolazione) aderiscono invece alla Jamiat-i Islami (Organizzazione islamica), comandata da Ahmad Massud, il cui islamismo appare assai più moderato. La vecchia divisione tra Khalq e Parčam si ripete all'interno della resistenza. Gli Stati Uniti, che puntano sulla guerriglia afghana in funzione antisovietica e si impegnano in una massiccia campagna di aiuti in armi e in danaro, riservano il 60% dei loro ingenti contributi a Hekmatyar, che gode anche dell'appoggio dell'Arabia saudita e del Sudan. L'Iran appoggia scopertamente alcune formazioni guerrigliere sciite ma non disdegna di aiutare Hekmatyar.

La guerriglia islamica si trova presto a combattere soprattutto contro l'Armata rossa, in quanto l'esercito del governo afghano viene drasticamente ridotto dalle diserzioni e appare subito assai poco operativo. L'URSS compie l'errore madornale di inviare in Afghanistan reparti formati da militari appartenenti alle nazionalità centro-asiatiche, in quanto suppone che se la cavino meglio conoscendo le lingue e la cultura del luogo ed essendo di origine musulmana.

La seduzione dell'Islam è invece così forte che molti di questi soldati (soprattutto tagicchi) disertano e passano dalla parte dei *mujahiddin* ("combattenti della guerra santa"). Mosca decide allora di sostituirli con militari europei. A disertare e a passare nel campo della resistenza sono, come s'è detto, soprattutto i tagicchi. Il censimento del 1979 ci dice che i tagicchi, nella loro repubblica, sono ancora aumentati, anche in percentuale: sono ormai il 59,5% della popolazione. I russi sono il 10,4% ed appaiono ulteriormente diminuiti. D'altronde, i tagicchi sono il popolo la cui crescita demografica è la più impetuosa dell'URSS. Dal 1970 al 1979, sono cresciuti al ritmo annuo del 35% (nonostante l'elevatissima mortalità infantile che è del 43,2%, la seconda dopo quella della Turkmenistan) quando la percentuale media sovietica è stata del 7%. Ciò significa però disoccupazione e crisi economica. Torniamo in Afghanistan.

Il risveglio tagicco

L'invasione dell'Afghanistan da parte dell'Armata rossa provoca l'invasione dell'Asia centrale sovietica da parte della propaganda musulmana. La radio pakistana e iraniana, ascoltate in tutta la regione, svolgono un'azione di disturbo ideologico intensa e costante e forniscono informazioni tenute accuratamente nascoste dal regime. I reduci delle prime battaglie, sostituiti come sappiamo dai più fidati europei, svolgono un'azione altrettanto micidiale sul piano delle coscienze. Attraverso il confine malcerto passano inoltre libri, volantini, cassette magnetiche, giornali e corani in quantità. Le confraternite sufi, presenti su entrambi i lati di questo confine riannodano gli antichi rapporti. La febbre musulmana cresce in tutta l'Asia centrale. Leader incontrastato della Tajikistan sovietica diviene intanto l'abile Rakhmon Nabiev, l'ultimo delfino di Brežnev: un uomo politico che viene, secondo la tradizione comunista tagicca, da Khojent/Leninobod.

Morto Brežnev nel 1982, i suoi successori cominciano ad accorgersi dei fenomeni di corruzione che caratterizzano le repubbliche musulmane e prendono le prime misure per estirparli. Sarà però Gorbačëv, divenuto segretario del PCUS nel 1985, ad affrontare il fenomeno in maniera radicale. È convinto che l'economia sovietica vada male anche a causa di questa degenerazione macroscopica che salassa l'erario socialista disperdendo le risorse sovietiche nella vana assistenza a quei pozzi senza fondo che sono, appunto, le repubbliche musulmane. Nel 1985, Nabiev viene rimosso e sostituito con Kakhar Makhamov. Una epurazione massiccia investe il governo e il Partito tagicchi.

Ma le cose vanno male in Tajikistan non soltanto a causa della corruzione ma soprattutto per colpa del centralismo eccessivo e scriteriato pilotato da Mosca che impone colture non più redditizie (ad esempio il cotone, di cui la Tajikistan produce l'11% del totale sovietico), della conduzione burocratica e inefficiente dell'economia che è la stessa sia a Mosca sia a Dušambe, della crescita inarrestabile della popolazione, della drastica riduzione degli investimenti in Asia centrale decisa a Mosca. Paradossalmente, la "mafiocrazia", attraverso la protezione del mercato privato dei beni di consumo, parallelo a quello statale, garantisce i bisogni più elementari della popolazione.

Caduta la diga che la mafiocrazia aveva eretto attorno al potere, il dissenso politico investe d'improvviso la Tajikistan. La prima a farsi viva è l'opposizione musulmana. Un mullah wahabita, un certo Abdullo Saidov, chiede, a nome di un consistente gruppo di seguaci, al congresso del Partito del 1986, di trasformare la RSS in "repubblica islamica" onde risolvere automaticamente una situazione sempre più difficile. Finisce subito in carcere. Sempre nel 1986, si svolge a Dušambe una grande manifestazione popolare contro l'invadenza russa: è una risposta all'epurazione e alla messa in disparte di Nabiev.

Nel 1987 sorgono i primi movimenti di opposizione democratica: Wahdat ("Unità"), che vuole una riforma economica liberale e la fine dell'"economia di comando" ma si preoccupa anche della situazione ecologica: Marifat ("Intelligenza"), che si batte per una riforma del Partito e una gestione pluralistica della vita politica: *Ru ba ru* ("Sottosopra") che difende i diritti della lingua tagicca e istituisce in tutto il paese una rete di scuole materne in lingua nazionale.

Nel 1988, Gorbačëv lancia la parola d'ordine della *perestrojka* (ristrutturazione). Si impegna in un'opera di rinnovamento che scuote dalle fondamenta l'assetto sovietico. Per impedire pericolosi ritorno di fiamma del "socialismo burocratico" e del "comunismo conservatore", ha bisogno del sostegno dell'opinione pubblica. Suscita allora la creazione di Fronti Popolari in favore della perestrojka nei quali cerca di raggruppare i militanti democratici e liberali, compresi quelli iscritti al PCUS e perfino i superstiti del dissenso degli ultimi decenni. Intanto, il 14 aprile, a Ginevra, si accorda per il ritiro dell'Armata rossa dall'Afghanistan, da lui auspicato fino dal luglio del 1985. Ritiene infatti sbagliato l'intervento militare. Già in agosto, metà degli effettivi sovietici sono rientrati in URSS.

I fronti popolari, impiantati con successo nei paesi baltici, si estendono nel frattempo alle altre RSS e giungono in Asia centrale. Nel novembre del 1988, viene fondato Birlik in Uzbekistan. Nel dicembre dello stesso anno, per influenza diretta di Birlik, nasce, in Tajikistan, Rastokhez (Resurrezione). Vi confluiscono Marifat, Wahdat, Ru ba ru e l'Unione degli scrittori. Al sostegno alla perestrojka unisce rivendicazioni locali: economiche, ecologiche, nazionali. La sua prima manifestazione avviene a Dušambe il 25 febbraio 1989. È dedicata alla difesa dei diritti della lingua tagicca e reclama il ritorno all'alfabeto arabo. Il 5 giugno, altre manifestazioni si svolgono nei principali centri del paese. Il successo di Rastokhez tra gli intellettuali e gli studenti è immenso. Il movimento ottiene anche un cesto discreto seguito popolare. Il 15 febbraio, intanto, si era completato il ritiro dell'Armata Rossa dall'Afghanistan.

Il soviet supremo della RSS aderisce alle richieste di Rastokhez e dichiara, il 22 luglio, il tagicco "lingua di Stato" (non si pronuncia invece sul cambio dell'alfabeto. È la prima repubblica dell'Asia centrale a emanare un simile provvedimento e sarà subito seguita da tutte le altre. Il censimento del 1989 reca, del resto, notizie confortanti. I tagicchi sono ormai il 63% della popolazione. Gli usbecchi sono il 24% e i russi sono scesi al 7,5%, sotto il limite di guardia. Parlando di Nazione tagicca nel suo complesso va comunque affermato che i tagicchi sovietici sono 3.500.000 e quelli afghani ben 5.000.000. Ci sono poi 30.000 tagicchi cinesi i quali popolano la contea autonoma di Taxkorgan (nel Xinjiang Uygur), il lembo più orientale della patria tagicca. I tagicchi cinesi usano il tagicco standard, lo stesso della RSS, mentre i tagicchi afghani usano un *dari* tagichizzato e la scrittura araba.

L'11 e il 12 febbraio 1990 avviene una spettacolare protesta contro l'accoglienza, a spese della RSS, di un considerevole numero di profughi armeni costretti ad abbandonare l'Azerbaigian. Per fronteggiarla, viene decretato lo stato d'assedio su tutto il territorio della RSS tagicca. A Dušambe, la manifestazione assume un netto colore nazionalista, nonostante non sia *Rastokhez* ad organizzarla. Si dice infatti che sia provocata da agenti azeri. La protesta si indirizza, però, soprattutto contro la presenza russa e agita, per la prima volta, slogan in favore dell'indipendenza. Si conclude tragicamente con 22 morti e 500 feriti.

Il 25 febbraio 1990, si tengono le elezioni per il rinnovo del soviet supremo. Tutti i deputati che risultano eletti sono comunisti: ma il Partito ha dato prova di essere diventato sufficientemente autonomista e democratico e ha accolto molte delle rivendicazioni di *Rastokhez*. È ormai inserito nel nuovo corso che sta cambiando l'Unione Sovietica.

Il 25 agosto, il nuovo soviet supremo tagicco dichiara infatti la sovranità della RSS e la preminenza delle sue leggi su quelle federali. Questa volta non è stato il primo nemmeno nell'Asia centrale: è stato infatti preceduto dall'Uzbekistan e dal Turkmenistan. In Europa, intanto, le tre repubbliche baltiche hanno approfittato del rinnovo dei loro soviet supremi per dichiarare addirittura l'indipendenza. L'URSS sussulta a causa delle troppe spinte centrifughe. Gorbačëv medita di porvi rimedio con un nuovo "trattato d'unione" che sostituisce quello del 1922 e conceda maggiore sovranità alle singole repubbliche federate. Emana intanto, il 1° ottobre, una legge rivoluzionaria sulla libertà di coscienza che concede all'Islam piena libertà di esistere e di diffondersi.

Viene anche deciso di indire un referendum sul "nuovo trattato" federativo in tutto il territorio sovietico, che si svolge il 17 marzo 1991. Il 96% dei tagicchi vota in favore del mantenimento dell'URSS su basi rinnovate: il Partito comunista gode ancora del consenso della maggioranza della popolazione. L'opposizione però si riorganizza. L'ala "religiosa" di *Rastokhoz* si distacca dal movimento e forma il Partito Democratico. Diffida dei rapporti con *Birlik* e con gli usbecchi che *Rastokhoz* continua a intrattenere nel quadro di una comune battaglia democratica su scala regionale e teme il ritorno del panturchismo, cui contrappone l'Islam. Il suo è, tuttavia, un islamismo moderato in confronto a quello radicale espresso da un nuovo raggruppamento politico, il Partito della Rinascita Islamica, sorto nell'URSS europea, e precisamente a Astrakhan', in giugno.

Si tratta di un Partito di un impianto pansovietico che si disinteressa del principio stretto di nazionalità: sostiene infatti che la "nazione" di tutti i musulmani è l'Islam. Viene subito messo fuori legge dal governo di Dušambe. Sia pure nella semiclandestinità, riesce a impiantarsi in profondità e si trasforma in partito eminentemente tagicco. A questa trasformazione non è estranea l'influenza del massimo dignitario islamico della repubblica, l'abile *qazi qalon* Aqbaršo Turajon-zoda, che è wahabita e ha approfittato della legge sulla libertà di coscienza per intrecciare intensi rapporti con l'Arabia saudita, dove lo wahabismo è l'ideologia dello Stato, dalla quale riceve soldi e copie di corani.

Nel confinante Afghanistan, le province popolate dalla minoranza tagicca si comportano intanto come una Tajikistan islamica. "Liberate" da tempo e controllate da Ahmad Musud, chiamato il "leone del "Panšir" per i suoi successi militari, si sono date un assetto ai limiti della statualità e hanno istituito una rete di scuole in tagicco. Da questo territorio si esercita una certa influenza ideologica sul Partito della Rinascita Islamica della limitrofa repubblica sovietica, ormai clandestino, e affluiscono armi e materiale di propaganda per i suoi militanti. Anche l'Iran esercita una certa influenza sui musulmani tagicchi ma è più lontano e, soprattutto, è sciita mentre i tagicchi sono sunniti. Nonostante il ritiro dell'Armata rossa, va detto che il governo del PDPA, ora diretta da Najibullah, non è crollato: è stata piuttosto la resistenza islamica, lacerata al suo interno da contrapposizioni etniche, politiche e religiose, a segnare il passo.

L'indipendenza e la guerra civile

Il 13 agosto 1991, viene pubblicato il testo del nuovo "trattato di unione", concordato da Gorbačëv con i presidenti delle RSS. Viene deciso che la sua firma ufficiale avverrà una settimana dopo. Il giorno prima di questa scadenza, i comunisti conservatori compiono un colpo di Stato. Makhamov ha il torno di schierarsi dalla parte dei golpisti di Mosca, il cui intervento fallisce in meno di tre giorni.

Il 31 agosto, una grande manifestazione popolare contro il Partito e i governanti locali ha luogo a Dušambe e costringe Makhamov alle dimissioni. Il nuovo presidente provvisorio, Kadreddin Aslonov, si accorda con Rastokhez e il Partito democratico. Toglie gli aggettivi "socialista" e "sovietico" dal nome ufficiale della repubblica e fa dichiarare dal soviet supremo, il 9 settembre, l'indipendenza della Tajikistan. Il PCUS viene posto fuori legge e i suoi beni vengono confiscati.

Ma i comunisti sono assai più potenti e radicati nel paese di quanto l'opposizione si immagini. Il 21 settembre, il PCUS locale, durante un congresso straordinario, si trasforma in Partito socialista tagicco mentre il soviet supremo di Dušambe, con un incredibile voltafaccia, costringe Aslonov a dimettersi e richiama al potere Nabiev, il quale revoca i provvedimenti del presidente provvisorio deposto e dichiara lo stato di emergenza in tutto il paese. Alla città di Leninobod viene però restituito l'antico nome di Khojent.

Rastokhez, il Partito Democratico e il Partito della Rinascita Islamica si uniscono in una "lega democratica" e occupano, con i loro seguaci, le vie e le piazze della capitale per protestare contro il ritorno di Nabiev. Dopo una settimana di contrapposizione anche fisica, che per fortuna non produce vittime, si addiviene a un compromesso. Il governo promette di riprendere il cammino sulla via della democrazia ma non revoca lo stato d'assedio. Accusa, anzi, Turajon-zoda di egemonizzare l'opposizione al fine di trasformare il paese in una "repubblica islamica" succuba dell'Iran e dichiara di essere lui il garante dell'indipendenza e della democrazia.

Rastokhez abbandona la lega democratica: la sua opposizione è sempre stata laica e anticonfessionale e non vuole confondersi con gli integralisti. Il 24 novembre, si tengono le elezioni per il presidente della repubblica: Nabiev le vince col 58% dei suffragi mentre il candidato dell'opposizione (Partito democratico e Partito della rinascita islamica) ottiene il 38% dei voti: si tratta del leader del Partito democratico, Khudanazorov, che ha anche il torto di provenire dal Pamir anziché da Khojent. L'appartenza politica dei tagicchi è succuba dell'appartenenza provinciale.

La situazione in Unione Sovietica sta intanto precipitando. Un nuovo progetto di confederazione, caparbiamente messo a punto da Gorbačëv e che lascia in pratica quasi tutto il potere alle repubbliche, viene rifiutato dall'Ucraina. La Russia capisce che non c'è più un futuro comune e l'8 dicembre, insieme all'Ucraina e alla Bielorussia, dichiara la fine dell'URSS. Le tre repubbliche slave dànno vita a una Comunità di Stati indipendenti (CSI). Il 13 dicembre, le cinque repubbliche musulmane dell'Asia centrale si riuniscono a Ašgabat e decidono di chiedere l'adesione alla CSI. Il 21 dicembre, ad Alma Ata, la loro richiesta viene accettata.

Il Tajikistan diviene così membro della CSI, un organismo privo di guida comune che, in pratica, assume la funzione di liquidatore dell'URSS garantendo, allo stesso tempo, il mantenimento di quei rapporti tra le repubbliche la cui brusca cessazione getterebbe sul lastrico le economie dei nuovi paesi indipendenti. Il parlamento tagicco non rinuncia comunque a rivendicare platonicamente Samarcanda e Bukhoro nonché la parte tagicca della regione di Oš, nella Fergana chirghisa, mentre la Kyrgyzstan rivendica le metà orientale dell'Alto Badakhšon, popolato da chirghisi. Le mire usbecche sull'intera Tajikistan sono intanto mascherate dal progetto di un nuovo Turkestan.

Il 31 gennaio 1992, la Tajikistan diviene membro della

CSCE e, il 2 marzo, dell'ONU. Il 1° gennaio, il suo parlamento aveva finalmente deliberato il ritorno all'alfabeto arabo della lingua nazionale. Ma aveva anche permesso al partito di Nabiev di riprendere il nome di Partito Comunista. È l'unico caso del genere che avviene in tutta l'ex URSS, a riprova delle solide basi popolari dell'antica dirigenza politica del paese. L'opposizione, sempre più egemonizzata dal Partito della rinascita islamica, si mostra preoccupata. Il 20 marzo, nuove manifestazioni di piazza avvengono a Dušambe. Questa volta, le vittime ci sono e sono molte. I moti sconvolgono l'intero paese e si ripetono giorno dopo giorno. Nasce una vera e propria guerriglia nelle campagne.

Il 7 maggio, quando i disordini e la guerriglia hanno fatto già 100 morti, oppositori armati raggiungono il palazzo del governo e costringono Nabiev alla fuga. Il *qazi qalon* interviene allora direttamente, tratta con i comunisti e ottiene un compromesso. Nabiev ritorna al potere ma deve acconsentire allo scioglimento del soviet supremo e alla sua sostituzione con una assemblea nazionale formata da comunisti, da esponenti del Partito Democratico e da esponenti del Partito della Rinascita Islamica. Il leader di questo ultimo partito, Dalaut Usmon, è nominato capo del nuovo governo, che ha il compito di organizzare al più presto libere elezioni.

Il 15 maggio, a Toškent, viene firmato un patto collettivo di sicurezza tra la Russia, l'Armenia e le repubbliche centro-asiatiche: la Tajikistan sarà difesa da un contingente dell'ex Armata tossa di 6.000 uomini. Nel frattempo, la situazione afghana era precipitata. Il 17 aprile, un colpo di Stato militare aveva esautorato Najibullah. I golpisti di Kabul avevano subito aperto la via del potere alla guerriglia, che non era riuscita, con le sue forze, a rovesciare il governo. Masud occupa Kabul impedendo l'accesso alla capitale alla forze di Hekmatyar: la resistenza si è subito divisa in campi avversi che si combattono tra di loro. Masud diventa comunque il ministro della difesa del nuovo governo di Kabul.

I legami tra Masud e Usmon si fanno sempre più stretti. Nella provincia tagicca meridionale di Kurgon-Teppa (Kurgan-Tjube), dove la popolazione è di sentimenti accesamente religiosi, viene organizzato un movimento islamico armato con l'aiuto di Masud. La divisione politica tagicca è anche nella divisione per province. Questo vero e proprio esercito musulmano assume il controllo del territorio di Kurgon-Teppa e preme su Dušambe. Per reazione, si forma nella provincia limitrofa di Kulob (Kulyab) un raggruppamento politico-militare di sostegno a Nabiev e al Partito Comunista, che prende il nome di Fronte Nazionale. Ai motivi politici e territoriali si sovrappongono antiche rivalità di clan e tribù. L'integralismo musulmano monta intanto in tutto il paese.

Il 31 agosto, la folla, egemonizzata dal Partito della Rinascita Islamica, si scatena a Dušambe: occupa il palazzo presidenziale, prende in ostaggio alcuni ministri e chiede le dimissioni di Nabiev, che si rifugia in una caserma. Il 7 settembre, viene catturato, all'aeroporto di Dušambe, da un reparto di guerriglieri islamici. La CSI, pur dichiarando di volersi mantenere estranea al conflitto, schiera le sue truppe lungo il confine con l'Afghanistan per impedire una invasione da parte di Masud. Nabiev, rilasciato, si rifugia nella sua roccaforte di Khojent. Il potere è, nella capitale, tutto di Usmon.

La guerra civile dilania intanto il Sud del paese. Il Fronte Nazionale, guidato da una singolare figura di ex detenuto per delitti comuni, Sanjak Safarov, un uomo di 64 anni (di cui 23 passati nelle galere sovietiche), sferra da Kulob un'offensiva vigorosa contro i reparti islamici che tengono Kurgon-Teppa e, dopo sanguinosi combattimenti, conquista la provincia ribelle. Sanjak è un leader guerrigliero abilissimo, feroce e determinato. Le "truppe dell'Islam" sono costrette a rifugiarsi in Afghanistan, seguite da un numero immenso di civili che hanno paura della vendetta "comunista". La minoranza usbecca si schiera dalla parte del Fronte Nazionale e non è aiuto da poco.

Il 24 ottobre, le truppe del Fronte Nazionale, appoggiate da carri armati e da elicotteri, entrano a Dušambe e, dopo furiosi combattimenti, rovesciano il governo. Usmon e Turajon-zoda fuggono in Afghanistan. I vincitori assumono il potere nel nome di Nabiev, il presidente "legittimo". La 201ª divisione motorizzata russa si schiera a difesa delle installazioni militari. Gli "islamici" accusano allora i russi di essere intervenuti nel conflitto e di averlo condizionato. La vittoria è invece tutta da imputarsi agli uomini di Sanjak.

Numerosi focolai di resistenza permangono nel paese ma la vittoria è ormai del Fronte Nazionale che esercita ora direttamente il potere attraverso il nuovo primo ministro Abdumalik Abdullodžjanov. Sanjak rimane fuori da ogni carica pubblica: si accontenta di esercitare la sua benevole "protezione" sul governo e sul popolo.

Per calmare le acque, la Tajikistan aderisce, il 2 dicembre, all'Organizzazione della conferenza islamica internazionale ma sottoscrive anche, il 23 gennaio 1993, lo statuto della CSI che precisa la "sfera di azione comune" e rinforza i vincoli tra gli Stati membri. Sanjak si mostra soddisfatto. Se ne torna a Kurgon-Teppa a controllare di persona la situazione sul confine dell'Afghanistan, dove si sono rifugiati 30.000 combattenti islamici tagicchi smaniosi di rivincita. Il 29 marzo, però, Sanjak e il suo luogotenente rimangono uccisi durante una faida interna. Il 10 aprile muori, per cause naturali, Nabiev. Nuovo capo di Stato viene nominato il comunista Imomali Rakhmonov.

Il paese è stremato dalla guerra civile: 30.000 morti, 750.000 profughi in Afghanistan, 250.000 russi che sono tornati in patria abbandonandolo. La sua situazione economica è la più tragica di tutto il contesto post-sovietico: il raccolto di cotone degli ultimi due anni è, ad esempio, marcito nei campi. Soltanto l'aiuto della CSI evita ai tagicchi di morire di fame.

Nel confinante Afghanistan, Masud, l'anima tagicca del movimento di resistenza islamico, è in difficoltà. Abbandonato, all0inizio del 1993, dall'usbecco Dostum, è sempre più incalzato da Hekmatyar, l'integralista pathano, col quale ora flirtano Usmon e Turajon-zoda e si accorda perfino Dostum. Il 13 luglio, i combattenti tagicchi rifugiati in Afghanistan, al comando di Kori Khamidullo, cercano di rientrare in patria. Assaltano un posto di frontiera e uccidono 26 soldati russi. Dopo un giorno intero di combattimenti, gli assalitori si ritirano. Altri 4000 soldati della CSI raggiungono in fretta la Tajikistan e la situazione, perlomeno dal punto di vista militare, si congela: la Russia e le altre repubbliche della CSI non vogliono che l'integralismo islamico penetri all'interno dell'ex impero sovietico e sembrano possedere la forza per fermarlo.

La repubblica tagicca appare del tutto dipendente dell'aiuto russo che garantisce la sopravvivenza economica del suo popolo e la difesa dei suoi confini. Diviene inconsapevolmente la punta di lancia della riconquista da parte di Mosca (supportata dall'alibi della CSI) di tutto il territorio ex sovietico inteso come "spazio vitale" russo: una riconquista cauta e normalmente rispettosa delle singole sovranità ma, nonostante ciò, non meno insidiosa. Per garantirsi una certa autonomia, il governo tagicco aderisce, nel febbraio del 1994, all'accordo casaco-usbecco per la creazione di un mercato comune centro-asiatico in grado di sottrarre l'economia e la politica di quella regione musulmana alla completa ipoteca di Mosca e, allo stesso tempo, per fronteggiare uniti l'assalto ideologico e finanziario dell'integralismo islamico.

All'interno del paese si rifà intanto viva la guerriglia islamica. In luglio, il governo di Dušambe chiede una più intensa protezione militare russa. Ma i russi, a loro volta, ritengono opportuno mantenere certe distanze: il ricordo della vicenda afghana li ha scottati in profondità. E rifiutano. Kori Khamidullo ritenta allora di penetrare in Tajikistan. La notte tra il 17 e il 18 agosto assalta un posto di frontiera tenuto dai russi. Sette guardie di frontiera e cinquanta assalitori muoiono in combattimento. Khamidullo, respinto, si rifugia di nuovo in Afghanistan. Intanto, il 18 agosto, i guerriglieri islamici tendono un'imboscata a un reparto di militari tagicchi a appena quattro chilometri da Dušambe e ne uccidono 14. Non si può dire che la situazione interna sia proprio "pacificata". Si schierano tuttavia, a presidiare le frontiere con l'Afghanistan, 20.000 soldati russi dell'armata della CSI: Mosca ha finalmente aderito alle richieste di Dušambe e ha raddoppiato il suo contingente. Reso impermeabile il confine, la guerra civile si sposta all'interno del paese: cadono infatti sotto i colpi degli islamisti il cive primo ministro (11 marzo 1994) e il viceministro della difesa (15 giugno).

Bibliografia

S. Afanasyan, *L'Arménie, l'Azerbaïdjan et la Géorgie de l'indépendance à l'instauration du pouvoir soviétique, 1918-1921*, Paris 1981.
P. Alampiev, *La Kazakhie soviétique*, Moscou 1958.
J. P. Alem, *L'Arménie*, Paris 1983.
W. E. D. Alien, *A History of the Georgian People, from the Begitining down to the Russian Conquest in the 19th Century*, London 1932.
E. Allworth éd.. *Soviet Nationality Problems*, New York 1971.
B. Amy, *Les Juifs en Union soviétique*, Paris 1968.
E. Andersons éd., *Latvia: Past and Present, 1918-1968*, Riga 1968.
J.A. Armstrong, *Ukrainian Nationalism 1939-1945*, New York-London 1963.
A. Aslanian, A. Bagdassarian, L. Valessian, S. Doulian, *L'Arménie soviétique*, Moscou 1972.
A. Avalishvili, *The Independence of Georgia in International Politics, 1918-1921*, London 1940.
J.B. Baddeley, *The Russian Conquest of the Caucasus*, London 1908. ' '^
M. Bardèche, *I fascismi sconosciuti* (trad. it.), Milano 1969.
F.C. Barghoorn, *Soviet Russian Nationalism*, New York 1956.
W. Barthold, *Turkestan down to the Mongol Invasions*, London 1928.
W. Barthold, *Histoire des turcs d'Asie centrale.* Paris 1945.
O. Bauer, *Die Nationalitatenfragen und die Sozialdemocratie*, Wien 1924.
C. Beaucourt, H. Chambre, C. Miklasz, *Tiers monde soviétique? Le Kazakhstan*, Paris 1963.
A. Bennigsen, T.N. Boratav, D. Desaiye, C. Lemercier-Quelquejay, *Le Kbanat de Crimee*, Paris 1978.
A. Bennigsen, H. Carrère D'Encausse, *Une république soviétique musulmane: le Daghestan. Aperçu démographique*, in «Revue des Études Islamiques», XXIÎI, Paris 1955.
A. Bennigsen, C. Lemercier-Quelquejay, *Les Mouvements nationaux chez les musulmans de Russie: le sultangalievisme au Tatarstan*, Paris 1960.
A. Bennigsen, C. Lemercier-Quelquejay, *Les Musulmans oubliés. Les Peuples musulmans d'Union soviétique*, G. Bensi, *Aspetti della politica linguistica dell'URSS: il Tadzikistan*, in «L'Est», 4, 1970.
E. Beresford, S. Mac A'Ghobhainn, *The Problem of Language Revival*, Inverness 1971.
A. Bihnanis, *A History of Latvia*, Princeton 1951.
G. Boffa, *Storia dell'Unione Sovietica*, 2 voll., Milano 1976 e 1979.
M. Brill Olcott, *Perestroyka in Kazakhstan*, in «Problems of Communism», II, 4, Washington 1990.
R. Caratini, *Dictionnaire des nationalités et des minorités en URSS*, Paris 1990.
H.E. Carr, *La rivoluzione bolscevica. 1917-1923* (trad. it.), Torino 1964.
H.Carrère D Encausse, *Réforme et révolufion chez les musulmans de l'Empire russe, Bukhara, 1867-1924*, Paris 1972.
H. Carrère D'Encausse, *Esplosione di un impero? La rivolta delle nazionalità in URSS* (trad. it.), Roma 1979.

H. Carrère D'Encausse, *Staline: l'ordre par la terreur*. Paris 1979.
H. Carrère D'Encausse, *Le Pouvoir confisqué. Gouvernants et gouvernés en URSS*, Paris 1980.
H. Carrère D'Encausse, S. Schram. *Le marxisme et l'Asie*, Paris 1965.
P. Carrière, *L'Asie soviétique aujourd'hui. Géographie régionale*, Paris 1972.
R. Conquest, *The Soviet Deportation of Nationalities*, London 1960.
R. Conquest, *The Nation Killers*, London 1970.
A. Damn, *German Rule in Russia, 1941-1945. A Study of Occupation Policies*, London 1957.
D.J. Dallin, *Soviet Russia and the Far East*, London 1949.
D.J. Dallin, *The Rise of Russia in Asia*, New York 1949.
H. De Chambon, *Origines et histoire de la Lettonie*, Lille-Parîs 1933.
S. de Saint-Quentin, *Histoire des Tartares*, Paris 1965.
N. Diuk, A. Karatnycky, *The Hidden Nations: The People Challenge the Soviet Union*, New York 1990.
I. Dzjuba, *L'oppressione delle nazionalità in URSS* (trad. it.), Roma, 1971.
K. Farmer, *Ukrainian Nationalism in the Post-Stalin Era. Myths, Symbols and Ideology in Soviet Nationalities Policies*, Den Haag-Boston-London 1980.
A. Fisher, *The Crimean Tatars*, Stanford 1978.
M. Garanger, H. Larroche, *Turkmènes*, Paris 1980.
B. Gjeiger, T. Halasi-Kun, A. Kuipers, K. Menges, *People and Languages of the Caucasus*, Den Haag 1959.
M. Gimbutas, *The Balts*, London 1963.
G. Gleason, *Federalism and Nationalism: The Struggle for Republican Rights in the URSS*, Boulder 1990.
E. Goldhagen éd., *Ethnic Minorities in the Soviet Union*, New York 1968.
R. Grousset, *L'Empire des steppes*, Paris 1952.
L. Grunwald, *Nel cinquantenario dell'URSS: la lotta delle popolazioni non russe per la parità dei diritti*, in «L'Est», 3, 1972.
S.L.Guthiet,*The Bielorussian: National Identification and Assimilation (1897-1970)*, in *Soviet Studies*,1977.
L. Hajda, M. Beissinger éd., *The Nationalities Factor in Soviet Politics and Society*, Boulder 1990.
G. Haupt, M. Lowy, C. Weill éds., *Les marxistes et la question nationale, 1848-1914*, Paris 1974.
G. Haupt, C. Weill, *L'eredità di Marx ed Engels e la questione nazionale*, in «Studi storici», 4, 1974,
J. Hoffman, *Deutschen und Kalmuken, 1942 bis 1945*, Freiburg 1974.
R. Hovanissian, *Le Dossier Karabagh*, Paris 1988.
M.I. Isayev, *National Languages in the USSR: Problems and solutions*, Moscow 1977.
C.R. Jurgela, *History of the Lithuanian Nation*, New York 1948.
I. Kamenetsky, *Hitler's Occupation of Ukraine (1941-1944)*, Milwaukee 1956.
S. Karavanskyi, *Le Problème national en URSS*, Paris 1968.
Z. Katz, S. Rogers, F.T. Harned, *Handbook of Major Soviet Nationalities*, New York 1975.
K. Kautsky, *Die Befreiung der Nationen*, Stuttgart 1917.
L. Kochan, *Storia della Russia moderna. Dal 1500 a oggi* (trad. it.), Torino 1968.
H. Kohn, *L'idea del nazionalismo nel suo sviluppo storico* (trad. it.), Firenze 1956.

W. Kolarz. *Russia and Her Colonies*, London 1952.
W. Kolarz, *The Peoples of the Soviet Far East*, London 1954.
B. Krawchenko, *Social Change and National Consciousness in Twentieth Century Ukraine*, London 1985.
D.M. Lang, *A Modem History of Georgia*, London 1962.
D. M. Lang, *The Georgians*, London 1966.
La Sibérie. Colonisation, développement et perspectives (1582-1982), Paris 1984.
M.G. Levin, L.P., Potapov eds., *The Peoples of Siberia*, Moscow 1964.
B. Lewytzkyj, *L'opposizione politica nell'Unione Sovietica* (trad. it.), Milano 1974.
R.A. Lewis, R.H. Rowland, R.S. Ciem, *Nationality and Population Change in Russia and the USSR; an Evaluation of Census Data, 1870-1970*, New York 1976.
G. J. Libaridian, *The Question of Karabagh: an Overview*. A 'Preliminary Report on the Question of Mountainous Karabagb, Cambridge-Toronto 1988.
P. Longworth, *Les Cosaques*, Paris 1972.
J. E. Mace, *Communism and the Dilemnas of rational Liberation: National Communism in Soviet Ukraine, 1918-1933*, Cambridge 1983.
P. S. Mancini, *Il principio di Nazionalità*, Roma 1920.
E. Mandel, *Où va l'URSS de Gorbatchev?*, Paris 1989.
U. Marazzi, *«Convergenza» o «stabilizzazione» delle nazionalità? Bilinguismo, sostituzione linguistica e processi in Asia centrale sovietica*, in *Lingua e politica*, a cura di R. Corsetti, Roma 1976.
M. Matossian-Kilbourne, *The Impact of Soviet Policies in Armenia*, Leyden 1962.
W.K. Matthews, *Languages of the URSS*, Cambridge. 1951.
J. Meuvret, *Histoire des pays baltiques*, Paris 1934.
A. Michelucci, *La questione etnica in Unione Sovietica*, Firenze 1990.
R.-J. Misiuras, R. Taagepera, *The Baltic States: Years of Dependence 1940-1980*, Farnborough 1983.
B. Nahaylo, V. Swoboda, *Soviet Disunion: A History of the Nationalities Problems in the URSS*. New York 1990.
L. Nalbandian, *The Armenian Revolutionary Movement*, Berkeley 1963.
A. Namitok, *Origine des Circassiens*, Paris 1939.
A. Nekritch, *Les Peuples punis. La deportation et le sort des minorités soviétiques à la fin de la Seconde Guerre mondiale*, Paris 1982."
S.W. Page, *The Formation of the Baltic States*, London 1959.
H. Pasdermadjian, *Histoire de l'Arménie*, Paris 1964.
P. Pelliot, *Notes critiques d'histoire kalmouke*, Paris 1960.
R. Pipes, *The Formation of the Soviet Union, Communism and Nationalism (1917-1923)*, Cambridge, Mass. 1964
R. Portal, *Russes et Ukrainiens*, Paris 1970.
R. Portal, *La Russia* (trad. it.), Torino 1972.
I. Pundyk, *Le Nationalisme ukrainien*, Paris 1967.
Y. Ro'i, *The Islamic Influence of Nationalism in Soviet Central Asia*, in «Problems of Communism», II, 4, Washington 1990.
S. Rudenko, *Bashkiry*, Moscow 1955.
S. Salvi, *Le nazioni proibite*, Firenze 1973.
S. Salvi, *Patria e matria*, Firenze 1978.
S. Salvi, *Nazioni ed etnie* in *Il mondo contemporaneo. Storia d'Europa-4, La*

dimensione continentale, a cura di B. Bongiovanni, G.Ç. Jocteau, N. Travaglia, Firenze 1981.
S. Sarkisyan, *L'Arménie d'aujourd'hui*. Paris 1968.
J. Savant, *Les Cosaques*, Paris 1944.
À. Sheehy, B. Nahaylo, *The Crimean Tatars, Volga Germans and Meshketians*, London 1980.
B. Silver, *The Status of National Minority Languages in Soviet Education: an Assessment of Recent Changes*, in «Soviet Studies», XXVI, 1974.
G.W. Simmonds éd., *Nationalism in the USSR and Eastern Europe in the Era of Brezhnev and Kosygin*, Detroit, 1977.
A. Skirda, *Les Cosaques de la liberté. Nestor Makhno, le Cosaque de l'anarchie et la guerre civile russe, 1917-1921*, Paris 1985.
I. Spector. *The Soviet Union and the Muslim World*, Seattle 1959.
B. Spuler, *Die Goldene Horde*, Leipzig 1943.
I. V. Stalin, *II marxismo e la questione nazionale e coloniale* (trad. it.), Torino 1948.
V. Stanley Vardis éd., *Lithuania under the Soviets: Portrait of a Nation, 1940-1965*, London 1965.
G. Stökl, *Die Entstehuns der Kasakentums*, München 1953.
J.J. Stukas, *Awakening Lithuania*, London 1966.
R.G. Suny, *The Baku Commune, 1917-1918. Class and Nationality in the Russian Revolution*, Princeton. N.T. 1972.
T. Swietochowski, *Russian Azerbaïdjan. The Shaping of National Identity in a Muslim Community*, Cambridge 1988
Y. Ternon, *Makhno. La révolte anarchiste*. Paris 1981.
The Soviet Empire: Pressures and Strains, London 1980.
S.A. Tokarev, *URSS: popoli e costumi. La costruzione del socialismo in uno stato plurinazionale* (trad. it.). Bari 1969.
A. Toynbee, *The Treatment of Armenians in the Ottoman Empire*, London 1916.
N. P. Vakar, *Bielorussia, The Making of a Nation*, Cambridge, Mass. 1956.
Vita e fine della perestrojka, Roma-Milano 1990.
P. Von Zur Mühlen, *Zwischen Hakenkreuz und Sowjetstem: der Nationalsozialismus der sowjetischen Orientvölker im zweiten Weltkrieg*, Düsseldorf 1971.
T. Vuorela, *The Finno-Ugric Peoples*, Indianapolis 1962.
C.J. Walker, *Armenia. The Survival of a Nation*, London 1980.
J. Wastl, *Baschkiren. Ein Bëtrag zur Klärung der Rassenprobleme Osteuropas*, Wien 1938.
G. Wheeler, *The Modem History of Soviet Central Asia*, London 1964.
G. Wheeler, *The Peoples of Soviet Central Asia*, London 1966.
S. J. Woolf (a cura di), *Il fascismo in Europa*, Bari 1973.
S. Wurm, *Turkic Peoples of the USSR*, London 1954.
Y. Zlatova, V. Kotelnikov, *Across Moldavia*, Moscow 1959.

Nella serie OSSERVATORIO:

Paolo Pisu, *PARTITO COMUNISTA DI SARDEGNA. Storia di un sogno interrotto (1943-1944)*

Sergio Salvi, *ALTRI ISLAM. Né sunniti né sciiti, i "diversamente musulmani" ieri e oggi nel mondo*

Sergio Salvi, *ARMENIA E GEORGIA. Baluardi cristiani nel Caucaso musulmano, ponti culturali tra l'Europa e l'Asia*

Sergio Salvi, *L'ASIA DI MEZZO. Un nuovo "continente" geopolitico? Le repubbliche islamiche dell'ex Urss*

Sergio Salvi, *LA GRANDE RUSSIA. Storia e cultura dello stato più grande del mondo, fino alla dissoluzione dell'URSS*

Sergio Salvi, *LA NUOVA BIELORUSSIA. Tra lo sviluppo di una identità nazionale e l'indipendenza*

Sergio Salvi, *LE NUOVE REPUBBLICHE BALTICHE. La Lituania, la Lettonia, l'Estonia fino all'indipendenza dall'URSS (1990) e oltre*

Sergio Salvi, *LE PICCOLE NAZIONI DELLA RUSSIA. Guida alle tante piccole nazioni dello stato più grande del mondo, in bilico tra identità propria e russificazione, tra sottomissione e pulsioni indipendentiste*

Sergio Salvi, *L'ISLAM IN RUSSIA. Origini, storia e destino dell'Islam nell'Unione sovietica e nella Russia di oggi*

Sergio Salvi, *L'UCRAINA, MADRE DI TUTTE LE RUSSIE. Storia e cultura del secondo, oggi, più esteso Paese slavo d'Europa, prima, durante e dopo l'esperienza sovietica*

Sergio Salvi, *QUESTI TURCHI. Dall'Altai ai Balcani, dal Tengrismo all'Islam, dai Sultanati all'Impero, dal Panturchismo al Neo-ottomanesimo*

Distribuzione **www.amazon.it**

www.ingramcontent.com/pod-product-compliance
Lightning Source LLC
LaVergne TN
LVHW010054170826
845678LV00012B/2141

* 9 7 8 8 8 8 6 1 1 1 5 1 5 *